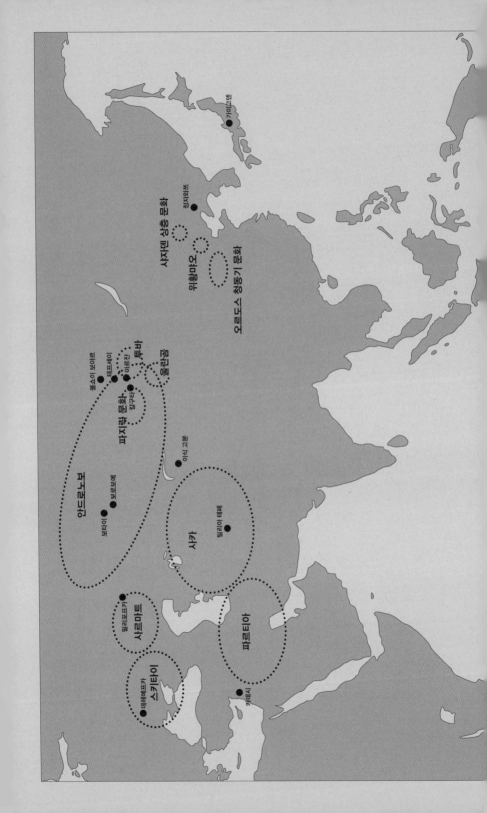

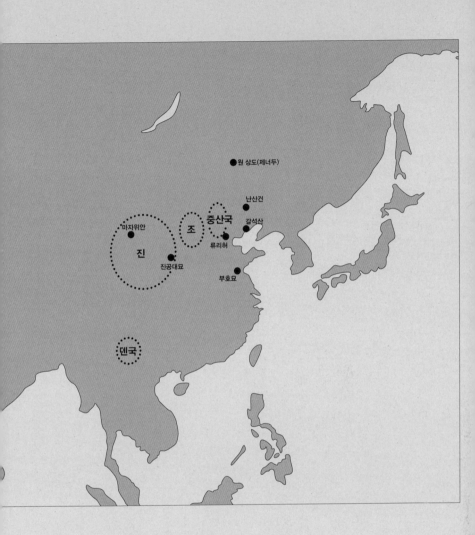

유라시아
역사 기행

유라시아
역사 기행

한반도에서 시베리아까지,
5천 년 초원 문명을 걷다

강인욱

민음사

4부 고구려, 초원을 탐하다

왜 우리에게
초원의 역사가 필요할까?

유라시아로 향하는 출발점, 한반도

세계지도를 펼쳐 놓으면 유라시아 대륙 귀퉁이에 자리 잡은 한반도는 참 초라해 보인다. 그마저도 남북으로 잘려 나가 주변의 중국과 러시아에 비해 더더욱 보잘것없다. 아무리 경제가 발전하고 문화적으로 성장했다고 해도 한국은 지리 환경적으로 강대국 사이의 소국일 수밖에 없다. 하지만 세계지도를 거꾸로 놓고 보면 한국은 태평양으로 나아가는 바닷길의 중심이자 유라시아 대륙으로 향하는 출발점이 된다. 자고로 한반도는 이러한 지정학적 조건으로 북방의 이웃들과 지속적으로 교류하며 유라시아 역사의 일부를 이루었다.

한반도의 지리적 상황으로 볼 때 유라시아와의 교류는 극히 자연스러운 일이다. 하지만 지금은 한국에서 북방 교류에 대해 연구하기가 쉽지 않다. 일제 식민 통치와 남북 분단으로 한국과 유라시아를 잇는 연결고리가 끊어졌기 때문이다. 지금 한국은 섬 아닌 섬이 되고 말았다. 향후 북한과 소통하고 통일을 생각하는 시점에서 한국과 유라시아 초원 지역의 관계를 역사적으로 잇는 작업은 고립의 탈피라는 새로운 역사 문화적 담론의 필요성과 맞물린다. 최근 한반도와 유라시아의 교류를 제기하는 목소리가 커지고 있지만, 그 길을 정치 경제적 논리로만 이해해서는 안 된다. 20세기 강대국들이 그랬던 것처럼 패권주의에 사로잡힌 정복 논리로 이어질 수 있기 때문이다. 필자가 제기하는 새로운 담론은 교류와 상호 공존에 근거한 유라시아와의 관계에 대한 것이다.

지역 간 장벽이 완전히 사라지고 교류가 화두가 되는 21세기에 들어서면서 한국은 지리적인 이점을 충분히 살려 경제 문화적으로 발전을 거듭했다. 서양 문물을 일방적으로 받아들이기만 하던 입장에서 벗어나 자신들이 창조한 문화를 주변에 공급하는 입장으로 바뀐 것이다. 20세기 한국의 문화 역량은 대개 서구 문물을 받아들여 재창조하는 것으로 '한반도와 바다'의 교류에 기반한 것이었다. 21세기가 되면서 그 교류의 길은 '유라시아 대륙-한반도-바닷길'로 넓어지고 있다. 장차 시베리아 철도가 이어지고 남북의 길이 트인다면 한국은 바다와 유라시아 대륙을 잇는 교류의 중심지가 될 수 있다. 한국과 초원의 고대 문화 교류에 대한 담론이 지나간 역사로 끝나지 않고, 지금 우리의 삶과 맞닿아 있는 셈이다.

물론 이 책은 현대 한국의 문화 정책에 대한 것은 아니다. 하지만 한국과 초원 지역의 과거를 연구하는 일은 그간 중국 중심의 역사 서술과 이념적 장벽으로 가려져 있던 유라시아와 한국의 관련성을 다시 잇는 토대가 될 것이다. 이 책에서는 지금껏 단편적으로만 제시되던 한국과 유라시아 초원의 교류를 구체적인 고고학 증거를 통해 살펴보고, 이를 통해 한국과 유라시아의 교류에 대한 고고 역사학적인 담론의 단초를 제공할 것으로 기대한다.

왜 우리는 초원 지역과
쉽게 소통할 수 없었을까

끊임없이 이동하는 유라시아 초원의 유목민들은 농경민들과는 완전히 다른 방식으로 세상과 마주했다. 한국 사회에서 초원은 상당히 낭만적으로 그려진다. 알타이 어족, 스키타이-시베리아 문화, 파지릭 고분 등 초원의 유목민들이 우리 민족의 기원이라는 주장을 자주 들어왔기 때문이다. 필자는 한국에서는 드물게 북방 고고학을 전공한 관계로 국내외로 특강을 자주 다니는 편이다. 강연 중에 가장 흔히 받는 질문 중 하나는 '한민족은 정말 북방에서 내려온 사람들에게서 기원했나?' 하는 것이다. 심지어 미국, 러시아, 중국 등에서 강의를 해도 현지 학자나 학생들이 한국 사람들은 왜 알타이에서 자신들의 기원을 찾느냐고 묻는다. 그럴 때마다 필자는 다음과 같이 답변한다.

"동서남 삼면이 바다인 한반도가 유라시아 대륙과 소통하는 유일한 육상 통로는 북쪽밖에 없다는 생각부터 해야겠지요?"

지리적으로 한국이 북방 지역과 교류하는 것은 지극히 당연하다. 하지만 1990년대 이전까지 초원 지역에 대한 접근은 완전히 차단되어 있었다. 지금은 그런 장벽이 거의 사라졌지만 그 여파로 지금껏 실질적인 연구가 거의 이루어지지 못했음은 안타까운 일이다. 초원 유목민은 '야만'적이라는 중국 측 기록의 영향이 크기도 하고, 냉전기 이 지역

국가들이 대부분 사회주의권에 속했기 때문이기도 하다. 한국 사회에서 북방 초원 지역에 대한 연구가 제대로 진행되지 않고 막연한 이미지만 남게 된 데에는 무엇보다 일제강점기의 영향이 컸다. 이 시기 만주와 몽골 초원 지역을 침략했던 일제는 북방 초원을 미화하여 왜곡되게 선전했다. 당시 일본의 대중매체들은 아름답고 환상적인 초원의 이미지를 노래했고, 일본 군국주의의 진출에 따라 수많은 일본 고고학자들이 북방 각 지역 자료들을 소개하면서 이곳을 한국과 일본의 기원지인 양 선전했다. 해방 이후에도 한국은 분단의 여파로 일제 때 심어진 환상을 거의 수정하지 못했고, 그 이미지는 우리의 인식에 남았다.

필자는 이 책에서 한반도와 북방 유라시아 지역의 교류는 일제강점기에 만들어진 상상의 산물이 아니라 우리 역사 속 문화 교류의 또 다른 루트라는 점을 밝히고자 한다. 유라시아 초원의 유목민들이 일구어 낸 문명은 야만적이지도 환상적이지도 않다. 그것은 초원이 척박한 환경을 딛고 강인하게 일구어 낸, 정착과는 또 다른 인류 문화의 발전이자 한국을 포함한 동아시아 고대 문화의 큰 축이었다.

교류와 주민의 집단 이주, 그리고 정복은 다르다. 주민 이주의 경우 사회적 맥락과 이주 집단의 규모 등 변수가 다양하다. 한반도에서 나타나는 북방 문화 요소는 교류를 통한 문화 유입이 있었고 그것이 한반도 사회 내에서 수용되는 과정을 거쳤음을 보여 준다. 하지만 문화 요소의 유사성을 가지고 곧바로 집단 이주가 있었다거나 한민족의 기원이 북방이라고 단정하는 것은 문제를 혼란스럽게 할 뿐이다. 그간 한국에서는 북방 고대 문화를 다룰 때 그곳이 한반도 기원지인가 아닌가 하는 단순한 관점에서만 접근해 왔다. 북방 초원 지역을 한국 문화의 기원지로 인식하고 이곳을 광대한 한민족 영토의 일부라고 확대해석하거나 신라나 가야의 지배 집단이 북방 기마민족의 후예일 것이라고 단정하기도 했다. 또한 고고학이나 역사학계에서는 우리 고대 국가와 초원 교류의 흔적을 이야기하는 것이 마치 일본 제국주의의 망령 때문인 양 매도하고 한반도 내에서 문화 변동의 원인을 찾아야 한다는 주장도 적지 않다.

이렇게 극단적인 주장들이 나오는 이유는 구체적인 연구 없이 피상적으로만 문제에 접근하기 때문이다. 서양 속담에서처럼 목욕물이 더럽다고 아기까지 버릴 수는 없다. 북방 지역과의 교류가 일본 제국주의의 영향으로 왜곡되었다면 그 실체를 차분히 풀어 가는 것이 맞다. 교류 자체를 제국주의의 산물로 매도하고 관심을 끊는다면 그것이 한국인은 스스로 아무것도 할 수 없다는 일본 제국주의 논리와 무엇이 다른가?

알타이나 바이칼에서 일련의 무리가 한반도로 건너와서 한민족이 되었다는 증거는 거의 없다. 교류나 주민 이동 문제는 이분법적으로 나누어 설명할 수도 없고, 제대로 논증하려면 장기간에 걸친 조사와 논의가 필요하다. 체계적인 준비 없이 소모적인 이분법적 논쟁만 지속되어 북방 고고학에 대한 이해의 틀이 잡히지 않는다면 아무리 많은 공동 조사와 연구가 진행되어도 이 지역에 대한 실체적인 접근을 기대하기 어렵다.

이 책에서 필자는 주로 고고학 자료에 기반하여 한반도와 초원 지역 교류에 대한 거대한 밑그림을 그려 보고자 한다. 그 해석에는 고고학뿐 아니라 주변 학문들의 성과도 적극적으로 활용했다. 초원 지역은 다양한 집단들이 교류하고 문화가 이동하는 곳이기 때문에 특정 유물의 형식이나 연대를 추정하는 고고학의 유물 분석만으로는 실상을 제대로 파악할 수 없기 때문이다. 또 한국에서는 비교적 생소한 러시아,

몽골, 중국, 중앙아시아의 고고학 자료들을 사용했기 때문에 전문 자료를 자세히 소개하기보다 커다란 역사의 흐름과 교류를 보여 주는 데 초점을 두었다.

유라시아 초원의 과거는 먼 나라의 흥미로운 이야기가 아니라 우리와 꾸준히 교류하던 이웃의 역사다. 일제강점기에 한국에서 초원으로 이어지는 길은 제국주의 일본이 만주와 몽골을 침탈하는 루트로 이용되었다. 일본 패망 후 이데올로기의 장벽으로 북방 루트는 또 막히고 말았다. 하지만 그로부터 100년 후 21세기에 이르러 북방 유라시아 루트는 다시 조명받고 있다. 다만 경제적 이득을 따지기 전에 한반도 역시 유라시아의 일부분이었음을 밝히는 작업이 필요하다. 지난 세기 대부분의 열강들은 제국주의적 세력 확장을 목표로 유라시아 루트에 집중했으나 식민지 경험을 지닌 한국은 유라시아 루트를 교류를 통한 상호 공존이라는 측면에서 바라봐야 한다. 한국이 유라시아 동쪽 끝에 위치한 작은 반도가 아니라 유라시아로 향하는 출발점이며 교류의 한 축이었음이 이 책을 통해 자연스럽게 밝혀지리라 기대한다.

초원로드와 제5의 문명

초원은 잃어버린 낙원일까?

온대기후 지역에서 세계 4대 문명이 시작될 무렵, 유라시아 초원 지역에서는 목축이 시작되었다. 초원은 온몸에 피를 흘려 보내는 심장처럼 각지에 새 문명을 전했다. 초원이 문명 교류의 거대한 고속도로가 된 것이다. 기원전 2000년경 초원 지역에서 전차가 발명되어 이집트, 메소포타미아, 중국으로 전해졌고, 기원전 9세기 대에는 스키타이 계통의 문화가 발달하여 중국에서 우크라이나에 이르는 넓은 지역에 말 탄 무사가 지배하는 문화가 세워졌다.

유라시아 초원은 헝가리, 남부 러시아에서 시작해서 중앙아시아와 시베리아를 거쳐 동쪽으로는 몽골에 이르는 북반구의 거대한 초원 지역이다. 유라시아 한가운데 있는 우랄산맥은 유럽과 아시아를 가르는 기준이 된다. 이 중에서 신장웨이우얼 자치구의 준가얼 분지, 다뉴브 강 상류의 러시아 초원 지대, 카자흐스탄 초원 지대 등이 특히 유명하고, 동쪽으로는 몽골 초원과 만주 대싱안링(大興安嶺) 일대의 후룬베이얼 초원을 꼽을 수 있다.

초원 하면 양 떼가 한가롭게 풀을 뜯는 평화로운 장면을 상상하기 쉽다. 하지만 초원의 삶은 그런 상상과는 사뭇 다르다. 혹독하게 추운 겨울은 길고, 여름은 짧다. 여름에도 한낮에는 찌는 듯 덥다가 밤이 되면 서리가 내리는 등 일교차가 아주 심하다. 게다가 강우량도 적어서 곡식을 키우기 적당치 않다. 초원 사람들에게 주어진 선물은 짧은 여름 동안 강한 햇빛 아래에서 무성하게 자란 잡초뿐이다. 곡식 대신 가축을 키우고 그 고기와 부산물로 생활하는 초원에서는 농사를 지을 때보다 100배는 넓은 땅이 필요하다. 효과적인 가축 통제를 위해 빠른 교통수단도 필요했다. 식용으로 키우던 말을 탈것으로 이용하기 시작한 것은 바로 그 때문이다.

장성한 아들은 바로 분가하여 새로운 목초지를 찾아 나서야 했으므로 아버지의 재산은 마지막까지 남은 막내아들이 물려받는 경우가 많았다. 혼인 풍습 중에도 이웃 부족에서 배우자를 납치하는 약탈혼처럼 정착민들이 이해할 수 없는 것들이 많다. 하지만 그것들은 모두 척박한 환경에서 살아남기 위한 초원 사람들의 생존 전략이었다.

유목민들은 주로 고기와 젖을 먹었지만 필수영양소 중 하나인 탄수화물 또한 지속적으로 섭취해야 했다. 탄수화물, 즉 곡물을 얻기 위해 그들이 택한 방식은 주변 농경민들과의 교역 혹은 약탈이었다. 그 과정에서 유라시아 초원은 세계사의 주요 발견들을 사방의 정착민들에게 전달하는 통로로 기능했다. 유라시아 초원의 유목민들은 혹독한 자연환경을 새로운 기마술, 금속제 무기, 전략 등으로 극복했다. 그 덕분에 유라시아 초원 지역은 유럽의 여러 국가가 신대륙을 발견하고 세계사의 주도권을 잡기 전까지 세계사의 중심이자 중요한 교통로였다.

북방 초원은 필자가 고고학계에 입문한 이래 지속적으로 관심을 가진 분야였고, 러시아 노보시비르스크에서 유학하면서 그 관심이 구체화되었다. 하지만 실제 공부는 결코 녹록지 않았다. 시베리아나 초원 지대라고 뭉뚱그리는 이곳은 그 크기가 한반도의 수십 배에 달할 만큼 엄청나게 넓다. 게다가 현대의 행정구역상 중국과 몽골, 중앙아시아 각지

오르도스시 전경

에 걸쳐 있기 때문에 서로 다른 언어와 학문적 전통에 근거한 각국의 연구 성과들을 아울러 공부해야만 초원을 종합적으로 이해할 수 있다. 때문에 초원 고고학을 이해하는 데에는 인내와 끈기가 필요하다.

한편 직접 경험한 초원의 삶은 낭만적인 상상과는 거리가 멀어도 한참 멀었다. 러시아 유학 시절 필자는 여름의 대부분을 발굴 현장에서 보냈다. 시베리아 초원의 여름은 4계절을 하루에 느낄 수 있을 만큼 일교차가 심해서 서리가 내린 아침에는 외투를 껴입고 발굴을 하다가 해가 나면 근처 강으로 뛰어들어 열기를 식혔다. 그러다 9월이 되면 기온이 뚝 떨어져 심한 경우에는 천막에서 잠을 자기 어려울 정도였다. 해가 지면 기온이 영하로 떨어져 아침마다 몸이 꽁꽁 얼어 있었기 때문이다. 식량 사정도 굉장히 열악했다. 전염병이나 기후 변화로 가축이 몰살하면 사람들도 꼼짝없이 굶어 죽을 수밖에 없다는 『사기(史記)』의 기록이 분명한 사실임을 절감했다. 초원의 문화는 유목민들이 삶과 죽음의 경계에서 만든 산물이라 해도 과언이 아니었다.

21세기의 시작과 함께 유라시아 일대가 경제적으로 급격히 성장하면서 유목민들은 빠르게 자취를 감추고 있다. 중국 북방의 네이멍구 지역은 무분별한 농지 개발로 사막화가 빠르게 진행되었다. 그 여파는 극심한 황사로 이어져 매년 한국에까지 영향을 준다. 또 자원 개발로 인해 초원 지역에 거대한 도시들이 속속 들어서 완전히 중국화(漢化)되고 말았다. 상황이 이러하니 유목민들은 북쪽의 더 척박한 지역으로 밀려날 수밖에 없다. 그 좋은 예가 중국 북방 유목민의 상징인 오르도스다. 오르도스 청동기라는 명칭에서 알 수 있듯이 오르도스는 북방 초원 고고학의 대명사로 통용된다.

「우르가」(몽골 올란바토르 찬다비자르박물관 소장)

1910년대 몽골 우르가(지금의 올란바토르)

몽골어로 '궁궐'이라는 뜻을 가진 오르도스는 현재 급격한 경제 개발과 부동산 과잉투자로 중국 거품경제의 상징이 되었다. 자원 개발로 거액을 벌어들인 초원의 후예들은 아파트만 지으면 값이 오를 것이라고 기대하여 실수요도 없는 건물을 짓는 데 열을 올렸다. 그 결과 오르도스 곳곳에 사람이 살지 않는 유령 도시들이 생겨났다. 종종 해외 토픽에 소개되는 신도시 캉바스(康巴什)가 그 대표적인 예다. 오르도스는 중국 경제개발의 어두운 면을 상징하는 곳으로 바뀌고 있는 셈이다. 그나마 유목민적인 삶이 가장 잘 남아 있는 몽골 역시 급격한 도시화와 경제개발로 양 떼가 유유자적하게 풀을 뜯는 목가적인 풍경은 빠르게 사라지고 있다. 세계사의 절반을 이끌어온 유목민의 역사는 이렇게 허무하게 그 명을 다하고 마는 것일까?

초원 유목민들은 흉노나 몽골처럼 강력한 국가를 이루어 주변을 위협했기 때문에 정착민들에게는 공포의 대상이기도 했다. 정착민에게 북방 유목민은 세계관도 삶의 방식도 너무 다른, 이해할 수 없는 존재였다. 정착민은 유목민에 대한 편견이 가득 찬 기록을 남겼고, 그 영향은 지금도 여전히 남아 있다. 흉노, 선비, 몽골, 여진, 거란 등 무수하게 많은 정복왕조들에게 중원을 침탈당한 중국은 유목민에 대한 수많은 역사 기록을 남겼다. 그들이 유목민을 약탈이나 일삼는 야만적인 모습으로 기록한 것은 어쩌면 당연한 일이었다. 중국 역사서에 기록된 이미지는 서구 학계에도 영향을 미쳤다. 실제로 아나톨리 하자노프의 『유목 사회의 구조』나 토머스 바필드의 『위태로운 변경』과 같은 책에서는 유목국가의 형성이 정착 국가의 재화를 뺏는 과정에서 이루어졌다고 보았다.

인문학 전반에서 노마디즘이 하나의 담론으로 제기되면서 초원 지역에 대한 관심이 환기되고 있다. 이는 디지털사회의 빠른 정보화와 이동, 탈국경화, 다문화 등이 유목 문화의 특징과 닮았다는 데에 근거한다. 하지만 이러한 논의는 한국 학계에서 제기된 문제의식이 아니라 서구의 문학가와 철학자들에 의해 이루어진 담론을 차용한 것이다. 남의 학설을 그대로 끌어와 오래전에 끊어진 한국과 유라시아의 교류를 다시 이을 수는 없는 노릇이다.

내가 이 책에서 말하고자 하는 것은 잃어버린 낙원에 대한 낭만적인 서사도 아니고 디지털 사회로 옮겨 가며 대두된 노마디즘에 대한 찬양도 아니다. 나는 다만 초원 사람들과 그들의 역사를 우리의 관점에서 재평가하고자 할 뿐이다. 험난한 환경을 딛고 동서 문명의 교차로 역할을 했던 초원 사람들은 야만인도 악마도 아니었다. 물론 정착민들에게 빌붙어 사는 약탈자도 아니다. 유목민들에 대한 체계적인 이해 없이 그들을 미화하고 단정하는 것은 과거 전근대 사회에서 초원 유목민을 왜곡했던 오류를 되풀이하는 것이다. 필자는 이 책에서 유라시아 초원 각지에서 발굴되는 새로운 고고학 자료들을 통하여 유목 사회의 참모습을 살펴보고, 그들이 살아남을 수 있었던 것은 악마 같은 심성 때문이 아니라 '교류와 소통에 익숙한 삶의 형태' 때문이었음을 밝히고자 한다.

실크로드에 가려진 초원로드

유라시아 초원로드가 제대로 평가받지 못한 것은 실크로드에 가려졌기 때문이다. 동서 교류의 상징인 실크로드는 19세기 말부터 중앙아시아를 경쟁적으로 침탈했던 서구 열강의 제국주의와 관련 깊다. 실크로드는 19세기 말 독일의 지리학자 리히트호펜이 중국과 로마를 오가는 대상(카라반)들이 걷던 사막 길을 자이덴슈트라쎄(Seiden Straße)라고 명명함으로써 붙여진 이름이다. 20세기 초반 서구 열강들은 경쟁적으로 동투르키스탄 일대를 식민지화하고 그곳의 문화재를 반출했다. 그 과정에서 실크로드가 전 세계에 널리 알려지게 되었다. 사실 실크로드는 흉노가 장악한 초원로드를 대체하기 위해 만든 인공적인 교역로였다. 새 교역로의 개통은 유라시아 교류사의 전환점이 되었다.

실크로드에 대해 생각할 때 우리는 교역의 주체로 로마와 중국을 떠올린다. 실제 교역을 담당했던 중앙아시아 오아시스 지역 사람들을 단순한 전달자로 오해하면서 말이다. 하지만 중국과 로마가 실크로드를 만든 것도 아니고, 그 두 나라는 직접 교류한 적도 거의 없으며 심지어는 서로의 존재에 대해서 잘 알지도 못했다. 실크로드의 진정한 주인공은 문명 교류의 핵심에 있었던 중앙아시아 사람들이다. 따라서 실크로드의 역사는 동서 양 끝에서 문명을 이룬 중국이나 로마가 아니라 유라시아 초원 역사의 맥락에서 파악해야 한다.

20세기 제국주의의 발흥으로 서구 열강들은 경쟁적으로 초원을 조사하거나 유물을 약탈했고, 이때 반출된 유물의 화려함에 진정한 초원의 의미는 더욱 퇴색했다. 사실 실크로드에 대한 편견은 서구 열강의 침략 이전 정착민들의 기록에서 시작되었다. 유목민들을 '약탈자'로 만든 것은 정착민들이었다. 정착민들이 유목과 농경의 교역 구조를 무너뜨려 분쟁을 촉발했기 때문이다. 하지만 역사는 대부분 정착 집단의 일방적인 기록에 의해 만들어지기 때문에, 정착민들이 갈등의 원인을 유목민들에게 돌렸다는 크리스토퍼 벡위드의 견해는 새겨볼 만하다.

실크로드의 등장으로 동서 교류의 중심은 유라시아 초원에서 중국과 로마라는 친숙한 '문명국가'로 바뀌었다. 동서 문명의 사이에 놓인 시베리아와 중앙아시아는 실크로드라는 이름으로 윤색되기까지 했다. 물론 필자는 오아시스를 통한 중앙아시아 대상 교역이라는 새로운 문명 교류의 틀을 제시한 실크로드의 의미와 중요성을 평가절하하려는 것이 아니다. 다만 초원로드에 대한 이해가 없는 상태에서 실크로드만 살필 경우 정착 국가와 서구 열강이 짜 놓은 연구 틀에 갇힐 수 있음을 지적하는 것이다.

잊힌 세계사의 반쪽, 초원을 다시 보자

흔히 이야기하는 세계 4대 문명은 19세기 이래 전 세계를 식민화하던 서구의 기독교적 세계관이 확장된 결과다. 특히 18세기 이후 사막 한가운데서 꽃피었던 메소포타미아 문명은 성서의 고향이라는 이유로 집중 연구 대상이 되었다. 이집트와 인더스 문명 역시 서구 식민화에 의해 연구가 진행됐다.

서양이 성서고고학에 근거한 패러다임으로 세상을 보았다면, 동양에서는 중국의 중화사상에 근거한 역사관으로 주변을 바라봤다. 사마천의 『사기』를 비롯한 전통적인 사서에서 초원의 여러 민족은 중화를 위협하고 침략하는 무뢰한의 이미지로 도색됐다. 이렇듯 동서양은 오랜세월 4대 문명이 세계사를 대표하는 가장 선진적이고 우수한 문명이라는 인식 속에 그 밖의 다른 지역에는 관심을 두지 않았다. 특히 초원 지역 사람들은 독자적인 기록을 거의 남기지 않았고, 오랫동안 정착민과 대립했기 때문에 오랑캐나 야만의 대명사로 치부됐다. 그런 탓에 그들이 일군 세계사적 문화의 의미는 퇴색될 수밖에 없었다.

서양이나 중국이 초원을 야만의 땅으로 묘사했다면, 문명의 주변 지역에서는 막연히 이곳을 민족의 기원으로 생각하는 경향이 있다. 이런 현상은 한국뿐 아니라 서양의 수많은 나라에서 목격된다. 현재 러시아와 심각한 갈등을 빚고 있는 다게스탄의 아바르족이 그 대표적인 예다. 이들은 서기 6~7세기에 시베리아를 거쳐 유럽으로 들어와 발달된 철제 무기를 전한 유연(柔然)의 후예다. 그들 중에는 '다게스탄의 흉노'라며 훈족의 후예를 자처하는 사람들도 있다. 한편 러시아에서도 슬라브족의 기원을 스키타이에서 찾았으며, 유럽에서도 종종 러시아인을 스키타이의 후예로 보았다. 실제로 나폴레옹은 모스크바 침략 당시 청야 작전으로 모스크바가 불타는 것을 바라보면서 '이 스키타이 놈들' 하며 저주를 퍼부었다. 초원을 야만의 상징으로 보든 민족의 기원으로 보든 이는 모두 정착민의 시각을 반영한 것이므로, 초원을 제대로 이해하는 데 기본적인 한계가 있을 수밖에 없다.

필자는 초원 문명이 기존의 주요 문명과는 다른 패러다임에서 발생하고 또 발달했다는 점에서 이를 4대 문명과는 다른 '제5의 문명'이라 하고 싶다. 물론 전자 역시 세계에 그 네 개의 문명만 있었다는 뜻으로 사용한 것은 아니다. 실제로 고대 문명에 대한 대부분의 개론서에서는 마야, 잉카, 지중해 등 온대 지역의 여러 문명들을 4대 문명과 같은 급으로 설명하고 있다. 정착 생활에 기반을 둔 온대 지역 문명을 4대 문명으로 통칭한다면, 그와는 다른 환경에서 태동한 초원 문명은 그에 맞는 다른 시각에서 바라보아야 한다는 것이 필자의 생각이다. 초원 문명을 제5의 문명이라고 명명하는 이유가 바로 여기에 있다.

유라시아의 초원 문명은 흔히 말하는 문명의 증거인 궁궐, 신전, 거대한 도시 같은 외형적인 기념물을 남기지 않았다. 지속적으로 이동해야 했기에 그들이 남긴 것은 거대한 무덤과 암각화밖에 없다. 하지만 그들은 세계사의 한 축을 이루어 피를 뿜어 올리는 심장처럼 전 세계 교류의 중심에 서 있었다. 메소포타미아, 인더스, 중국 등 4대 문명의 북방에는 대개 초원 지대가 있었다. 다만 이집트가 초원에서 약간 떨어져 있을 뿐이다. 전차, 목축, 야금술 등 고대 문명을 이끈 선진 기술들이 초원을 거쳐 사방으로 전파되었다. 초원 문명은 기원전 3500년경 시작되어 스키타이를 거쳐 흉노 때 제국을 세웠고, 칭기즈칸의 몽골제국으로 위세가 극에 달했다. 초원 문명에서는 자연스럽게 민족을 초월한 다문화가 발달했으며, 물자의 빠른 이동과 활발한 지역 간 교류가 이를 뒷받침했다. 5000년이 넘는 긴 시간 동안 초원 문명은 4대 문명 북쪽에서 새로운 문물과 기술이 오가는 고속도로 역할을 하며 각 문명에 활력을 불어넣었다.

문명 간 교류를 방해하는 것은 거리가 아니라 다른 지역에 대한 무지다. 한국과 유라시아의 장대한 교류사는 수많은 자료를 통해 조금씩 더 실체에 가깝게 밝힐 수 있다. 수천 킬로미터에 이르는 방대한 유라시아 초원에서 펼쳐진 유목민과 한반도의 교류사를 연구하는 일은 수백 명의 연구자를 동원한다 해도 제대로 수행하기 어렵다.

그래서 이 책에서는 이 장대한 이야기를 크게 다섯 부분으로 나누고, 각각 사례를 들어 중요한 흐름들을 우선 살피고자 했다. 먼저 1부에서는 기원전 3500년경 말의 사용과 함께 등장한 유목 문화의 발달 과정과 그 성과가 4대 문명으로 전파되는 양상에 대해 살펴보았다. 2부에서는 시선을 동아시아로 돌려 '오랑캐'로 대표되는 중국 북방의 유목 민족들이 사실상 유라시아 초원 민족의 일파이며, 중원 문명이 형성되는 데 중요한 역할을 했음을 밝혔다. 3부와 4부에서는 각각 신라와 고구려 역사에 숨은 초원과의 교류 양상을 살펴보았다. 여기서는 초원의 유목 제국과 국경을 접하고 그들과 협력하거나 갈등했던 고구려와, 유라시아 극단에서 초원의 문물들을 수입하고 이를 국가 발전에 이용한 신라를 통해 초원 문화가 한반도에 일률적으로 유입된 것이 아니라 각 나라의 상황에 맞게 변형되었음을 보여 주고자 했다. 5부에서는 고려와 조선, 나아가 일제강점기로 이어지는 초원과의 교류를 밝혔다. 흔히 조선의 외교 하면 사대주의를 떠올리지만 조선은 국경을 접한 여진을 비롯하여 다양한 북방 민족들과 지속적으로 교류하고 있었다. 또 일제강점기에 등장한 한반도 북방문화설을 통해 한국과 초원의 교류가 일제에 의해 어떻게 이용되었는지를 살폈다.

이러한 배치는 시공간의 흐름 속에서 한국을 포함한 동아시아가 유라시아 초원 지역과 다양하게 교류하는 양상을 보여 준다. 몽골제국이 세계의 반을 점령할 수 있었던 것은 다양성을 인정하되 그들을 모두 몽골제국이라는 거대한 틀 속에 담을 수 있었기 때문이었다. 이 같은 포용력은 동북아 교류의 중심에서 세계 교류의 중심으로 나아가야 할 21세기 한국이 배워야 할 점이기도 하다. 부족한 부분이 많은 책이지만 이를 통해 독자들이 생소한 러시아, 몽골, 중국의 자료를 편하게 접하고, 초원과 우리 역사에 대한 새로운 인식을 갖게 된다면 필자로서는 더 바랄 나위가 없겠다.

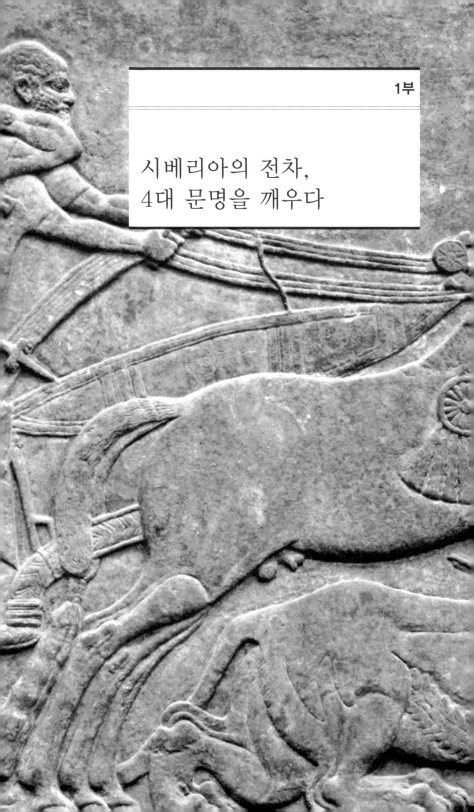

1부

시베리아의 전차, 4대 문명을 깨우다

들어가는 글

기원전 3500년은 세계사적으로 의미 있는 시기이다. 이즈음 전 세계적으로 기후가
온난해지면서 온대 지역에서 4대 문명이 꽃을 피웠다. 당시 한반도에도 원시적인 농사가
시작되어 문화적인 대변화가 이루어졌고, 중국 동북 지역에서도 거대한 신전과 무덤으로
유명한 홍산 문화가 출현했다. 북방 초원 지대에서도 그와 비견할 만한 변화가 시작되었
다. 유목 경제가 등장하면서 인류 문명사의 큰 전환점을 마련한 것이다. 고위도에 위치한
초원 지역은 겨울이 길고 일교차가 심해 농사를 짓기에 적당하지 않은 대신 짧은 여름 동
안 내리쬐는 태양 볕이 무성한 풀들을 키운다. 하지만 그 풀들은 사람이 먹을 수 없는 것이
기에 이 지역 사람들은 오직 사냥이나 채집에 의존해야 했다.

태양이 공급하는 자연 에너지를 인간 생활의 동력으로 바꾸는 패러다임의 전환이
이때 이루어졌다. 유목 경제가 시작된 것이다. 사람들은 초원의 풀을 먹는 동물들을 가축
으로 키우고, 그 가축의 고기와 가죽으로 생계를 꾸리기 시작했다. 초원 가득한 풀은 태
양과 자연이 만드는 것이니 사람이 굳이 씨를 뿌리고 가꾸지 않아도 됐지만 변화무쌍한
기후 속에서 안정적인 목초지를 얻으려면 끊임없이 이동해야 했다. 유목민들은 살아있
는 한 끊임없이 이동해야 하기 때문에 한곳에서 평생을 보내는 농경민들과는 완전히 다
른 방식의 세계관과 생존 방식을 갖게 되었다. 끊임없이 이동하는 그들에게 교류는 선택
이 아니라 필수였다. 초원에서 주로 얻는 것은 가축의 고기와 젖, 그리고 가죽이었다. 인
간이 생존하기 위해서는 단백질인 고기뿐 아니라 탄수화물을 공급하는 곡물이 필요하므
로 유목민에게는 농경민과의 교역이 필수적이었다. 반대로 농경민들은 유목민들의 고기

와 가죽이 필요했다.

혹독한 환경을 이겨내기 위해 유목민들은 새로운 기술과 물자를 끊임없이 받아들여야 했다. 그 과정에서 그들은 유라시아 각지에 새로운 문물을 전파하는 교량 역할을 했다. 죽어야만 이동을 멈출 수 있고, 격식보다는 실용을 우선했던 그들의 삶은 정착민들에게는 일종의 미스터리였을 것이다. 더욱이 유목민은 스스로에 대한 기록을 거의 남기지 않았기 때문에 고고학 자료가 나오기 전까지 그들의 삶은 대부분 베일에 가려져 있었다.

이렇듯 척박한 환경에서 살아가던 유목민들은 강력한 무기와 기동력을 바탕으로 사방으로 퍼져 나갔다. 기원전 2000년경에는 전차를 만들어 4대 문명에 보급하고 주변 지역을 정복하기도 했다. 기원전 8세기에 이르러서는 스키타이 문화의 출현으로 각지에서 황금으로 온몸을 두른 전사들이 등장했다. 그들은 사후에 거대한 무덤에 안치되었다. 기원전 4세기 중국 북방에서는 흉노가 나타나 거대한 유목 제국을 세웠다. 그 이후 아시아 초원 세력은 투르크(돌궐), 키르기스, 몽골 등으로 이어지며 세상의 중심에서 역사를 움직여 왔다.

초원의 영광스러운 역사가 급격히 쇠락하게 된 것은 서양이 르네상스와 신대륙 발견으로 세계사의 주도권을 잡으면서부터다. 이후 산업혁명과 현대화를 거치면서 초원의 유목민들은 설 자리를 잃어가고 있다. 1부에서는 서양 중심의 역사와 문명 연구에 가려진 유라시아 초원 역사의 일면을 살펴보겠다.

프랑스 라스코 동굴의 말 그림

러시아 알타이 칼구타 유적의 말 그림

말이 사람의 역사에 들어오다

말, 구석기인들을 먹여 살리다

지금은 말고기라는 말이 어색하게 들리지만 본래 말은 사람들의 먹거리였다. 실제로 나폴레옹이 모스크바를 공격할 때 식량이 떨어져서 말고기를 먹으며 연명했다는 이야기도 있고, 1970년대 한국에서 소고기 파동이 일어났을 때 소 대신 말고기를 팔아 물의를 일으켰던 적도 있다. 지금은 말고기를 못 먹을 것 또는 소수 미식가만을 위한 음식으로 여기는 경향이 있지만 인류는 적어도 2~3만 년 전부터 말을 잡아먹었다.

후기 구석기 유적의 대표 격인 프랑스의 라스코 동굴에서도 화려한 말 그림을 볼 수 있다. 구석기시대의 말 그림은 프랑스뿐 아니라 러시아 알타이에서도 발견되었다. 알타이는 초원 지역답게 동아시아에서 가장 이른 말 그림이 발견된 곳이다. 라스코 동굴 벽화가 화려한 채색화라면 알타이 칼구타 유적의 그림은 돌을 쪼아 만든 암각화다. 칼구타의 말 그림은 대부분의 암각화가 그러하듯 윤곽선만 간략하게 표현했으나 접힌 뒷발이나 몸통 부분이 매우 역동적으로 그려졌다. 말의 습성을 잘 아는 사람들이 그린 듯한데 배는 약간 볼록하게 표현되어 마치 임신한 것처럼 보인다.

먹거리에서 운송 수단으로

야생의 말이 인간의 동반자로 바뀐 데에는 기원전 3500년경 시베리아 초원 전역으로 확대된 유목민들의 공헌이 컸다. 유목민들은 지속적으로 이동해야 했기에 주변의 정착민들과 교류하며 새로운 기술과 문화를 전달했다. 그들이 키우던 가축은 양, 염소, 말 등이었으며, 조금 더 북쪽에 살던 사람들은 기후에 맞게 순록을 키웠다. 목축이 도입되면서 말은 인간에게 친숙한 동물이 되었고, 그때부터 역사를 움직이는 인류의 동반자가 되었다. 운송 수단으로서의 말이 등장한 것이다.

인간 역사에서 말이 운송 수단으로 떠오른 데는 세 가지 마구의 발명이 결정적인 기여를 했다. 첫 번째는 기원전 3000년경 등장한 재갈이다. 손가락 정도 크기의 작은 재갈을 채움으로써 사람들은 약간의 손짓만으로 말에게 일시적인 고통, 구체적으로는 치통을 가할 수 있었다. 말이 비로소 인간의 뜻을 따르는 탈것으로 바뀐 것이다. 재갈은 이후 수천 년간 개량과 발전을 거듭했다. 나중에는 한 사람의 마부가 여러 말을 동시에 부릴 수 있게 하는 고삐가 만들어지고, 이는 전차의 발명으로까지 이어졌다.

두 번째는 안장의 발명이다. 대부분의 포유류가 그렇듯 말의 등뼈는 평평하지 않은데, 이는 인간이 말을 탈것으로 이용하는 데 큰 제약이 되었다. 울퉁불퉁한 척추뼈가 고스란히 드러나 있는 말 등에 탄다는 것은 여간 위험한 일이 아니다. 오죽하면 로데오 중에서도 가장 위험한 경기가 안장 없이 타는 베어백 라이딩이겠는가. 안전장치 없이 말을 탈 경우 심각한 부상으로 이어질 수 있으므로 말을 타고 달리는 기병을 양성하기 위해서는 말 등에 놓을 만한 도구가 필요했다. 안장이 발명된 것이다. 기원전 7세기 스키타이의 군사들은 부드러운 카펫을 두껍게 얹은 안장을 사용했고, 이후 흉노 시대에는 나무로 만든 딱딱한 안장이 발명되었다. 이로써 사람들은 조금 더 안전하게 말을 탈 수 있게 되었고, 말 위에서 먹고 마시며 하루 종일 말을 달린다는 공포의 유목 기병들이 등장했다.

세 번째 발명은 사람이 발을 걸 수 있는 금속제 등자이다. 서기 3~4세기경 고구려와 선비족에 의해 금속제 등자가 발명되면서 본격적으로 중무장을 하고 말을 타는 기사가 나타났다. 등자는 실제 유목민 사이에서보다는 유목 문화를 받아들인 주변 지역에서 더 사랑받았다. 이렇듯 세 마구의 발명은 유라시아 전역에 기마 문화가 널리 보급되는 결과를 낳았고, 세계 중세사를 바꾸는 원동력이 되었다.

말과 인간의 역사에서 가장 중요한 전환점은 말이 단백질 공급원에서 탈것으로 변한 시점일 것이다. 말을 타고 다닌다는 기발한 발상을 한 사람들은 누구였을까? 그들은 물론 중앙아시아 초원의 유목민들이었다.

재갈, 말을 다스리다

야생의 말을 길들이기는 쉽지 않다. 말이 사람의 뜻대로 움직이게 하려면 말 입에 재갈을 채워야 한다. 보통 두 번째 어금니를 빼거나 갈아서 그 사이에 재갈을 끼운다. 말을 타는 사람이 재갈을 당기면 말의 이빨에 엄청난 압력이 가해지니 말은 사람의 명령을 따를 수밖에 없다. 이처럼 말이 단백질 공급원에서 탈것으로 전환하는 데는 재갈이 결정적인 역할을 했다.

여기 말의 사육과 재갈 사용의 기원을 밝혀 주는 중요한 유적이 있다. 바로 우크라이나 데레예프카 유적과 카자흐스탄 보타이 유적이다. 유라시아 초원 서쪽의 드네프르 강 근처에 위치한 데레예프카에서는 세계에서 가장 오래된 것으로 추정되는 재갈 사용의 증거가 나왔다. 여

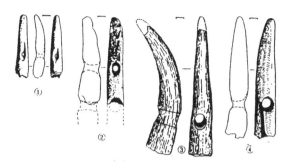

뼈로 만든 재갈(우크라이나 데레예프카 출토)

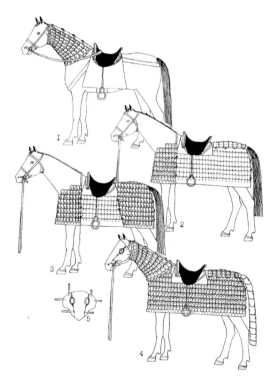

시베리아 투르크의 마구(6~7세기)

기에서는 말을 방목할 때 썼던 울타리 흔적과 함께 수백 마리의 말 뼈가 한데 묻힌 일종의 제사 유적이 발견되기도 했다. 발굴된 말 중에서 아래쪽 어금니가 좌우 각각 한 개씩 인공적으로 빠져 있는 것도 발견되어 목축하던 말 가운데 일부에 재갈을 물렸던 것으로 판명되었다. 다만 데레예프카 유적은 소비에트 시절에 조사된 것이어서 연대를 확정하기 어렵다.

또 다른 증거는 카자흐스탄과 러시아 국경 지역에 위치한 보타이 유적에서 나왔다. 보타이는 기원전 3500년경 동석기시대(신석기와 청동기 사이의 짧은 시기를 지칭하는 말)에 성행했던 문화이다. 여기서 말을 대량으로 목축한 흔적이 발견되었는데, 같이 나온 토기에서는 말 젖 찌꺼기도 나왔다고 한다. 힘들게 야생마를 잡아 뒷발에 차이는 위험을 감수하면서 젖을 짰을 리는 만무하다. 게다가 말 뼈 구덩이에서 발견된 말의 배설물은 말들이 장기간 사육되었음을 증명한다. 본격적인 말 사육이 시행되고 있었던 것이다.

현재 미국, 러시아, 카자흐스탄의 고고학자들이 앞다퉈 보타이 유적을 연구하고 있는데, 그 관심이 얼마나 높은지 얼마 전에는 발굴 성과가 《사이언스(Science)》지에 발표됐을 정도다.

말, 그 치명적인 유혹

중앙아시아 초원 지역 사람은 다양한 동물들을 기르면서 자연스럽게 각 동물의 특징들을 알게 되었다. 특히 말은 지구력이 약하고 거칠어서 다루기 쉽지 않지만 어떤 동물보다도 빠르기 때문에 일찍부터 사람들의 주목을 받았다. 신속한 이동이 생명인 초원에서 수백, 수천 마리의 가축을 관리했던 목동은 자연스럽게 말을 탈것으로 이용했을지 모른다. 하지만 재갈이 있다고 해도 말을 타고 다닌다는 것은 쉽지 않았다. 울퉁불퉁하게 튀어 나온 말의 등뼈가 말을 타는 사람에게 치명상을 입힐 수도 있기 때문이다. 하지만 누구보다 빨리 더 좋은 목초지로 이동해야 하는 유목민들에게 말은 치명적인 유혹이었을 것이다. 말을 길들이는 자는 곧 초원을 지배할 수 있었다. 결국 말이 인간의 동반자가 된 것은 인간이 초원을 지배하는 첫 과정이기도 했다.

재갈을 물려 길들인 말은 단순한 운송 수단이 아닌 전쟁 무기로 발전한다. 전차가 등장한 것이다. 한 사람이 말 한 마리를 타는 대신 두세 마리의 말에 수레를 묶었다. 말에게 처음으로 재갈을 물린 것은 기원전 30세기, 전차가 등장하는 것은 기원전 20세기였다. 전차가 등장하면서 인간과 말의 역사는 또 다른 전환점을 맞이한다. 인간의 전쟁에 말과 말이 끄는 전차가 가공할 무기가 되어 나타났다.

전차, 고대 문명을 뒤흔들다

전차의 기원은 시베리아 초원

야생의 말에 재갈을 채우면서 말을 길들이기 시작한 이래 말은 곧바로 수레에 매어져 빠르게 이동하는 운반 도구로 사용됐다. 수레가 전쟁에 사용되기 시작한 것은 기원전 3000년경이었으나 그것이 전장에서 실제적인 파괴력을 지니게 된 것은 바퀴살이 발명된 후부터였다. 바퀴살은 바퀴의 테두리를 지탱하는 뼈대를 사방에 부착한 것이다. 자전거 바퀴를 상상하면 이해하기 쉽다. 이전에는 나무를 동그랗게 깎아 만든 무거운 바퀴를 사용했으나 바퀴살 사이의 장력을 이용하는 정교한 기술이 발달하여 빠른 속도로 전장을 헤집는 강력한 무기가 탄생할 수 있었다. 바퀴살이 달린 전쟁용 수레, 즉 전차를 처음 개발한 사람은 기원전 20세기에 서부 시베리아와 우랄 등지에서 살았던 안드로노보인이다. 토볼 강 근처의 신타시타 유적에서는 청동 무기 및 두 마리의 말과 함께 묻힌 세계 최초의 전차가 발견되기도 했다. 안드로노보 사람들은 기원전 20~13세기에 시베리아 초원에 살았던 인도-이란인 계통으로 아리안족의 선조이다.

시베리아 전차 부대와 히틀러

히틀러나 나치즘하면 굽어진 십자가, 즉 하켄크로이츠가 떠오를 것이다. 사실 하켄크로이츠는 태양과 행복을 상징하는 무늬인 스와스티카(swastika)를 본따 만든 것인데, 그 기원은 전차를 발명한 안드로노보 문화에 있다. 스와스티카는 신석기시대부터 세계 각지에서 발견되지만, 스와스티카의 어원이 산스크리트어 스바스티카(svastika)라는 사실에서 알 수 있듯이 인도-이란어족 문화에서 기원했다고 보는 것이 정설이다. 시베리아 안드로노보 문화의 주민, 또는 그들에게서 영향을 받은 아리안족이 인도로 이주해서 스와스티카 문양을 산스크리트 문화에 전래한 것이다. 실제로 신타시타를 비롯한 안드로노보 문화의 토기에서 스와스티카 무늬를 심심치 않게 볼 수 있다.

제2차 세계 대전 중 히틀러는 순수한 아리안족의 보존이라는 명분을 내세워 수많은 유태인과 집시들을 살상하였는데, 정작 그가 상상했던 위대한 아리안족은 엉뚱하게도 시베리아에 있었던 셈이다. 제2차 세계 대전에서 독일 패전의 직접적인 원인이 되었던 스탈린그라드 전투가 벌어진 곳은 안드로노보 문화의 서쪽 경계에 해당한다. 히틀러가 존경하던 '아리안족 조상님'의 음덕이 엉뚱하게 발현된 것이다.

이집트와 히타이트의 숙명의 한판, 카데시 전투

안드로노보 문화에서 기원한 전차는 기원전 18세기경 서남아시아로 전파되었고, 기원전 13세기경에는 근동의 역사를 뒤흔든 사건을 주도한다. 메소포타미아와 이집트가 처음 맞서는 전쟁의 중심에 전차가 놓였던 것이다. 크리스티앙 자크의 소설 『람세스』를 읽은 독자라면 람세스 2세가 메소포타미아의 신흥 강국 히타이트와 결전을 벌였던 카데시 전투를 기억할 것이다. 이 전투는 나일 강 유역의 이집트가 메소포타미아 세력과 최초로 힘을 겨룬 세계사적인 사건이었다.

그런데 이집트는 알아도 히타이트에 대해서는 잘 모르는 사람들이 많다. 필자가 고고학에 관심을 가지게 된 결정적 계기는 어린 시절 읽었던 반 룬의『고대 문명의 새벽』이었다. 당시 필자는 고대 이집트와 메소포타미아 역사를 재미있고 간결하게 서술한 그 책을 수십 번 읽으면서 고고학에 대한 꿈을 키웠다. 그때 필자를 사로잡은 것은 히타이트에 대한 짧은 설명이었다. 여기에는 "히타이트에 대해서는 별로 알려진 것이 없으며 난폭해서 닥치는 대로 때려 부수었다"는 구절뿐이었다. '바빌로니아를 무너뜨릴 정도로 강한 나라인데 그저 난폭했다고 표현하다니, 하타이트는 재미로 한 나라를 멸망시킬 만큼 야만적이었나?' 하는 의문이 일었다. 이후 이런 저런 책을 보아도 히타이트에 대해서는 세계 최초로 철기를 사용한 민족이라는 설명 이상은 없었다.

기원전 17~12세기 메소포타미아에 강력한 국가를 세운 히타이트는 세계 고고학사의 마지막 미스터리였으나 1980년대에 히타이트의 수도 하투샤(현재의 터키에 위치)가 발굴되면서 베일이 벗겨졌다. 아울러 이집트의 람세스 2세가 히타이트와의 전쟁에서 패했다는 사실도 드러났다.

전차를 받아들인 히타이트, 메소포타미아를 평정하다

흔히 역사는 승자의 기록이라고 하지만 역사를 남겼기에 승자가 되기도 한다. 그래서일까? 전쟁의 두 당사자는 전쟁의 결과와 상관없이 스스로를 승자로 기록하는 경우가 많았다. 카데시 전투로 맞붙은 이집트와 히타이트 역시 그랬다.

이집트 기록에서는 기원전 1274년 5월, 무와탈리 2세가 이끄는 히타이트가 3500대의 전차와 3만 7000명의 보병으로 람세스 2세가 이끄는 이집트 군대 2만여 명에 맞섰다고 전한다. 이는 물론 한쪽의 기록이므로 그 수치를 완전히 신뢰하기 어렵다. 이집트가 승리의 영광을 더하

카데시 평화 협정을 새긴 히타이드본 조약문(1906년, 터키 보가즈쾨이 출토)

기 위해 히타이트 군대의 규모를 과장했을 가능성도 있기 때문이다. 실제로 히타이트 쪽 기록에서는 히타이트가 1000여 대의 전차로 이집트 군대를 궤멸했다고 전한다. 전쟁이 끝난 후 람세스 2세는 이집트 각지에 전쟁에서 죽인 적들의 이름을 새겨 영광스런 승리의 기록을 남겼다. 그 명단 중에는 무와탈리 2세의 동생들도 포함되어 있었는데 히타히트 쪽 기록에 따르면 그들은 전쟁에 참여한 적이 없다. 반면 히타이트 보가즈쾨이 유적에서 발견된 쐐기문자 기록에는 람세스 2세가 전쟁에 패한 후 간신히 목숨을 건져 도망갔다고 쓰여 있다.

어떤 주장을 믿을지는 각자의 판단이겠지만 이집트와 히타이트 모두 전쟁이 끝난 후 카데시를 복속시키지 않았기 때문에 결과적으로는 무승부였다고 보는 것이 옳을 듯하다. 무승부라고는 해도 당대 최강국이었던 이집트와 대등하게 겨룬 히타이트의 저력이 놀랍다.

히타이트가 자신만만하던 이집트 군사를 무너뜨린 힘은 바로 전차에 있었다. 당시 이집트 전차는 두 사람이 타게 되어 있어서 한 명은 말을 몰고 다른 한 명은 방어하면서 화살까지 쏴야 했다. 이에 비해 히타이트 전차에는 세 명이 탔다. 이 경우에는 세 번째 병사가 방어를 전담했기 때문에 더 효율적인 공격을 펴부을 수 있었다. 세 명이 탈 경우 무게 때문에 속도가 느려진다는 단점이 있었지만 히타이트는 바퀴를 개량하여 전차를 경량화함으로써 이를 극복했다.

최초의 전차전, 평화의 상징으로 다시 태어나다

기원전 1259년 이집트와 히타이트는 평화조약을 체결했다. 쐐기문자로 기록된 이집트와 히타이트의 평화조약은 뉴욕 맨해튼에 위치한 유엔 본부 1층에 사본이 전시되어 있다. 이 기록이 평화를 바라는 유엔의 이념을 상징적으로 보여 주기 때문이다. 세계 최초의 전차전이었던 카데시 전투가 훗날 평화의 상징으로 다시 태어난 것이다.

나일 강이라는 천혜의 요새에서 자신들만의 제국을 이루었던 이집트는 자기도취에 빠져 히타이트를 얕보았으나 히타이트는 강력한 전차 부대로 이집트의 자존심을 뭉개 놓았다. 근동에는 이미 600여 년 전에 안드로노보에서 전차가 도입되었지만 이를 강력한 전쟁 무기로 개량한 것은 바로 히타이트였다. 히타이트인들이 전차와 말을 얼마나 소중하게 다루었는지는 14세기에 히타이트어로 기록된 「킥쿨리 문서」에서 확인할 수 있다. 여기에는 건초와 마구간, 말 조련 방법에 대한 내용에서부터 실제 전차 주행법에 이르기까지 전차 운용에 필요한 내용들이 자세히 기록되어 있다.

나라가 망한 후 히타이트는 이집트를 비롯한 주변 적국에 의해 악의적이고 야만적으로 묘사되었다. 이 때문에 히타이트는 수천 년간 야만의 대명사로 통용되었던 것이 사실이다. 하지만 히타이트는 바빌로니아가 「함무라비법전」에서 '눈에는 눈, 이에는 이'를 외칠 때, 법적으로 사형을 금지한 유일한 근동 국가였다. 또 전차의 개량, 철 제련 등 당시 근동의 최신 기술을 적극적으로 받아들여 국력 강화에 힘을 쏟았다. 기술 발전을 바탕으로 강력한 정부와 힘 있는 군대를 양성하여 이집트를 굴복시키고 평화조약을 체결했던 히타이트는 지금 우리에게 시사하는 바가 크다.

전차, 무기에서 교류의 도구로

초원의 전장을 누볐던 전차는 신과 인간을 잇는 전령으로 기능하기도 했다. 기원전 13세기, 상나라 여전사의 무덤에서 발견된 전차가 그 대표적인 예이며, 이 전차는 중앙아시아에서 중국으로 유입된 것이었다. 한편 네이멍구의 난산건 유적에서는 비파형 동검과 함께 전차를 탄 사람을 새긴 골판이 발견되기도 했다.

석가모니는 초원의 후예?

석가모니는 기원전 624년 현재의 네팔 지역에서 태어났다. 그의 이름은 "석가족의 현인"이라는 뜻의 '샤키야무니(Shakyamuni)'를 한문으로 표기한 것이다. 여기서 석가족이란 인도-아리안족 중에서 스키타이 계통 유목 문화를 계승한 샤키야족 또는 사카족을 의미한다. 따라서 유목 생활을 하던 석가모니의 선조 집단이 남하하여 히말라야산맥 근처에 국가를 세웠다고 추측할 수 있다. 실제로 네팔과 인도 북부 지역에 스키타이 계통의 문화 요소가 존재함은 20세기 초반 고고학 자료를 통해서도 밝혀진 바 있다.

석가모니에 대한 기록에는 유목 민족의 성향이나 생활 습속이라 할 만한 것이 보이지 않는다. 석가모니의 탄생은 기원전 7세기 중엽이라고 알려져 있는데, 이때는 스키타이 시대 초기에 해당한다. 스키타이 문화는 기원전 850년경 남부 시베리아에서 처음 등장했고, 기원전 8세기 이후에 흑해 연안과 인더스 북부 등으로 확산되었다. 페르시아 다리우스 왕의 업적을 기리는 베히스툰 비문에 사카족이 등장하는 시기는 기원전 6세기로 석가모니가 태어나고도 한참 지난 시점이다. 석가모니의 탄생은 사카가 본격적으로 등장하는 시기보다도 훨씬 이른 셈이다. 게다가 석가모니는 룸비니라는 도시에서 왕족으로 태어났다고 하는데, 이는 고고학적으로 밝혀진 사카 문화와는 거리가 멀다. 대체 어떻게 된 일일까?

이에 대해서는 몇 가지 추측이 가능하다. 먼저 석가모니 탄생지로 알려진 룸비니가 어디인지에 대해서도 많은 이견이 있다. 물론 1896년에 네팔에서 마우리아왕조의 아소카 왕이 부처의 탄생지를 기념하여 세운 돌기둥이 발견되어 룸비니가 네팔에 있다고 공인되었다. 하지만 룸비니는 친정으로 가던 마야부인이 출산이 임박하여 급작스럽게 머물게 된 곳이라고 하니 후대 사람인 아소카왕이 그 장소를 정확하게 알았다고 단정하기 어렵다.

룸비니에 대한 조사는 2010년부터 유네스코의 지원을 받은 네팔의 고고학자 프라사드 아차랴와 영국의 로빈 커닝엄에 의해 다시 활기를 띠고 있다. 이 연구를 통해 문헌에는 나오지 않는 석가족의 여러 면모, 특히 유목 문화의 요소들을 밝힐 수 있을 것으로 기대한다. 석가모니가 유목 생활을 하지는 않았다 해도 시베리아의 유목민이 석가모니로 이어졌으니 한국의 불교문화도 시베리아 초원의 유목 문화와 이어져 있는 셈이다.

시베리아 전차인들이 만들어 낸 인더스문명

인더스문명은 기원전 19세기께 갑자기 멸망했다. 그 원인에 대해서는 환경 변화나 전염병의 창궐 등 다양한 설이 있었지만, 한동안 가장 많은 지지를 받았던 주장은 전차 등 강한 무기를 지닌 이민족의 침입 때문이라는 것이다. 실제 모헨조다로 유적에서는 사람들이 갑자기 자취를 감추거나 떼죽음을 당한 흔적이 발견되었고, 전차를 사용한 증거가 나타나기도 했다.

인더스문명을 밀어내고 새 문명을 일군 이들은 아리안족의 베다인이다. 인도를 대표하는 고대 문헌 『리그베다(Rig Veda)』가 바로 이들의 소산이다. 베다인은 시베리아에서 전차를 발명한 안드로노보인의 후손으로, 강력한 전차와 무기로 드라비다족을 내쫓고 인도를 차지했다. 『리그베다』에 등장하는 여신 가운데 가장 강력한 힘을 지닌 새벽의 여신 우샤스는 하늘을 나는 태양 전차를 타고 다니면서 수많은 지역을 평정하는데, 몇몇 호사가들은 이를 두고 고대인들의 UFO 목격담이 이 같은 형태로 표현된 것이라고 주장하기도 한다.

중국판 새마을운동, 잠자는 여전사를 깨우다

전차는 동쪽으로 중국에까지 전해졌다. 1970년대 중국은 산시(山西)성의 벽촌인 다자이(大寨)에서 농민들이 자력으로 산을 개간하고 논을 만든 것을 대대적으로 선전하며 '다자이를 배우자'는 표어 아래 중국판 새마을운동을 전개했다. 허난(河南)성 허우강촌(后崗村)의 농민들도 이 운동의 일환으로 경지를 정리하다가 1976년 거대한 무덤을 발견했다. 허우강촌은 상나라의 마지막 수도 은허가 있던 곳으로, 무덤의 주인공은 상나라 왕 무정의 부인 중 하나였던 부호(婦好)였다. 이 무덤에서 옥기 755점, 골각기 564점, 청동기 468점 등이 출토되었으며 순장된 인골도 16구나 발견되었다. 상나라 묘제에서는 차마갱이라는 구덩이에 전차와 말을 따로 묻었기 때문에 무덤 안에서는 대개 전차가 발견되지

부호묘 전차를 탄 여전사 복원도(기원전 10세기)

않는다. 하지만 부호묘에서는 이례적으로 다량의 무기와 전차 부속들이 발견되었다. 이를 토대로 추측하건대 부호는 실제 전장에서 무기를 들고 전차를 몰았을 가능성이 높다.

은허가 발굴되기 시작한 것은 1920년대부터였고 초기 발굴 유적에서도 전차가 심심치 않게 나왔기 때문에 중국학자들은 상나라에서 이미 전차가 사용되었음을 알고 있었다. 다만 풀리지 않는 의문은 이 전차들이 어디에서 기원했는가 하는 것이었다. 그 문제에 답을 준 이는 소련의 고고학자 세르게이 키셀료프였다. 1950년대 말 이후 소련과 중국의 학문적 교류가 이루어지면서 상트페테르부르크 고고학연구소에서 시베리아 고고학을 전공했던 그가 중국에 오게 된 것이다. 키셀료프는 부호묘의 청동 무기와 전차가 안드로노보 및 카라수크 문화와 같은 계통임을 밝혀냈다. 이로써 시베리아의 전차 문화가 중국으로 유입되었음이 증명된 것이다.

상나라는 북방에서 그들을 괴롭히던 민족을 귀방(鬼方)이라고 불렀다. 상나라 갑골문에는 귀방이 자주 상나라를 침략하고, 상나라도 툭하면 군대를 동원해서 귀방을 토벌하려 했다고 기록되어 있다. 강력한 청동 무기와 전차로 무장한 초원의 오랑캐들은 당시 상나라에게는 상당한 골칫거리였다. 하지만 귀방과 싸우는 과정에서 상나라 사람들은 초원의 발달된 무기와 전차를 받아들일 수 있었고, 이는 고대 동아시아 세계와 초원의 세계가 만나는 장이 되었다.

고구려 소서노와 상나라 부호

부호는 상나라 왕 무정의 첫 번째 아내로, 조경과 조갑 두 아들을 낳았다고 추정된다. 고대 국가의 왕으로서 수많은 여성을 취할 수 있었던 무정이 첫 아내로 전차를 끄는 거친 여성을 선택한 이유는 무엇일까? 단순한 애정 문제라기보다 모종의 정치적 목적이 있었던 게 아닐까?

고대에도 세상의 반은 여자였고, 그들이 역사에서 차지하는 비중은 적지 않았다. 우리는 은연중에 고대사의 주체를 남성으로 생각하는 경향이 강하다. 사람들의 인식 속에 고대는 매일같이 전쟁이 벌어지는 힘의 시대이기 때문이다. 하지만 부호의 경우에서 알 수 있듯이 동아시아 고대사에서 군대를 이끄는 여성 지도자는 심심찮게 발견된다. 1993년 알타이 우코크 고원 아크 알라하 3유적에서 출토된 미라 역시 여사제로 추정되며, 베이징 근처에서 발굴된 서주 시대 유적인 바이푸춘(白浮村) 유적에서도 전차로 무장한 여성의 유해가 나왔다. 고구려와 백제를 아우른 여걸 소서노도 제사장과 무장의 역할을 겸했다는 의견이 있다. 헤로도토스의 『역사』에 등장하는 여전사 집단 아마조네스 역시 전혀 근거 없는 이야기는 아닐 것이다. 그런 맥락에서 무정이 부호와 결혼했던 배경에는 그녀가 가진 강력한 힘을 얻고자 하는 마음도 있지 않았을까?

물론 고대 여전사들이 실제로 남자를 능가하는 힘을 가졌다는 뜻은 아니다. 그녀들이 전장에서 했던 역할은 상징적인 것에 가까웠다. 일례로 상나라의 통치자들은 물리력 대신 신탁에 의지해 나라를 다스렸다. 상나라 왕은 비서에 해당하는 정인(貞人)들과 함께 제사를 지내고 점을 치면서 정사를 돌봤다. 부호 역시 신의 대리인으로서 상나라 군사들을 통솔했을 것이다. 그러므로 부호가 탔던 전차는 군사력의 상징인 동시에 신의 뜻을 전하는 매개체였던 셈이다.

상나라의 전차, 고조선으로 파급되다

상나라의 전차는 주나라가 건국될 무렵인 기원전 11세기에 현재의 베이징 지역까지 전파되었다. 주나라의 개국공신 소공석이 연나라 왕으로 분봉을 받아 지금의 베이징 류리허(琉璃河) 지역에 도읍한 것이 그 계기가 되었다. 실제로 이 지역은 소공석의 아들이 통치했는데 당시 귀족들의 무덤 유적에서 전차가 다수 발견되었다.

베이징에서 좀 더 동쪽으로는 현재의 허베이성과 네이멍구자치구, 랴오닝성의 경계에 위치한 샤자뎬 상층 문화의 난산건 유적에서 전차의 존재가 확인되었다. 이 유적은 고조선과 발해 역사 연구 명목으로 조직되어 1963년부터 3년간 활동한 북·중 공동발굴대에 의해 조사되었다. 당시 고조선 조사팀이 조사한 난산건 유적의 101호 무덤에서 두 마리 말이 끄는 전차와 사슴을 향해 활을 겨누는 인물이 새겨진 골판이 발견되었다. 이는 만주 지역에서 발견된 전차 사용의 증거 가운데 가장 이른 것이다. 샤자뎬 상층 문화는 기원전 11~6세기에 중원과 초원, 고조선을 잇는 교차점에서 발달했다. 실제 난산건 유적에서는 전차 부속품 다수와 초원 계통의 무기와 함께 비파형 동검을 비롯한 고조선 관련 유물이 출토되었으니, 한반도와 만주로 전차가 유입되는 중간 루트가 발견된 것이다.

하지만 고조선에서 실제로 전차가 사용되었다는 직접적인 증거는 아직 발견되지 않았다. 다만 평안북도 염주군 주의리에서 수레바퀴 조각이 발견되었을 따름이다. 북한 학자는 이 바퀴 조각을 기원전 8~7세기의 것으로 보지만, 동반 유물이 없어서 그 연대가 맞는지, 또 전차로 사용되었는지 수레로 사용되었는지 확실하지 않다. 본격적으로 전차나 마차를 사용한 증거는 위만조선 시대에 들어서야 발견되는데, 이때가

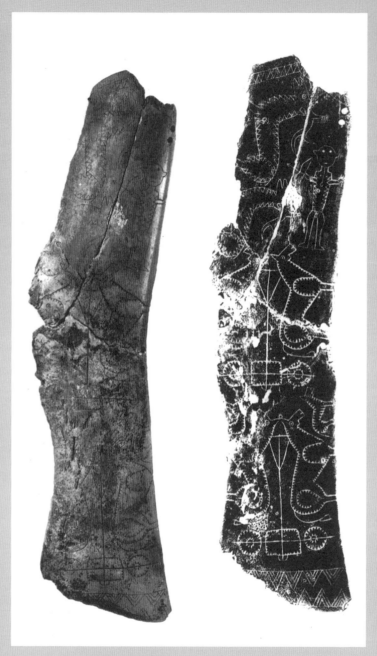

네이멍구 난산건 유적 101호 무덤에서 출토된 골판(기원전 9세기)

기원전 2~3세기 즈음이니 한참 늦은 편이다.

한반도에서는 왜 이토록 전차 사용이 늦어졌을까? 두 가지 원인이 있다. 첫째로 고대 한반도와 만주는 강한 군사력 대신 종교적인 힘에 의해 지배되었다는 점을 들 수 있다. 고조선 유력 지도자의 것으로 추정되는 중국 랴오닝성 선양시 정자와쯔(鄭家窪子) 6512호 무덤에서는 청동 거울이 4점이나 출토되었고, 다른 무덤에도 비파형 동검과 거울이 주로 부장되었다. 이는 한반도와 만주 지역 청동기 문화의 지배자들이 제사를 담당하던 제사장이었음을 의미한다. 군대 대신 제사를 주관함으로써 지배력을 강화했던 고대의 지배자들은 굳이 상당한 비용과 숙련된 기술을 요하는 전차 도입을 서두를 필요가 없었다. 두 번째는 한반도와 만주의 대부분이 전차를 몰기 어려운 산악 지형으로 이루어져 있다는 점이다. 전차전은 기본적으로 근동이나 중원 같은 평원 지역에서 주로 발달했다. 평원에서 진을 치고 대적할 경우 빠른 전차로 진을 무너뜨리고 보병들이 뒤이어 진격하는 전법이 주로 사용되었기 때문이다.

평양 일대의 낙랑 및 위만조선 유적에서 기원전 3~2세기 것으로 보이는 전차가 출토되었으나, 이는 지도자의 권위를 뽐내기 위한 일종의 위신재로 전투용 전차와는 관계가 없다.

시들지 않는 풀이 어디 있을까

서주부터 춘추전국시대까지의 노래를 모은 『시경(詩經)』에는 전차병들의 고충을 담은 시가 적지 않다. 특히 인상적인 시는 소아(少雅)편의 마지막 장인 「하초부황(何草不黃)」이다. 이 작품은 주나라가 멸망한 기원전 8세기경에 쓰인 것으로, 시의 작자인 말단 전차병이 전장을 옮겨다니며 지쳐가는 자신의 모습을 노래했다.

시들지 않는 풀이 어디 있을까
일 나가지 않는 날이 어디 있을까
일에 동원되지 않는 사람이 어디 있을까
사방을 돌아다니는구나

전차는 물론 가공할 만한 무기였지만 무겁고 복잡한 도구였던 만큼 전차병들의 고충은 이만저만이 아니었다. 평야나 초원이 아니면 사용이 어렵고, 부서지기 쉬운 바퀴와 여러 부속들을 지속적으로 관리해야 했다.

풀도 시들고 인간도 늙듯이 기원전 1000년을 기점으로 전 세계에서 전차전이 사라지면서 전차도 서서히 사라져 갔다. 비용이 많이 들고 비효율적인 전차 대신에 경기병(輕騎兵)이 전쟁의 전면에 등장한 것이다. 안장의 사용으로 기병들이 장시간 말을 탈 수 있게 되었고, 재갈도 개량되어 전차보다 훨씬 더 효율적이고 빠르게 전쟁을 수행할 수 있었기 때문이다.

하지만 전차가 가지는 무기로서의 상징성과 화려한 외양은 사람들에게 여전히 큰 의미로 다가갔다. 로마 시대에 이르러 전차는 실질적인 무기로서의 효용 대신 화려한 볼거리로 대중들을 사로잡았다. 실제로 로마를 배경으로 한 영화 「벤허」나 「글래디에이터」의 화려한 전차 경기 장면은 21세기의 우리들에게도 큰 감동을 준다. 그런 면에서 전차의 특별한 상징성은 지금도 유효한 것이 아닐까?

전차, 무기에서 소통의 도구로
전쟁 무기로서의 실제적인 중요성은 떨어졌지만 전차는 하늘과 인간, 인간과 인간을 잇는 연결 고리로 의미를 계속 유지했다. 『에스겔서』 1부에는 구약시대의 선지자 에스겔이 그발 강가에서 여호와의 대리인을 만나는 장면이 장황하게 묘사되어 있다. 그가 본 것은 불의 전차를 탄 천사가 하늘에서 내려오는 모습이었다. 이는 구약시대에 전차가 신과 인간을 잇는 연결 고리였음을 보여 주는 좋은 예다.

전차는 지역 간 소통의 속도를 수십 배 증가시켜 고대 문명의 발전을 촉진했다. 사람들은 전차를 통해 빠른 속도로 문물을 교환할 수 있었고, 이로써 초원을 중심으로 문명 간 정보 및 문물 교류의 혁명이 일어났다. 소통과 교류의 도구로 도입된 전차는 고대인들에게 지금의 인터넷과 같은 혁명적인 발명품은 아니었을까?

전차는 세상을 움직이는 진리를 상징하기도 했다. 인도 아소카 왕과 신라 진흥왕이 자처했던 전륜성왕(轉輪聖王)은 거침없이 도는 수레바퀴처럼 세상의 이치와 진리를 관장하는 왕이라는 의미이다. 거짓 정보로 세상을 어지럽히고 개인의 행복을 앗아가는 현대의 인터넷과 대중매체를 보노라면 지역 간 교류를 상징하는 전차의 수레바퀴를 정의의 상징으로 내세운 옛 사람들의 뜻을 알 것도 같다. 하지만 인터넷과 스마트폰이라는 정보의 수레바퀴가 정의가 흐르는 장이 될 날은 아직 요원하다.

인도 아소카 왕 석주(사자상 밑에 바퀴가 표현되어 있다.)

치명적인 말의 유혹에 빠진
초원의 전사들

고대 문명 속 내시

인간이 말과 친숙해지기 시작할 무렵 내시라는 직업군이 등장했다. 현존하는 기록 가운데 내시에 대한 가장 이른 기록은 수메르문명에서 발견된다. 이후 아시리아를 비롯한 근동 지역의 여러 왕국에 내시가 존재했음이 밝혀졌고, 구약에도 내시에 대한 기록이 있다. 내시 풍습이 특히 잘 남아 있는 곳은 중국인데, 중국 역사 속 내시는 대개 교활하고 간사한 모습으로 그려진다. 실제로 진나라를 멸망시킨 환관 조고나 후한 말 권력의 중심에 있었던 십상시처럼 왕조가 멸망할 때에 내시들이 득세한 예가 많다. 그러나 종이를 발명했다는 채윤, 보선을 이끌고 아프리카까지 탐사했던 정화의 경우에서 볼 수 있듯 내시는 줄곧 역사의 한축을 담당한 주요 세력이었다. 내시에 대한 부정적인 이미지는 원·명대 내시의 권력 집중으로 심화된 것으로 보인다.

내시는 크게 유전적인 이유나 사고 등으로 생식기능을 잃은 자연적인 내시와 내시가 되기 위해 성기를 자른 인공적인 내시로 나뉜다. 인공적인 내시는 궁형으로 성기가 제거된 후에 궁에서 일할 기회를 잡은 경우와 생활고나 신분 상승에 대한 욕망 때문에 스스로 거세하고 내시가 된 경우 등이 있다.

근동에서든 중국에서든 초기 내시는 자연적인 내시였을 가능성이 높다. 의학이 발달하지 않은 시기에 인공적인 거세는 매우 위험한 일이기 때문이다. 아마 자연적으로 생식기능을 잃은 사람들이 궁궐에서 일을 하기 시작했고, 전쟁이 일상화되어 포로들을 노예로 쓰는 과정에서 내시의 수도 증가했던 것 같다. 내시에 대한 기록이 비교적 많이 남아 있는 중국의 경우를 살펴보면 춘추시대까지는 자연적인 내시가 주를 이루었다. 그에 대한 간접적인 증거는 사마천의 『사기』에 등장하는 제 환공에 대한 기록이다. 중원을 제패한 제 환공이 노쇠하여 판단력이 흐려지자 관중은 세 명의 신하를 멀리하라는 유언을 남겼다. 그 가운데 하나가 바로 내시였는데, 관중은 그를 '스스로 거세할 만큼 탐욕스러운 사람'이라고 평했다. 이는 내시 문화가 발달했던 중국에서조차 기원전 7세기경까지는 스스로 거세하는 일이 자연스럽지 않았음을 보여 준다.

기마인과 불임

역사 기록이 거의 없는 유라시아 초원 지역에서도 내시의 흔적을 찾아볼 수 있다. 사실 유목민들은 자연적으로 내시가 될 가능성이 특히 높았다. 고대 유목민들은 지금처럼 발달된 등자나 딱딱한 안장 없이 말을 탔기 때문이다. 실제로 데레예프카 유적에서 별도의 마구 없이 재갈만 발견되었는데, 이는 베어백 라이딩, 즉 안장 없이 말을 탄 증거다.

물론 유목 생활을 한다고 반드시 성불구가 되는 것은 아니다. 다만 고대의 거친 환경에서 마구도 제대로 갖추지 않고 평생 말을 타다 보면 크고 작은 사고로 생식기능이 없어질 가능성이 높다. 아마 많은 사람들이 그에 대한 두려움으로 말타기를 기피했을 것이고, 이는 유목 집단의 존망에 치명적인 문제였다. 따라서 유목 사회에서는 생식기능의 저하를 겁내지 않도록 사고를 당한 사람들에게 특별한 사회적 위치와 역할을 부여했다.

고고학이 전하는 초원 민족의 내시 그리고 에나리스

헤로도토스의 『역사』에는 스키타이의 내시 문화에 대한 재미있는 이야기가 실려 있다. 『역사』 1권 105절에 기록된 에나리스(Enarees)라는 집단이 바로 그들이다. 에나리스란 고대 이란어로 '남자답지 못한 자'란 뜻인데, 헤로도토스는 그들이 신전을 약탈한 죄로 신의 저주를 받아 성불구자가 되었다고 서술했다. 히포크라테스 역시 「공기, 물, 장소에 대하여」에서 "말을 자주 타고 다니는 사람들은 종양이나 류머티스, 통풍 등으로 고생하기 때문에 성적인 즐거움에는 관심이 없다"라고 쓴 다음 "스키타이의 상위 계급에는 내시가 많다"는 기록을 남겼다. 또 20세기 초반에 티베트를 조사한 러시아의 민속학자 표트르 코즐로프는 티베트고원에 거주하는 사람들은 출산율이 낮은데, 그중에서도 생식능력이 특히 떨어지는 사람들이 주로 승려가 된다고 주장했다. 실제로 과거인들의 질병을 연구하는 고병리학 분야에서도 고위도 지역에 가면 저산소증으로 생식능력이 현저히 감소하는 반면, 저위도 지역으로 내려오면 생식능력이 회복된다고 한다. 이런 맥락에서 볼 때 고지대에 살면서 말을 타던 스키타이 사람들은 생활 습관과 지리 환경 모두 생식능력에 악영향을 미치는 조건에 있었던 셈이다.

같은 맥락에서 알타이 지역의 대표적인 스키타이 문화인 파지릭 문화의 고고학 자료들을 살펴보자. 파지릭 문화는 해발 2500미터 높이의 우코크 고원에서 발달했다. 흥미로운 사실은 이 지역 귀족 계급 고분에서 발견된 여성 미라들의 뼈에 기아선(오랫동안 영양 상태가 좋지 않았던 사람의 뼈에 남는 흔적)이 새겨져 있다는 것이다. 그만큼 혹독한 환경에서 살아남아야 했던 여성들에게 다산을 기대하기는 어렵다. 심지어 그들은 기마 생활을 했으니 이중의 위험을 안고 있었다. 그럼에도 우코크

우코크 고원 파지릭 고분 발굴 현장

고원의 넓은 목초지가 필요했던 파지릭 문화인들은 이곳을 쉽게 떠나지 못했다.

상황이 그러하니 유목 풍습은 출산율 감소 문제로 금방 소멸될 것 같지만 실상은 그렇지 않았다. 유목민들은 혹독한 초원에 국가를 세웠고, 유라시아 전체를 정복한 몽골제국을 수립하기까지 천년 이상 초원제국의 명맥을 이었다. 초원 유목민들에게는 용맹함으로 무장한 전사 계급이 있었기 때문이다. 헤로도토스가 내시라고 폄하했던 에나리스는 사실 전장에서 이름을 떨치던 유목 전사들이었다. 파지릭 문화나 기타 스키타이 시대 유목 문화의 전사 계급 고분을 보면 아내나 자식을 합장한 가족묘의 개념이 거의 없다. 오직 전사 한 사람만 매장하는 형태다. 여성의 무덤이 있긴 하지만 여기에 묻힌 사람은 대부분 여사제였을 것으로 추정된다.

파지릭 문화에서 전사는 직접적인 생산 활동에 종사하지 않고 지배계급의 일부로 주군을 보호하는 친위 부대로서 기능했다. 중앙아시아 역사가 크리스토퍼 벡위드는 『중앙유라시아 세계사(The Empires of Silk Road)』에서 이 친위 부대를 '코미타투스'라고 명명했다. 주군은 파지릭 전사들의 충성을 화려한 전리품으로 보상했다. 이는 실제 고분에서 발견되는 수많은 귀중품과 위신재로 증명된다. 코미타투스는 끊임없이 전쟁에 동원되었기 때문에 정상적인 결혼 생활이 힘들었다. 또 고원지대에서 줄곧 말을 타고 다녀야했기에 생식능력에 문제가 생길 수밖에 없었다. 그런 이유로 고원지대의 코미타투스들은 남녀 할 것 없이 대부분 전사로 활동하였다. 실제 고분을 발굴한 결과 여성들 역시 사제로 활동한 일부 경우를 제외하면 남자들과 똑같이 전사로 활약했음이 밝혀졌다.

평범한 결혼 생활을 거부하고 용맹한 전사로 살기를 택했던 코미타투스의 존재는 주변 민족에게 커다란 공포였을 것이다. 두려움에 사로잡힌 주변 사람들이 성욕에 구애받지 않는 그들을 고자나 내시로 비하했던 것이 아닐까? 헤로도토스의 기록에 나온 에나리스라는 이름에도 그들에 대한 공포가 숨어 있다. 그리스인들의 눈에 비친 에나리스는 인간의 기본 욕구인 성욕을 초월한 무시무시한 전쟁광이었다. 그리스인들은 에나리스를 '신의 저주가 내린 내시 같은 놈'이라고 비하함으로써 그들에 대한 두려움을 달랬을 것이다.

집단 보존의 법칙, 초원의 전사들은 어떻게 인구를 유지했나?

생식능력이 부족한 에나리스가 지배계급의 대부분을 차지했다면 이 집단에는 분명 심각한 인구문제가 발생했을 것이다. 그렇다면 초원의 전사들은 어떻게 인구를 유지했을까? 여기에는 두 가지 가능성이 있다. 먼저 농경 집단과의 전쟁을 통해 포로를 확보하는 경우가 있다. 실제로 알타이 지역 출토 인골을 분석한 결과 백인, 황인, 혼혈 등 다양한 인종이 섞여 있음이 확인되었다. 또 흉노 제국의 이볼가 성터와 몽골의 여러 성지들을 발굴해 보니 이 지역 인구의 상당수가 주변에서 유입된 외지인이었음이 드러났다.

두 번째는 일부다처제 또는 일처다부제 등으로 생식력이 좋은 사람들이 아이를 많이 낳도록 하고, 주변에서 그 아이들을 입양하여 기르게 하는 방식이다. 즉 출산과 양육이 분리된 형태다. 이는 고고학적으로도 일부 증명되었다. 파지릭 유적의 미라에서 추출한 DNA의 분석 결과가 그런 가능성을 방증한다. 알타이 남부의 우코크 고원에서 발견된 여성 미라의 DNA와 알타이 파지릭 유적 2호 고분에서 발굴된 미라의 DNA

알타이 고원의 초가을

를 분석한 결과 양자의 친족 관계가 확인되었다. 알타이 서쪽에 위치한 파지릭 유적은 파지릭 문화 최상위 계급의 무덤이다. 반면 우코크 유적은 알타이 남쪽 중국과의 국경 지역에 위치한 유적으로 고분 규모로 보면 최상위와 일반 계급의 중간 정도에 해당한다. 두 유적은 직선거리로 300킬로미터 이상 떨어져 있기 때문에 친연 관계를 상정하기 어렵다. 또 파지릭 문화는 국가 단계의 사회가 아니기 때문에 분봉 형태로 왕이 각지에 신하를 파견하는 것은 불가능하다. 각 지역이 독립적인 세력을 갖추고 있었음에도 불구하고 모계 혈통이 같은 미라가 발견되었다는 사실은 출산을 담당했던 사람들이 따로 있었고 그들의 후손이 각지에 흩어져 살았음을 뜻한다. 적어도 최상위 계급은 공통 모계를 가지며, 그들의 공통된 어머니는 사제로서 집단 내에서 추앙받았을 것이다.

고원지대는 주변의 침입이 용이하지 않고 겨울에도 안정적인 목초지를 확보할 수 있기 때문에 초원 유목 민족들에게는 특히 성스러운 장소였다. 때문에 여기에는 주로 계급이 높은 사람들이 살았는데, 파지릭 문화가 대표적으로 그러했다. 고원지대의 거주민은 주로 제사장 계급이었다. 따라서 이 지역 사람들은 농경민족과는 비교조차 되지 않을 만큼 적은 자식들을 키웠을 것이라고 추정된다.

인간에게도 다른 생물들처럼 종족 번식의 본능이 있다. 스키타이 전사들은 딱딱한 안장 대신 펠트를 얹은 안장을 썼고, 그나마도 높은 신분이 되어야 좀 더 안정적인 것을 쓸 수 있었다. 일반 무사나 하위 계급들은 제대로 안장을 갖추기도 어려운 상황이었다. 때문에 그들의 삶에는 갑자기 생식기능을 잃을 위험이 상존했다. 그들이 사고를 겁내지 않고 용맹한 전사로 거듭나려면 종족 번식에 대한 욕망을 버려야 했을 것이다.

그런 의미에서 초원의 유목 민족들, 적어도 스키타이와 파지릭 사람들에게 내시는 왕에게 권력이 집중된 사회에서 나타나는 기형적인 제도가 아니었다. 재물과 권력에 눈이 멀어 남성성을 포기한 중국의 환관들과 달리 초원의 전사들은 열악한 환경에서 자신의 전투력을 극대화하고 집단을 방어하기 위해 기본적인 욕망을 버렸다. 초원에서 최초의 세계 제국이 나온 것은 결코 우연이 아니다. 오히려 척박한 자연환경에 맞서 살아남은 수천 년 유목민들의 지혜가 빚은 필연적인 결과였다.

알타이산의 황금을 지키는 그리핀

기원전 9세기경 전차의 시대가 끝나고, 초원에서는 스키타이 문화가 발생했다. 평생 말을 타고 이동했던 스키타이인들은 거추장스러운 가구나 장식을 좋아하지 않았다. 대신 그들은 가벼우면서도 아름답고 귀한 황금을 좋아했다. 특히 2500년 전 알타이에서 꽃피운 파지릭의 황금 문화는 강에서 채취한 사금으로 이루어졌다. 훗날 이 찬란한 황금 문화는 흉노로 전파되었고 선비, 오환, 고구려를 거쳐 신라와 가야에까지 이어졌다.

인류가 가장 사랑한 금속, 금

경제가 어려워지면 전 세계적으로 금값이 폭등한다. 자산가들은 변하지 않는 환금 수단인 금을 선호하기 때문이다. 예부터 금은 인류가 가장 사랑하는 금속이었다. 기원전 3000년경 유럽과 고대 근동지역 등지에서 금이 귀금속으로 사용되기 시작했다. 반면 우리 선조들은 신석기시대 이래로 옥을 선호해서 금 사용이 늦었다. 한반도에서 금이 사용된 최초의 사례는 중국과 초원의 영향이 본격화되는 기원 전후에 평양에 있었던 낙랑 유적에서 발견되었다.

금이 본격적으로 우리 민족의 사랑을 받기 시작한 곳은 신라와 가야였다. 신라의 금 사랑이 얼마나 유별났던지 『일본서기』에서 신라를 황금의 나라라고 일컬을 정도였다. 금관, 귀걸이, 팔찌 등 당시의 왕과 귀족들의 무덤에는 수많은 금이 묻혔고, 심지어 청동에 금을 입힌 유물들도 각지에서 출토되고 있다. 그만큼 황금에 대한 사랑이 깊었던 것이다. 황금 보기를 돌같이 하던 한반도에서 금이 본격적으로 사용된 데에는 초원의 황금 문화가 큰 영향을 미쳤다.

파지릭, 황금을 지키는 그리핀의 나라

초원 민족들도 황금을 좋아했다. 특히 알타이에 살던 파지릭 문화인들은 황금에 눈이 멀었다고 해도 과언이 아니다. 알타이라는 말 자체가 황금을 뜻하는 투르크어 알틴에서 기원한 것이며 이를 한문으로 쓰면 금산(金山)이 된다. 실제로 알타이에 가보니 만년설이 덮인 산들이 석양이 질 때 온통 황금빛으로 물들어 그 아름다움을 형언할 수 없었다. 알타이가 황금의 산이라는 말이 충분히 이해가 됐다.

알타이는 현재 중국, 러시아, 카자흐스탄, 몽골 4개국에 걸쳐 있는 사얀-알타이산맥 일대를 말한다. 지금도 알타이족은 이 네 나라에서 목축으로 생계를 이어가고 있다. 우랄-알타이 어족이라는 용어 때문에 막연히 알타이를 우리 민족의 기원지라고 생각하는 사람들이 많지만, 한반도에서 수천 킬로미터 떨어진 알타이가 한민족의 고향이라는 증거는 찾기 어렵다. 다만 기원전 7~3세기 이 지역에 존재했던 파지릭 문화가 흉노를 거쳐 한반도의 신라로 파급되었음은 분명하다.

신라가 '황금의 나라'로 불렸다면 알타이 파지릭 문화는 '황금을 지키는 그리핀의 나라'라고 불렸다. 그리핀 또는 그리폰은 그리스 신화에 등장하는 환상의 동물로 독수리의 머리와 날개에 사자의 몸통을 가진 것으로 묘사된다. 그리스 역사가 헤로도토스는 『역사』에서 동쪽 멀리 아리마스피라는 괴수가 살고, 그보다 더 동쪽에 그리핀이라는 괴수

파지릭 문화의 고깔모자

가 황금을 지킨다고 기록했다. 헤로도토스에게 알타이의 파지릭 문화는 그가 아는 세상의 끝이었으며, 괴수가 지키는 황금으로 뒤덮인 산이었던 셈이다.

황금을 지키는 그리핀은 오랫동안 그리스 사람들이 지어낸 신화라고 생각되었다. 하지만 1920년대 이후 기원전 7~3세기에 번성했던 파지릭 문화의 고분을 발굴한 결과 금박을 입힌 갖가지 그리핀 장식이나 그리핀 모양의 모자 등이 출토되어 그리핀 이야기가 증명되었다. 중국의 『산해경』이 그러했듯 헤로도토스는 주변 민족들을 환상의 동물로 표현한 것이다.

그렇다면 헤로도토스는 왜 알타이인들을 황금을 지키는 그리핀이라고 불렀을까? 그 답은 당시 알타이인들이 썼던 모자에서 찾을 수 있다. 해발고도가 2000미터에 달하는 알타이 지역에서는 극심한 추위 때문에 두툼한 모자를 써야만 생활이 가능했다. 당시 알타이인들이 쓰고 다녔던 양털 모자는 길쭉한 고깔 모양으로 끝에는 금박을 입힌 그리핀 장식이 달려 있다. 만약 외부인이 고깔모자를 쓴 알타이인들을 봤다면 사람 몸에 새 머리가 달렸다고 생각했을 것이다.

파지릭 사람들은 마구와 옷 장식에 금박 입히기를 좋아했는데, 여기에 필요한 황금은 알타이 강 주변에서 채취했다. 알타이의 사금 채취 전통은 오래도록 지속되어서 20세기 중반까지 이곳에서 사금을 채취하는 모습을 어렵지 않게 찾아볼 수 있었다. 그러다 한때 채산성 문제로 사금 채취가 잠시 중단되었다가 최근 금값이 폭등하면서 사금 채취가 재개되었다고 한다. 알타이에 대한 헤로도토스의 묘사가 완벽히 맞는 셈이다.

'표트르대제 컬렉션'의 탄생

알타이의 황금 문화가 사람들에게 알려지게 된 계기는 17세기 시베리아에 불어닥친 골드러시였다. 시베리아의 옛 고분에서 황금 유물이 나온다는 소문을 들은 코사크인들은 앞다투어 이곳으로 몰려들었다. 여기저기 고분을 파헤치기 시작한 그들은 다른 유물은 그냥 깨부수어 버리고 오로지 황금만을 찾았는데, 이 과정에서 수많은 유물들이 용해되어 금의 무게로만 값이 매겨졌다. 코사크인들은 황금을 녹여서 금화로 만들어 팔았다고 한다.

러시아의 근대화를 일군 표트르대제는 젊은 시절 신분을 숨기고 네덜란드의 조선소에서 일하면서 서구 문물들을 공부했다. 그가 보고 배운 것 중에는 당시 유럽에서 발달하기 시작한 박물관도 있었다. 덕분에 표트르대제는 시베리아 고분에서 출토된 황금 유물의 골동품적 가치를 파악하고 시베리아 총독에게 명령을 내려 그 유물들의 원형을 보존하여 상트페테르부르크로 보내게 했다. 이때 모은 것이 초원 유물의 정수로 꼽히는 표트르대제 컬렉션이다. 한편 표트르대제는 고분의 위치나 출토 상황도 같이 보고하게 했는데, 그 과정에서 대부분의 황금 유물이 알타이에서 출토되었음이 밝혀졌다.

19세기 말부터 알타이에 대한 조사가 본격적으로 시작되었지만, 러시아는 곧 혁명의 소용돌이 속으로 빠져들었다. 다행히 1920년대부터 사회가 안정을 찾아 알타이에 대한 조사를 재개할 수 있었다. 1929년 세르게이 루덴코와 미하일 그랴즈노프는 소련과학원 고고학연구소의 조사대를 이끌고 알타이 고분들을 조사하기 시작했다. 알타이 동남부 산악 지역을 관통하는 울라간 강 근처 계곡에 위치한 거대 고분들이 그들의 관심을 끌었다. 지역 주민들은 고분이 위치한 계곡을 파

표트르대제 컬렉션 중 나무 밑에서 쉬고 있는 스키타이인

지럭이라고 불렀고, 발굴단이 그 이름을 따서 이 지역 고분을 파지릭 고분이라고 명명했다. 1947년부터 3년간 다시 조사가 이어져 다섯 기의 대형 고분이 발견되었다. 이 발견은 시베리아 초원의 황금 문화를 세계에 알리는 계기가 되었다. 신라의 적석목곽분을 시베리아와 관련 짓는 것도 바로 이 파지릭 고분과 연결하고자 하는 노력이었다. 이렇게 파지릭 문화는 알타이와 시베리아를 대표하는 스키타이 시대의 황금 문화가 되었다.

파지릭인들은 선택받은 사람들이었다. 지금도 영산(靈山)으로 추앙받는 알타이산에서 가장 높은 지역에서 살았으니 말이다. 실제로 그 고분에서는 페르시아산 양탄자, 중국제 거울을 비롯하여 주변 지역에서 헌납한 유물들이 다수 출토되었다.

황금, 신라를 매혹시키다

마르코 폴로는 『동방견문록』에서 일본을 지천에 황금이 넘치는 나라로 묘사하여 서양인들을 매혹했다. 하지만 원조 황금의 나라는 신라였다. 『일본서기』에는 신라의 황금에 대한 부러움이 기록되어 있으며, 실제로 신라 고분에서 찬란한 황금들이 대량으로 출토되어 신라인의 황금 사랑의 깊이가 드러났다.

정교하고 화려한 세공으로 유명한 신라의 황금 제련술은 어디에서 왔을까? 알타이의 파지릭인들이 직접 신라에 황금 제련술을 전수했다고 볼 수는 없지만 그들의 문화가 신라에 영향을 미쳤음은 분명하다. 파지릭 문화는 기원전 5세기경부터 본격적으로 번성하기 시작하여 기원전 4세기 말에서 3세기 초에 급격히 쇠퇴했다. 흥미로운 점은 파지릭 문화의 몰락과 동시에 흉노가 중국 북방의 유목 강국으로 두각을 드러내기 시작했다는 점이다.『사기』「진본기(秦本紀)」에 따르면 기원전 318년에 한(韓), 위(魏), 조(趙), 연(燕), 제(齊) 등 5개국이 진(秦)에 대항하여 연합했을 때 흉노도 함께 참전했다. 당시 흉노는 중국 북방의 대부분을 장악했고 중원의 전쟁에도 개입할 만큼 세력이 커졌다. 흉노는 중앙아시아 유목 집단의 문화와 기술을 적극 받아들였는데, 그중에는 알타이의 황금 기술도 포함되어 있었다. 네이멍구 아루차이덩(阿魯柴登) 유적에서 발견된 황금 새 장식과 머리 관 장식은 그 좋은 예다. 알타이의 황금 제련술이 신라로 전해진 데는 흉노가 일종의 가교 역할을 했으리라 추측되는데, 실제로 흉노의 황금 제련술은 선비, 오환, 고구려로 전해졌다. 우연의 일치인지 신라의 황금도 대부분 형산강 유역에서 채취한 사금이다. 금을 채취하는 방법까지 일치하니 신기할 따름이다.

탐욕의 상징이 된 황금

찬란한 황금 문화는 제국주의 침략자들과 도굴꾼의 표적이 되어 슬픈 운명을 맞기도 했다. 스페인의 침략자 피사로는 황금에 눈이 멀어 잉카제국을 무참히 멸망시켰고, 잉카인들의 성지였던 황금의 땅 엘도라도는 탐욕스러운 제국주의자들에 의해 일확천금의 상징으로 바뀌었다. 알타이의 황금 역시 시베리아를 정복한 러시아 코사크인들에 의해 무참히 도굴되었다.

일제강점기인 1920년대에 발굴된 신라의 황금 유물은 일본인들이 경쟁적으로 한반도의 고분을 도굴하는 빌미를 제공했다. 1921년에 발굴된 경주의 금관총은 당시 전 세계 고고학 잡지의 표지를 장식했을 만큼 크게 주목받았고, 조선총독부는 이 발굴을 성공적인 식민지 사업 사례로 홍보하는 데 적극적으로 이용했다. 총독부 소속 고고학자들은 금관총을 비롯한 여러 신라 고분에 대한 호화판 보고서를 만들어 당시 식민지 한국을 방문한 서구 인사들에게 증정하기도 했다. 황금을 둘러싼 탐욕이 근대 이후 자행된 대량 살상과 식민 지배의 빌미를 제공한 것이다.

영구동결대와 초원의 미라

스키타이 시대 후기인 기원전 5~3세기에 알타이에서 성행했던 파지릭 문화가 전 세계에 알려지게 된 계기는 미라 때문이다. 이집트와는 달리 초원에서는 사람들의 생활 습관 때문에 미라가 만들어졌다. 초원 곳곳에 흩어져 사는 가족과 친지들에게 부고를 내고 장례를 치르는 데만 수개월이 넘게 걸려 방부 처리가 매우 중요했기 때문이다. 한편 고원이라는 지역적 특수성 때문에 시신이 차가운 땅속에서 얼어붙어 수천 년이 넘도록 온전히 보존되기도 했다. 그러나 수천 년 초원 유목민의 역사를 보여 주는 미라는 최근의 지구온난화로 인해 완전히 사라질 운명에 처해 있다.

불로장생을 꿈꾼 사람들

인간의 영원한 화두는 불로장생이다. 역사상 수많은 사람들이 죽음을 피해 영원히 살기를 꿈꾸었다. 중국의 진시황은 불로장생을 위해 먹은 약이 잘못되어 수은중독으로 죽었다. 이집트 파라오들도 미라 형태로 시신을 보전하여 거대한 지하 궁전인 피라미드에서 영원히 살고자 했다. 죽음 앞에 예외는 없었지만 사람들은 예외 없이 죽음을 피하고자 했던 것이다.

자연의 순리대로라면 시신은 곧 부패하고 사라져야 한다. 만약 오랜 시간 후에도 시신이 그대로라면 사람들 눈에는 그것이 영생을 의미하는 것으로 비치지 않았을까? 미라를 만들기 시작한 것도 바로 그 때

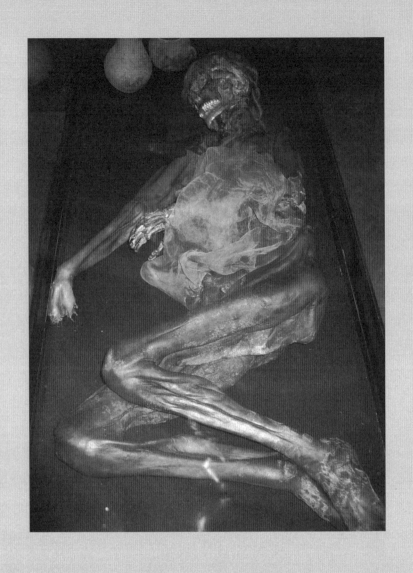

파지릭 문화의 남성 미라(우코크 고원 출토, 기원전 3세기)

문일 것이다.

영원히 살고자 바란 것은 초원의 유목민들도 마찬가지였다. 기원전 7~3세기 알타이 초원에서 번성했던 파지릭 문화에서는 인간의 노력과 환경적인 요인이 결합된 미라가 발견된다. 파지릭 사람들은 시신을 독특하게 염습했다. 가령 무사나 고위층의 경우 죽은 즉시 시신의 배를 가르고 내장을 뺀 후 그 안에 약초를 채우고 피부에 염습(balsam) 처리를 해서 부패를 방지했다. 또 지도자가 죽으면 시신을 마차에 싣고 주변 부족들을 순회했다. 이 과정이 몇 달 이상 걸렸기 때문에 지도자는 죽은 즉시 미라로 만들어졌다.

알타이 고원, 초원에 미라를 선물하다

아무리 염습을 철저히 했다고 해도 매장한 시신이 온전하게 보존되기는 어렵다. 파지릭에서 형태가 온전한 미라가 발견되는 것은 해발 2000미터가 넘는 알타이 고원의 자연환경 덕분이기도 하다. 알타이는 위도가 높아 여름에도 땅속이 얼음으로 가득찬 영구동결대이다. 물론 알타이 고원이 모두 영구동결대는 아니고 응달진 계곡이나 산기슭이 주로 그에 해당한다.

알타이 고원의 여름은 2개월 남짓으로 짧다. 땅을 파서 제대로 된 무덤을 만들 수 있는 시간도 이때뿐이다. 나무 곽을 만들어 넣고 그 위를 흙으로 덮으면 무덤은 속이 빈 방이 된다. 가을이 되어 눈이나 비가 내리면 무덤은 물로 가득 차고, 겨울이 오면 무덤 속 물은 단단히 얼어붙는다. 이후 수천 년간 얼음이 녹지 않고 유지되면 형태가 온전한 미라를 발굴하게 되는 것이다. 힘들여 무덤을 만들어도 무덤 방 안에 얼음이 차지 않으면 시신은 부패하게 된다. 때문에 미라는 그야말로 자연의 선물인 셈이다. 당시 파지릭에서 무덤을 만들던 사람들도 땅속 얼음을 깨고 시신을 묻었을 것이다. 얼음 안에 시신을 두면 형태가 보존된다는 것쯤은 알고 있었을 테니 말이다. 그렇다고 해도 이 무덤이 수천 년간 녹지 않고 유지돼야 하니, 정말로 운 좋은 경우에만 미라가 남는다. 요즘 말로 복불복이다. 어쩌면 파지릭인들은 처음 무덤을 만들 때부터 훗날 얼음이 가득 찰만한 지역을 골랐을지도 모르겠다. 그 덕에 시신과 부장품들이 온전히 보존되고, 또 도굴까지 막을 수 있으니 말이다.

얼음이 찬 고분은 유물 보존 측면에서는 기적에 가까운 행운이지만 발굴 과정은 엄청난 고역이다. 삽으로 흙을 퍼내는 것이 아니라 더운물을 부어 얼음을 녹이고 다시 그 물을 퍼내는 고행을 몇 달간 계속해야 한다. 경주에 있는 거대한 신라 고분을 컵 몇 개로 파낸다고 생각하면 이해가 빠를 것이다. 게다가 발굴 과정 중에 드러나는 유기물들이 손상되지 않도록 조심해야 하니 어지간한 참을성으로는 어림없다.

그나마도 요즘에는 지구온난화의 영향으로 영구동결대에 갇힌 무덤들이 사라지고 있다. 실제로 최근 알타이 지역 발굴 현장에서 몇 년 전에 얼음이 녹은 흔적들이 발견되어서 고고학자들을 안타깝게 하는 경우가 많다. 지구 물리 탐사로 영구동결대에 위치한 고분을 확인하고 곧 사라질 위기에 있는 고분들부터 우선 조사하는 방법이 최선이다. 그럼에도 알타이산맥에서 미라가 발견되었다는 소식이 끊긴 지 10년이 넘었다. 알타이 지방 정부에서 발굴을 금하고 있기 때문이다. 소리 소문 없이 사라질 얼음 속 무덤들을 생각하면 안타깝기 그지없다.

알타이 얼음 공주가 낳은 기묘한 인연

1993년과 1994년에 알타이에서 미라가 발굴되어 세계적인 뉴스가 된 적이 있다. 1993년에 발굴된 미라는 여성이어서 얼음 공주라는 별명이 붙었고, 1995년에 한국 국립중앙박물관에서도 전시되었다. 하지만 얼음 공주는 실제로 공주가 아니다. 당시 파지릭 문화는 국가 단계의 사회가 아니었으니 왕이나 공주가 있을 리 없었다. 게다가 이 여성 미라가 발굴된 고분은 중간 정도 크기의 무덤으로, 무덤의 주인은 아마 제사를 관장했던 여사제였을 것이다.

알타이에서 발견된 미라의 보존 처리는 모스크바 생체학 연구소가 맡았다. 이 연구소는 사회주의권 지도자인 레닌, 마오쩌둥, 스탈린, 김일성, 호치민 등의 미라 제작을 맡았을 만큼 세계 최고의 시신 보존 처리 기술을 보유하고 있다. 파지릭 미라도 사회주의권 최고 지도자들과 장의(葬儀) 동창인 셈이니 얼음 공주라는 별명이 완전히 틀린 것은 아니다.

종교를 부정하는 사회주의권에서 미라 전통이 계승된 것이 참으로 아이러니하다. 시신을 살아있을 때의 모습과 똑같이 보존하려는 욕구는 죽음에 대한 공포와 죽은 자에 대한 경외감이 합쳐진 현상인데, 종교를 부정하는 사회주의권 인사들이 왜 그토록 미라에 집착하는지 모를 일이다. 어쨌든 소련의 아름다운 전통 덕분에 파지릭에서 출토된 미라는 지금도 건재하다.

박물관 유리창 너머로 보이는 미라는 왜소하고 초라하다 못해 측은하기까지 하다. 그 옛날 미라로 만들어진 사람들은 고위층이었고, 대부분 화려한 부장품과 함께 묻혔다. 하지만 영생을 꿈꾼 죄로 그들은 발가벗겨져서 어두컴컴한 박물관 한 귀퉁이에서 관람객들을 맞이하고 있다.

심지어 중국에서는 지금도 여러 도시를 돌면서 청나라 때 만들어진 미라들을 보여 주고 돈을 받는 사람들이 있다.

어쨌든 알타이의 얼음 공주는 필자에게도 평생 함께할 소중한 인연을 만들어 주었다. 전시회 참석차 한국을 방문한 뱌체슬라프 몰로딘 교수는 당시 대학원에서 만주 지역 비파형 동검을 전공하고 있었던 필자에게 시베리아를 연구하면 신라를 비롯한 한국 고대 문화의 기원을 밝힐 수 있을 거라고 말했다. 그것이 계기가 되어 필자가 러시아로 유학을 떠나게 된 것이다. 2500년 전 알타이 깊은 산속에 묻힌 미라가 한국에 사는 한 젊은 고고학자의 인생을 바꾼 셈이다.

전 세계를 감동시킨 한국의 미라

한국의 미라는 충효 사상과 가족 사랑의 발로이다. 유교 제례에 따르면 무덤 관에 일정한 두께의 회(灰)를 바르게 되어 있다. 중국에서도 유교의 규례를 완벽히 지켜 무덤을 쓰는 경우가 거의 없었지만, 조선에서는 성리학의 영향으로 실제 규례대로 회곽을 만들었다. 관에 회를 바르면 관으로 들어가는 공기가 차단되어 일종의 진공상태가 되는데, 그 덕분에 시신이 보존된다. 유교의 가르침을 따른 덕에 미라가 만들어진 것이다. 한국에서는 이 회곽묘 속 미라가 심심치 않게 발견되는데, 특히 1586년에 사망한 이응태 씨 묘에서 발견된 원이 엄마의 편지가 전 세계적으로 화제가 되었다. 죽은 남편에 대한 부인의 절절한 사랑이 너무나도 감동적이었기 때문이다. "당신, 제게 평소에 말하기를 둘이 머리가 세도록 살다가 함께 죽자 하시더니 어찌하여 나를 두고 먼저 가십니까"로 시작한 이 편지는 "나는 다만 꿈속에서라도 당신을 볼 것으로 믿고 있으니 이따 몰래 뵈어요" 하고 끝을 맺는다.

이응태 미라와 관련한 논문은 이후 세계적인 고고학 잡지 《앤티퀴티(Antiquity)》에 투고되었다. 당시 이 잡지의 편집진은 영어로 번역된 그 사연에 감동받아 2009년 3월호에 원이 엄마의 편지를 표지에 실었다. 보통 으리으리한 궁궐이나 화려한 황금 등이 표지를 장식하는 것이 일반적이었는데도 말이다. 조선의 아녀자가 쓴 한글 편지 한 장이 전 세계 고고학자들의 마음을 움직인 것이다. 결국 사람들을 감동시키는 것은 시신이 두른 값비싼 보물이 아니라 먼저 떠난 사람을 향한 남은 사람의 사랑이다. 어찌 보면 미라도 먼저 떠난 이를 그냥 보내기 아쉬워 그 육신을 어떻게든 보존하고자 하는 사랑의 표현이 아닐까? 미라와 함께 바치는 마지막 음식, 옷, 무기, 말 등도 죽은 이가 저승에서도 행복하기를 바라는 마음이었을 것이다.

미라의 본질은 흉측하게 뒤틀린 모습의 눈요깃거리가 아니라 생과 죽음을 두고 아쉬워하는 인간의 본성이 아닐까? 화려한 보물 대신에 사랑하는 사람을 보내고 슬퍼하는 사람들의 마음, 그리고 여기에 감춰진 과거인들의 삶을 밝히는 것이 미라에 대한 진정한 예우가 아닐까 싶다.

알타이 우코크 고원의 만년설

초원의 늑대 인간

유라시아의 동물 숭배

단군신화의 바탕은 곰 숭배 신앙이다. 곰 신앙은 우리나라는 물론 시베리아와 동부 삼림지대, 심지어는 사할린과 북해도 아이누족 사이에까지 널리 퍼져있다. 곰 신앙은 대체로 초원보다는 북쪽 삼림지대(타이가)에 퍼져 있고, 우리나라 역시 시베리아 곰 신화 문화권의 일부다.

동물 숭배 전통은 시베리아뿐 아니라 초원 지역에서도 널리 유행했다. 대표적인 초원 유목 문화인 스키타이 문화의 세 요소 중 하나로 동물 장식을 꼽을 만큼 초원 사람들은 무기, 장신구, 마구 등 사용하는 모든 물건에 동물 장식을 새겨 넣었다. 그런데 초원 전사들의 동물 장식에서 곰은 거의 등장하지 않는다. 초원의 전사들은 주로 독수리, 표범, 늑대 같은 맹수와 맹금을 선호했고, 알타이 파지릭 문화에서는 '황금을 지키는 그리핀'이라는 표현에서 알 수 있듯 맹금류를 자신의 상징으로 삼았다. 한편 흉노와 돌궐에서는 주로 늑대를 숭배했다.

늑대, 돌궐과 로마의 조상이 되다

흉노에서 시작된 늑대 신화는 서기 4~7세기에 알타이를 중심으로 유라시아 대륙에 널리 퍼졌다. 돌궐(투르크)의 건국신화에도 늑대가 등장한다. 『주서(周書)』「돌궐전」에 따르면 돌궐 부족은 멸족당하고 어린 아이 하나가 간신히 살아남았는데, 그 아이가 늑대 무리에서 자라 암늑대와 결혼하여 아이를 낳았다고 한다. 돌궐족은 이를 기념하기 위해 자신들의 깃발에 늑대를 그려 넣었다.

한편 또 다른 실크로드 국가인 고거국(高車國) 사람들 역시 스스로를 늑대의 후손이라고 생각했다. 이들 돌궐계 부족은 모두 흉노 제국의 일파였으니, 늑대를 숭배하는 풍습은 흉노에서 기원해 여러 초원 민족으로 퍼져나간 셈이다.

늑대와 관련된 탄생 신화는 멀리 로마에서도 발견된다. 늑대의 젖을 먹고 자랐다는 로물루스와 레무스 형제의 이야기가 바로 그것이다. 늑대 신화는 로마 역사가들에 의해 기록될 만큼 널리 유행했다. 전남대 최혜영 교수의 분석에 따르면 동아시아와 로마의 늑대 신화는 구조적으로 아주 유사하다. 유라시아 서쪽 끝 로마의 건국신화와 돌궐의 신화가 이토록 닮은 이유는 무엇일까? 신화학은 고고학과는 다른 방법으로 과거를 해석하지만 고대 동서 문화 교류의 실마리를 밝힐 또 다른 통로임은 분명하다.

초원 전사들의 사랑을 받은 동물 장식

초원 지역에서는 왜 그토록 많은 동물 장식이 발굴되는 것일까? 이와 관련하여 헤로도토스의 『역사』에는 스키타이 동북쪽에 거주하는 네우리 부족이 9년에 한 번씩 늑대로 변한다는 기록이 있다. 네우리족은 아마 스스로를 늑대와 동일시하는 의식을 치렀던 것 같다. 특정한 집단이나 전사에게는 자신을 상징하는 동물이 있었고, 다양한 의식을 통해 그러한 동물의 모습을 표현했던 것이다. 초원 전사들이 자신의 몸을 역동적이고 사실적인 동물 장식으로 치장했음은 고고학 자료를 통해서도 확인된다.

특히 스키타이 고분에서 발견된 전사들의 무덤을 보면 당시 전사들

중국 북방 출토 황금 늑대 장식

이 동물 장식을 얼마나 좋아했는지 짐작할 수 있다. 초원의 기마인들은 아래로 늘어지는 상의를 입고 겉에 허리띠를 둘렀다. 허리띠 위에는 반짝거리는 동물 장식을 달았고, 허리춤에는 동물 장식이 달린 칼을 찼다. 전사의 허리 가운데서 반짝이는 허리띠와 그 옆에서 빛을 발하는 동검은 전사를 상징하는 물건이었다. 동검 장식은 단순한 액세서리가 아니라 일종의 계급장이었다. 또 특정한 집단이나 계급의 전사들이 선호하던 동물 장식에 차이가 있었으므로 동물 장식은 부족의 상징과 신분의 차이를 나타낸 것이라고도 볼 수 있다. 기원전 3세기, 흉노가 중국에서 받은 조공품에는 황금으로 만든 허리띠와 허리띠 장식이 있었다. 실제로 네이멍구자치구에 위치한 흉노 무덤인 아루차이덩 유적에서 화려한 중국제 금 장식이 발견되었는데, 그 뒷면에는 금의 중량이 한문으로 새겨져 있다. 당시 흉노 최고 전사들은 중국제 황금 허리띠를 자신의 권위를 드러내는 용도로 사용했던 것이다.

성경, 바빌론의 왕을 늑대로 만들다

40대 이상의 독자라면 1970년대에 크게 유행한 보니 엠의 「바빌론강(Rivers of Babylon)」이라는 노래를 기억할 것이다. 이 노래의 가사는 성경의 시편 137장에 근거한 것으로 기원전 586년 유다왕국이 신바빌로니아 네부카드네자르 2세에 의해 멸망당하고, 그 귀족들이 바빌론으로 끌려간 바빌론유수의 한 장면을 그리고 있다. 경쾌한 디스코 리듬과 달리 가사는 조국을 잃고 타국으로 끌려가는 유대인들의 참혹한 심경을 담았다. 바로 여기에 등장하는 네부카드네자르 2세는 근동 문명이 낳은 불세출의 영웅이자 세계 7대 불가사의 중 하나인 공중 정원을 만든 사람으로, 베르디의 오페라 「나부코(네부카드네자르의 이탈리아어 준말)」의 주인공이기도 하다. 사담 후세인이 미군에 쫓기면서 스스로를 그에 빗댄 글을 남길 정도로 네부카드네자르는 근동 지역에서 가장 위대한 왕으로 꼽힌다. 흥미로운 사실은 이 위대한 왕이 늑대 인간이 된 최초의 예로 알려져 있다는 것이다. 구약『다니엘서』에는 네부카드네자르가 교만한 죄로 하느님의 저주를 받아 7년 동안 반짐승이 되어 왕궁 주변을 미쳐 날뛰었다고 한다. 서양 문명에서 늑대 인간은 보름달이 뜨면 늑대로 변해 사람들을 해치는 무시무시한 괴수였다. 사람들은 네부카드네자르의 경우처럼 하느님의 저주가 늑대 인간을 만든다고 생각했다. 이에 대해 어떤 고병리학자는 낭광증(狼狂症, 자기를 늑대 또는 이리로 생각하거나 그렇게 행동하는 병)의 일종이라고 주장하기도 하지만 사실은 조금 다르다. 왜냐하면 낭광증은 근대 이후 주로 서양에서 발생한 정신병이며, 네부카드네자르의 통치 기록을 볼 때 그가 미쳤다고 보기는 어렵기 때문이다. 성경의「사해사본」에는 미쳐서 궁정을 날뛰던 왕이 네부카드네자르가 아닌 다른 왕으로 기록되어 있다. 게다가 왕이 7년 동안 미쳐 있었다면 나라가 유지되기 어려웠을 것이다. 그럼에도 신바빌로니아는 줄곧 발전을 거듭했고, 네부카드네자르가 미쳤다는 기록은 성경을 제외한 어디에서도 찾아볼 수 없다.

근동의 다른 쐐기문자 기록에는 짐승처럼 살았다고 전해지는 다른 왕들의 기록이 제법 있다. 그 왕들이 모두 네부카드네자르와 같은 정신병에 걸렸던 것일까? 그랬을 가능성은 적다. 추측컨대 왕이 짐승이 되었다는 기록은 그들이 벌판을 뛰어다니며 자신의 능력을 과시하는 일종의 의례 행위였던 것 같다. 다른 민족을 통합하기 위해서는 강력한 리더십과 정신력이 필요했기에 일정 기간 벌판에서 심신을 단련하는 과정을 거쳤을 것이다. 어쨌든 성경은 유다왕국을 멸망시킨 네부카드네자르 왕을 미친 늑대로 표현했고, 이후 서양 문화에서 늑대는 야만의 상징으로 추락했다.

늑대를 야만의 상징으로 바꾼 서양의 소빙기

낭광증과 늑대 인간에 대한 공포는 서양 근대 문화가 초원 문화를 야만으로 규정하면서 등장한 것이다. 그리고 그 배경에는 초원 지역에서 발흥하여 서양 문명을 위협했던 유라시아 초원 민족들에 대한 공포가 있었다. 영어로 웨어울프, 러시아어로는 오보로쩬이라고 하는 늑대 인간은 얼핏 보면 한국의 구미호와 유사하다. 다만 구미호는 여우가 아리따운 여자로 변해 인간과 사랑에 빠진다는 다소 낭만적인 이미지인 반면, 서양의 늑대 인간은 자신의 의지와 상관없이 보름달이 뜨면 짐승으로 변해 사람들을 해친다. 게다가 늑대 인간의 피해를 입은 사람도 같은 늑대 인간이 된다는 사실이 공포스럽다. 서양에서 늑대 인간 설화가 널리 퍼진 시기는 17~18세기로 당시 유럽은 소빙기였다. 추운 겨울이 지속되자 사람들 사이에 미신이 성행했던 것이다. 동서양을 통틀어 소빙기는 생존에 지친 사람들이 다양한 미신을 통해 불안을 해소하던 시기였다. 낭광증이 등장하고 늑대 인간 소동이 본격적으로 일어나는 시기도 바로 이때와 맞물리는데, 이는 바로 늑대 인간이 근대의 억압적인 사회 분위기와 혹독한 환경에서 비롯된 현상이기 때문이다. 수많은 동물 중에 왜 하필 늑대였을까. 이는 아마도 당시 늑대가 산이나 들에서 쉽게 볼 수 있고 개와도 비슷하여 사람들에게 일상적인 공포를 안겨 주었기 때문인 듯하다.

늑대처럼 강인했던 초원의 전사들

초원 전사들은 열악한 환경에서 살아가기 위해 늑대처럼 강인한 정신과 신체를 갖추고자 했다. 쿠빌라이 칸을 비롯한 수많은 초원 제국 왕들이 궁궐 내에 거대한 숲을 만들고 사냥터를 가꾼 것도 초원의 강인한 정신을 잊지 않기 위해서였다. 하지만 역설적이게도 초원 사람들은 특정 지역에 정착해 국가를 이루고 문명화하면서 본연의 야성적인 모습을 잃어 갔다.

초원을 잃어버린 현대인들은 또 다른 늑대 인간을 꿈꾼다. 그들은 만화나 영화에 등장하는 헐크나 슈퍼맨, 배트맨 등 초현실적인 힘을 지닌 영웅들을 보며 대리만족을 얻는다. 현대사회에는 다른 사람을 해쳐서라도 돈과 권력을 얻으려는 늑대 인간들이 너무 많고, 사회는 모든 사람들을 슈퍼맨 또는 슈퍼우먼으로 만들지 못해 안달한다. 어쨌거나 자연과 하나되어 혹독한 환경을 이긴 자랑스러운 초원의 전사들과는 사뭇 다른 모습이다.

초원의 머리 사냥꾼과 고인돌 전사

영생불사의 머리 사냥꾼, 쿠르간

영생불사를 모티프로 한 영화 「하이랜더(Highlander)」 시리즈는 첫 편이 개봉한 지 30년 가까이 되었건만 여전히 인기가 뜨겁다. 아마도 인간의 영원한 소망인 영생불사를 다루었기에 그런 것이리라. 이 이야기에 등장하는 하이랜더는 불사의 존재로 스코틀랜드 전설에 등장하는 산속 불사신을 현대적으로 각색한 것이다. 불사의 운명을 지닌 이는 여럿이지만 불사신은 한 명만 존재해야 한다는 규율 때문에 하이랜더들은 서로 죽고 죽이는 결투를 이어간다. 여기서 흥미로운 점은 하이랜더가 상대의 생명을 거둘 때 반드시 목을 벤다는 점이다. 혹시 초원의 머리 사냥 풍습과 모종의 관련이 있지 않을까?

영화 속 악당의 이름이 쿠르간(Kurgan)이라는 점도 이 추측에 힘을 더한다. 러시아 말로 거대한 무덤을 뜻하는 쿠르간은 그 어원이 투르크어에 있고 지금은 유라시아 초원의 무덤을 통칭하는 말로 쓰인다. 영화 「하이랜더」에서 영생을 얻고자 싸우는 악당에게 이 같은 이름은 붙인 것은 그가 거대한 고분을 만드는 강성한 초원 민족임을 암시한다. 영화 속 악당 쿠르간은 스키타이 시대가 시작될 무렵인 기원전 1000년께 태어났고, 서기 4세기에는 훈족, 반달족, 고트족과 함께 로마를 파괴했다. 이후에는 타타르족, 투르크족 그리고 칭기즈칸이 이끄는 몽골족과 함께 활동했다. 즉 쿠르간이라는 이름은 오랜 기간 서양인들을 공포에 떨게 한 초원 민족을 상징하는 것이다.

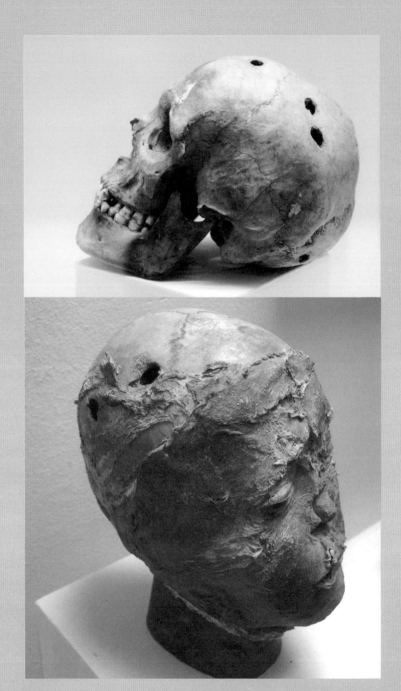

파지릭 전사의 해골과 미라(벗겨진 머리 가죽 대신 소가죽을 덧대어 꿰맨 흔적이 있음)

적의 머리를 탐한 사람들

요즘은 헤드헌터가 기업체에 유능한 인재를 소개해 주는 사람을 말하지만 고대 초원 지역에서는 완전히 다른 의미로 쓰였다. 적의 머리를 사냥하는 용맹스러운 전사라는 뜻으로 말이다. 그리스의 역사가 헤로도토스는 스키타이의 머리 사냥 풍습에 대해 비교적 자세한 기록을 남겼다. 그에 따르면 스키타이 전사들은 적의 머리 가죽을 벗겨 손수건처럼 만든 뒤 말에 매달았다고 한다. 원한이 있는 적을 죽인 경우는 더 심해서 살가죽으로 말안장이나 화살집을 만들었다. 그러니 어지간한 사람들은 말에 달린 물건들만 보고도 도망치기 바빴을 것이다.

이런 풍습은 흑해 연안의 스키타이뿐 아니라 유라시아 전역에 널리 퍼졌다. 실제로 파지릭 고분에서 발굴된 미라에는 머리가 벗겨져 소가죽으로 꿰맨 흔적이 있다. 아마 적에게 희생당한 장군의 유해를 수습해 소가죽으로 봉합한 것 같다. 그 외에도 사람의 어깨 살로 만든 화살집이나 두개골을 칼로 그은 흔적이 발견되기도 한다.

그렇다면 초원의 전사들은 왜 목을 베는 대신 머리 가죽 벗기기를 선호했을까. 그 이유는 이들이 정착하지 않고 끊임없이 이동하는 유목민이기 때문이다. 적의 신체 일부를 갖고 다니면서 용맹을 과시하는 것은 고대 사회에서 흔한 일이었다. 하지만 말을 타고 이동해야 하는 유목 전사들로서는 베어 낸 머리를 통째로 들고 다니기가 부담스러웠을 것이고, 차선책으로 선택한 것이 머리 가죽을 벗기는 것이었으리라. 게다가 당시에는 단단한 강철 대신 훨씬 무른 청동검을 사용했으니 영화에서처럼 간단하게 목을 벨 수도 없었다.

『사기』에 기록된 머리 사냥의 흔적

죽인 적을 능욕하는 또 다른 방법은 적의 해골로 술잔을 만드는 것이다. 실제로 스키타이인들은 특별한 경우에 한해 적의 머리뼈를 잘라 술잔을 만들었다. 여유가 있으면 소가죽을 덧대고 도금을 하기도 했다. 흉노에도 월지국 왕을 죽이고 그의 두개골로 술잔을 만들었다는 기록이 있다. 이 풍습은 중국에도 전해졌는데, 그에 대한 이야기는 『사기』 「자객열전(刺客列傳)」에 잘 남아있다. 기록에 따르면 예양이라는 사람이 자신의 주군을 죽인 진나라의 조양자에게 필생의 복수를 시도하는데, 그 이유는 조양자가 예양의 주군을 죽인 후 그의 해골을 변기 장식에 사용했기 때문이다. 이는 적의 해골로 술잔을 만들던 초원의 풍습이 변용된 것이다.

유목국가들 사이에서는 해골로 그릇을 만드는 전통이 계속 이어졌다. 특히 티베트 지역에서는 최근까지도 그 전통이 계승되어 황금으로 화려하게 장식한 해골 잔들을 심심치 않게 볼 수 있다.

이렇듯 고대의 머리 사냥은 적장을 능욕하는 상징적인 방법이었다. 하지만 중세 이후 전쟁의 규모가 커지고, 전장에서 희생되는 사람이 많아지면서 머리 사냥은 귀나 코를 자르는 것으로 대체되었다. 한자의 '取(취)' 자도 전쟁에서 적의 귀(耳)를 손(手)으로 잡아당겨 전공을 따졌다는 데서 유래했다. 임진왜란 때 희생된 우리 백성과 군사들의 귀를 모아서 만든 일본의 귀 무덤도 그런 사례 가운데 하나다.

한반도에도 머리 사냥 풍습이 있었을까?

초원 전사들이 적의 머리 가죽을 벗기느라 혈안이 되었던 그때, 한반도의 사정은 어땠을까? 이 시기 한반도에서는 치열한 전쟁의 흔적이 거의 발견되지 않는다. 기원전 8세기, 한반도에도 청동 무기(비파형 동검)가 도입되지만 그보다는 돌을 갈아 만든 석검이 주로 쓰였다. 전쟁 자체가 흔치 않았으니 적을 잔인하게 살해하는 경우도 많지 않았을 듯하다. 게다가 한반도는 땅의 산성도가 강해서 인골이 거의 남아 있지 않기 때문에 실상을 파악하기가 어렵다. 다만 고인돌의 무덤방에서 종종 발견되는 부러진 돌 화살촉 몇 점으로 전쟁에 화살이 사용되었음을 추측할 뿐이다.

1998년 경남 진주 대평리에 있는 한 석관묘에서 머리 없는 인골이 발견되었다. 인골 가운데 보존이 가장 잘 되는 부분이 두개골과 치아이기 때문에 이는 흔치 않은 일이었다. 조사 결과 무덤의 주인공은 목이 잘린 채 매장된 것으로 밝혀졌다. 바다 건너 일본에서도 야요이 시대에 번성한 요시노가리 유적에서 목 없는 시신이 발견된 적이 있다. 그렇지만 대평리 석관묘나 요시노가리의 옹관묘에서 발견된 인골이 전쟁 중에 목을 자른 증거라고 보기는 어렵다. 전쟁이 고도로 발달한 초원에서도 전투 중 단번에 목을 자르는 풍습은 없었기 때문이다. 영화에서처럼 단칼에 목을 자르는 것은 그리 쉬운 일이 아니었다. 이는 경추(목뼈) 사이를 날카로운 강철검으로 벨 때나 가능한데, 당시에는 주로 청동검이나 석검처럼 무딘 무기를 사용했다.

무덤의 주인공이 전장에서 머리를 잃은 게 아니라면 죄를 지어 벌을 받았을 가능성을 생각해 볼 수 있다. 하지만 대평리 석관묘와 요시노가리 옹관묘 모두 그 규모로 볼 때 제작에 적지 않은 인력이 동원되었을 것이라고 추측된다. 머리를 자를 만큼 큰 죄를 지은 사람의 장례에 그만한 공을 들일 이유가 있었을까? 결국 한국과 일본의 단두 사례는 몸과 머리를 따로 묻는 매장 풍습의 일종으로 보는 것이 옳을 듯하다.

고대인들은 정말 잔인했나?

영생을 얻기 위해 서로를 죽여야 하는 하이랜더 이야기 속에는 끊임없는 전쟁 때문에 매일같이 죽음과 마주해야 했던 고대인들의 공포가 숨어 있다. 그런 의미에서 전장에서 머리를 잘라 힘을 과시하는 것은 쓸데없는 희생을 줄이는 방법으로 활용되지 않았을까 싶다. 나관중의 『삼국지연의』에는 장수들이 병사들을 대신해 일대일 결투를 벌이는 예가 자주 등장한다. 잔인함을 과시하며 서로의 목을 취하기 위해 싸우지만 그 같은 결투로 싸움의 결과가 정해져 전면전을 피할 수 있다면 병사들로서는 목숨을 건질 기회가 커진 셈이니 다행한 일이다.

현대사회에서는 잔인함을 과시하는 경우가 거의 없다. 사형제마저 폐지되는 추세다. 하지만 이제는 보이지 않는 공포가 우리를 노린다. 환경 파괴, 오염된 음식, 핵무기, 약물 중독 등 보이지 않는 위험들이 너무 많다. 지구촌 곳곳에서 벌어지는 내전과 테러 역시 민간인과 약자들에게 집중된다. 최근 세상을 떠들썩하게 한 묻지마 범죄도 결국은 약자에 대한 화풀이일 뿐이다. 초원 전사들은 잔인해 보일망정 목숨을 걸고 적장과 힘을 겨루었고, 자신의 전공을 자랑하며 상대에게 겁을 주었다. 웃는 얼굴 뒤에 칼을 숨긴 현대인들이 초원 전사보다 덜 잔인하다고 말할 수 있을까?

초원 전사들, 사슴돌로 우뚝 서다

서양에 유니콘이 있다면 초원에는 하늘 사슴이 있다

1997년 북쪽 타이가 지역에서 순록을 키우는 에벤크족(시베리아 원주민으로 퉁구스라고도 불림)을 조사하러 갔을 때, 필자는 그들이 사슴과 순록을 대하는 태도를 보고 적잖은 충격을 받았다. 당시 에벤크족 촌장은 조사팀의 요청으로 순록을 잡기로 했다. 촌장이 사슴을 몰던 아들에게 뭐라고 소리치자 무리 속 순록 한 마리가 잡힐 것을 예상이라도 한 듯 무리 반대 방향으로 달아나기 시작했다. 어렵사리 순록을 잡았지만 순록은 까치발을 들고 끝까지 저항했다. 촌장은 순록의 머리 위에 보드카를 뿌리고 주문을 외운 뒤 칼등으로 순록의 미간을 때려 기절시켰다. 그러고는 재빠르게 숨통을 끊었다. 아마 순록의 고통을 최소화하기 위해서였을 것이다. 엄숙하게 그 과정을 지켜본 주민들은 재빠르게 고기를 해체하기 시작했다. 발목 부근의 가죽은 각반으로, 몸통 가죽은 겨울에 천막을 덮는 보온재로 쓰기 위해 무두질을 했다. 고기의 해체는 남자들 몫으로 맛있는 부위부터 어른에게 나눴고, 공평하게 분배했다. 맛이 가장 좋다는 넓적다리는 손님인 우리들 몫이었다. 자연과 더불어 사는 에벤크족에게 순록은 일종의 동반자였다.

초원도 타이가 지역과 크게 다르지 않다. 고원지대에 살던 초원 민족에게 사슴은 생존에 필수적인 고기와 가죽을 제공했다. 또 날렵하고 재빠른 사슴은 강인한 초원 전사의 상징이기도 했다. 초원의 고대 예술에서 사슴은 항상 가장 중요한 모티프였다. 사슴을 숭앙하는 풍습은 초원뿐 아니라 동아시아 일대에서도 널리 퍼져있었다. 반구대 암각화에도 사슴이 표현되어 있고, 신라 금관 역시 사슴뿔을 형상화한 것이다. 미야자키 하야오의 영화 「원령공주」에서도 숲을 지키는 사슴 신이 나온다. 하지만 스스로를 사슴과 동일시하는 초원인들의 예술품에 비할 정도는 아니다.

사슴 문신을 한 초원의 거석

기원전 9~5세기 초원에서는 사슴돌이라는 독특한 기념물이 만들어졌다. 사슴돌은 높이 2미터 안팎의 직사각형 돌로 만들어진 거석 기념물로 자바이칼, 알타이, 몽골 등에서 주로 발견된다. 여기에 사슴돌이라는 이름이 붙은 이유는 전면을 가득 채운 하늘 사슴 때문이다. 조사 결과 사슴돌은 전체가 한 사람의 초원 전사를 나타낸 것임이 밝혀졌다. 전사의 얼굴 부분에서 귀걸이가, 허리 부분에서는 허리띠와 칼, 숫돌, 전투용 도끼 등이 발견된 것이다.

사슴돌은 케렉수르(거대한 돌무더기로 이루어진 제사터) 근처나 암각화 주변에서 주로 발견된다. 초원 부족들이 거행한 성스러운 의식의 중심에 사슴돌이 있었던 셈이다. 대부분의 사슴돌은 풍광이 아름다운 곳에 위치한다. 대표적인 예가 알타이 중부에 아드르 칸 유적이다. 이 유적은 러시아에서 몽골로 넘어 가는 추야국도 근처에 위치하여 수많은 연구자들의 방문을 받았다. 직접 가보니 사슴돌 뒤로 암각화가 빽빽이 새겨진 절벽이 병풍처럼 둘러져 있었다. 고대 초원 전사들은 이처럼 풍광 좋은 곳에서 의식을 거행하고 암각화를 새겼으며, 거대한 암각화를 지키는 수호신처럼 그 앞에 사슴돌을 세웠다.

사슴돌의 사슴이 전사들의 문신이었음은 파지릭 문화의 미라를

몽골 초원의 사슴돌

통해서 알려졌다. 파지릭 고분에서 발굴된 미라는 모두 몸에 사슴 문신이 있었다. 하지만 그 크기나 위치 등은 각기 달랐다. 현재까지 발견된 고분 가운데 가장 큰 고분인 파지릭 5호분에서 나온 미라는 어깨에서 발목까지 사슴이 새겨져 있다. 또 알타이 공주로 유명한 우코크 고원의 중형 고분에서 출토된 미라의 경우, 어깨와 손가락 부분에서 사슴 무늬가 발견되었다. 한편 1994년 우코크의 칼진 유적에서 발굴된 소형 고분에서 나온 남성 미라에는 사슴 한 마리가 새겨져 있을 뿐이었다. 즉 무덤이 클수록 사슴 문신도 다양하고 화려해지는 셈이다. 결국 사슴 문신은 무사의 신분을 상징하며 계급이 올라갈 때마다 그 수가 하나씩 늘어난다.

　파지릭 전사들은 속옷을 입지 않고 웃통을 벗은 채로 바로 외투를 입었다. 여름이면 외투를 어깨에 걸치고 다니면서 자연스럽게 문신을 드러냈다고 한다. 그들에게 사슴은 소속 부족을 알려 주는 표식인 동시에 계급장이요, 용맹함의 상징이었다.

목이 길어 성스러운 짐승

　스키타이 시대 초원 전사들은 역동적인 형태의 사슴을 새긴 청동이나 목제 장식품을 애용했다. 다양한 재료에 솜씨 있게 표현된 사슴은 자세가 모두 제각각이다. 이를 분석한 러시아 학자의 연구에 따르면 장식물에 새겨진 사슴의 종류만 10여 종이 넘고, 사슴의 동작을 매우 정밀하게 포착했다고 한다. 사슴이 뛰어오르는 자세만 해도 연속 사진을 찍듯 20여 가지로 표현했으며 임신 중인 암사슴, 싸우는 수사슴 등 다양한 종류의 사슴을 묘사했다. 대부분의 자세는 동영상으로 촬영해서 천천히 돌려보지 않으면 알 수 없을 정도로 포착하기 힘든 것이어서 당시 초원 사람들이 사슴과 얼마나 가까웠는지 확인할 수 있다.

사슴돌에 새겨진 하늘 사슴의 경우처럼 사슴이 환상의 동물로 표현된 예도 있다. 가령 사슴뿔은 구름처럼 몸을 뒤덮고 주둥이는 새의 부리처럼 비죽 튀어나온 형태로 표현되는 것이다. 이는 중원의 용 문양이 초원의 사슴과 결합한 것으로 보인다. 시인 노천명은 "목이 길어 슬픈 짐승"이라 표현했지만, 초원에서는 반대로 목이 길어 성스러운 하늘 사슴이 된 것이다.

한국 문화 속 사슴의 흔적

우리나라에서는 북방 초원 문화의 유입으로 기원전 3~1세기경부터 사슴 문양의 청동기들이 등장하기 시작했다. 대표적인 것으로 경상북도 영천시 어은동 출토 청동기와 일본 오쿠라 컬렉션의 사슴 문양 청동기를 들 수 있다. 두 작품 모두 초원 지역 암각화에서 발견되는 사슴 장식물과 비슷한 형태로 표현되었다.

우리 문화 속 사슴은 고려가요에서도 발견된다. 「청산별곡」의 '정지에 가다가 듣노라, 사슴이 장대에 올라 해금 켜는 것을 듣노라'로 해석되는 구절이 바로 그것이다. 이 구절의 의미에 대한 정설은 없다. 사슴이 장대 위에 올라 해금을 켠다면 사슴 탈을 쓴 사람이 서커스를 하는 것으로 생각할 수 있다. 사실 사슴이나 산양이 장대나 칼 손잡이 끝에 까치발을 들고 선 문양은 초원 지역 청동기에서 흔히 보이는 모티프다. 사슴이 해금을 켠다는 말은 몽골의 마두금처럼 악기 끝에 사슴 장식이 달린, 초원 지역 악기를 연주하는 광경을 나타낸 것일지도 모르겠다.

한국 문화에서 사슴이 나오는 경우는 드물다. 이는 주로 농사에 의지했던 한반도 사람들의 생활 방식 탓일 수도 있고, 기하학 무늬를 선호하는 한국 고대 예술의 특징 때문일 수도 있다. 사슴뿔 형태로 만들어진 신라 왕관을 제외하면 한반도에는 사슴 관련 예술품이 거의 없는 셈이다.

외계인의 모습을 한 초원의 샤먼

최근에 불어닥친 세계 경제 위기와 중국 사천성 지진, 일본 동북부 지진 및 원전 사고 등 다양한 사건 사고들로 사람들의 불안은 갈수록 심해지는 것 같다. 세계에서 가장 안전한 나라라고 생각했던 일본의 동북부가 순식간에 폐허가 되는 모습을 보면서 '폼페이의 최후'가 먼 옛날 일만은 아니라는 것을 실감한다.

그러고 보니 최근 할리우드에서도 지구 종말의 공포를 담은 영화를 많이 제작하고 있다. 여기에서 단골 소재로 사용되는 것이 바로 외계인과 고대 문명의 음모론이다. 필자는 그중에서 지난 2009년 개봉한 「포스 카인드(The Fourth Kind)」가 특히 인상 깊었다. 극중 외계인이 수메르어를 사용하기 때문에 메소포타미아문명 창조의 주체가 그 외계인들이라고 생각하게 되기 때문이다.

마야 팔렌케 유적에서 나온 석판을 비롯하여 《리그베다》의 불타는 전차, 성경 에스겔서 1장, 수메르의 불타는 로켓, 피라미드, 메소포타미아의 신비한 점성술 등 외계인들이 만들었다고 생각되는 유물은 세계 각지에서 발견된다. 그중 대부분은 학문적 근거 없는 가설 수준이지만 어쨌든 일반인들에게는 매우 흥미로운 주제가 아닐 수 없다. 그런 호사가들의 특히 좋아할 만한 유물이 시베리아 알타이 초원에서 발견되었다. 약 4000년 전 제작된 무덤 석판에 새겨진 외계인 형상이 바로 그것이다.

알타이 카라콜 그림(기원전 2000년경)

알타이의 돌무덤

1976년 알타이 초원의 작은 마을인 오제르노예 근처의 한 공사장에서 이상한 석판과 인골이 발견되었다. 그 소식이 당시 근처를 조사하던 고고학자 알라 포고제바와 블라디미르 쿠바레프의 귀에 들어갔고 그것을 계기로 유적의 발굴 조사가 시작됐다. 알타이 초원의 무덤 대부분은 나무로 관을 짜 넣는 목관묘인데, 오제르노예 무덤은 독특하게 돌로 만든 석판을 사용했다. 더욱이 무덤 벽을 이루는 석판에는 팔다리가 길쭉한 이상한 형상의 사람들이 그려져 있었다.

몇 년 후 알타이 카라콜 마을 근처에서 완벽한 채색화가 그려진 무덤이 발견되어 이 이상한 그림에 카라콜 문화라는 이름이 붙여졌다. 카라콜 그림은 무덤 벽을 석판으로 만들고 그 석판 위에 사람이나 짐승을 그린 것이다. 이제까지 알타이에서는 돌을 쪼아 만든 암각화만 발견되었는데 여기서 최초의 채색화가 발견된 것이다. 더 놀라운 점은 그림의 내용이었다. 그림 속 인물은 머리에서 광채가 퍼져 나가고 손발이 특히 길어서 마치 외계인을 보는 듯하다. 또 팔이 새의 깃털처럼 그려진 사람, 얼굴이 개구리 형상을 하고 있는 사람 등 상상력을 자극하는 그림들이 많다. 무덤의 네 벽을 누런색, 붉은색, 흰색 등으로 칠한 이 그림은 벽화의 초기 형태라고 할 수 있다.

외계인인가 샤먼인가

카라콜 석판에 등장하는 인물은 몸통은 사람이지만 사지와 얼굴은 짐승의 형태를 띤 일종의 반인반수다. 이 그림이 실제 인물을 묘사한 것이라면 그는 짐승 가면을 쓰고 날카로운 발톱이 달린 장갑과 신발 등을 착용한 것으로 보인다. 석판에 묘사된 인물의 전반적인 형태는 짐승을 의인화하여 의식을 거행하는 샤먼의 모습이다. 손발의 형태가 역동적인 것으로 보아 이 그림은 여러 사람들이 다양한 짐승의 모습을 하고 춤을 추는 장면일 수도 있다.

그런데 왜 이들은 무덤방의 네 벽을 차지하고 죽은 자를 에워싸는 듯한 형태로 그려져 있을까? 죽은 자를 위로하고 제사를 지내는 조문객일까, 아니면 사자를 저승으로 인도하는 정령일까? 수많은 가능성이 있겠지만 실제로 이 형상의 의미를 규명할 만한 유물은 발견되지 않았다. 이제까지 발견된 관련 유적이 네 개밖에 없기 때문이다. 다만 이 유적에서 출토된 인골은 초원 지역에 거주했던 몽골 인종이며, 목축보다는 수렵과 채집에 더 많이 의존했다는 정도만 추측할 수 있을 뿐이다.

카라콜 문화가 발생할 당시 초원은 어떤 상황이었을까? 알타이에서는 기원전 3500~2500년경 유럽 계통의 아파나시예보 문화가 밀려들어 왔다. 흑해 연안에서 기원한 이 문화는 초원에 목축을 도입했다. 그들은 보다 넓은 목초지를 찾아 동쪽으로 이동했고 결국 알타이 초원에까지 이르게 됐다. 그들이 들어온 후 약 1000년 만에 우랄산맥 근처에서 또 다른 초원 민족이 유입된다. 인도 아리안 계통의 안드로노보 문화인이 바로 그들이다. 따라서 카라콜 문화는 아파나시예보와 안드로노보 두 유목 문화 사이에서 번성했던 토착 몽골로이드 계통 주민들이 만들어 낸 문화라고 볼 수 있다.

왕관을 쓴 괴물, 시베리아 남부의 오쿠네보 문화

카라콜 문화에서처럼 돌에 괴수를 새긴 사람들은 알타이산맥과 바이칼 호수의 중간 지대에 해당하는 미누신스크 분지에서도 나타난다. 그들은 기원전 2000년경 돌로 만든 무덤과 기묘한 형태의 사람들이 새겨진 선돌을 남겼다. 이 문화는 현재 오쿠네보 문화라고 불린다. 오쿠네보인들은 기묘한 형상의 사람을 새긴 석비를 세웠다. 머리에 관을 쓰고 창을 든 사람과 복잡하게 그려진 맹수 그림은 얼핏 보면 마야나 아프리카의 민속품 같다. 카라콜 문화에서도 이와 비슷한 형태의 그림이 발견되어서 미누신스크의 괴수 그림 전통이 알타이로 전파되었음을 추측할 수 있다.

오쿠네보 문화에서 발견된 샤먼의 왕관은 지금까지 발견된 것 가운데 가장 이른 것이다. 흔히 신라의 금관과 파지릭 고분의 연관성에 대해 이야기하지만 정작 파지릭 문화에서는 왕관을 만들지 않았다. 사실 샤먼이 관을 쓰는 것은 동부 시베리아와 극동 지역 원주민들의 풍습인데, 실물 자료 가운데 가장 이른 것이 바로 오쿠네보 문화의 석인상이다. 여기에 표현된 샤먼은 알타이 카라콜 문화와 네이멍구 동남부 홍산 문화에서처럼 제사를 사회의 근간으로 여겼던 사람들을 표현한 것으로 추측된다. 시베리아에 유목 문화가 들어오기 전부터 동아시아에는 샤먼으로 대표되는 독특한 종교 문화가 발달했다. 한국 역시 예외가 아니어서 이 같은 전통을 쉽게 찾아볼 수 있다. 하지만 한국의 샤먼 문화는 시베리아의 그것과 다소 다르다.

기원전 20세기경 카라콜과 오쿠네보 문화에서 다양한 동물을 결합한 모습의 샤먼이 등장한 것은 지리 환경의 변화에 따라 유목이 감소하고 수렵·채집 단계로 돌아가게 된 것과 관련이 있다. 즉 초원의 목축 경제가 약화되면서 이 지역에 살던 몽골계 사람들이 자신들의 정신문화인 샤먼을 예술 작품으로 구현한 것이라는 설명이다. 물론 카라콜 문화의 그림을 고구려 벽화의 시원으로 보는 견해도 있다. 하지만 시기적으로든 공간적으로든 두 문화 사이의 직접적인 관련성을 찾기는 어렵다.

시베리아 오쿠네보 문화에서 발견된 관을 쓴 샤먼의 모습

시베리아의 독특한 정신문화가 한반도 고대 문화의 기원이 아니라고 실망할 필요는 없다. 이는 빙하기 이후 아시아를 지배한 정신문화 발현의 또 다른 증거이기 때문이다. 또한 초원이 다양한 문화의 교차점이라는 점이 다시 증명된 셈이다. 아쉽게도 이 문화를 남긴 사람들에 대해서는 거의 밝혀진 바가 없다. 하지만 카라콜 유적에는 아직 발굴되지 않은 무덤이 많이 남아 있으니, 추가 조사가 이루어진다면 자세한 내막을 알 수 있을 것이다.

사람들은 왜 초자연적인 존재에 집착할까?

필자의 지인 중 한 사람은 카라콜 석판에 새겨진 개구리 모양의 사람을 보고 1980년대 중반 한국에서 방영된 미국 드라마 「브이(V)」가 떠오른다고 했다. 그 드라마에는 가면 뒤로 파충류의 얼굴을 감춘 외계인이 등장하기 때문이다. 이는 결코 우연이 아니다. 우리가 상상하는 외계인의 모습이 고대 샤먼들의 모습과 비슷할 수밖에 없는 이유도 여기에 있다. 상상 속 외계인의 모습은 인간의 신체 구조를 기본으로 해서 파충류, 양서류 등 자연계에 존재하는 여러 생물들의 모습을 조합한 것이다. 이는 기본적으로 과거인들이 샤먼과 정령의 모습을 다양하게 결합한 것과 같다. 그러므로 우리가 상상하는 외계인이란 결국 정령들과 결합하여 새로운 모습으로 변하는 샤먼과 비슷할 수밖에 없는 것이다. 현대인들이 UFO와 외계인의 존재에 관심을 가지는 것은 결국 초월자의 존재를 바라는 인간의 불완전성이 낳은 산물이다. 고대인들이 자연 속에서 신을 찾고 샤먼을 통해 그들과 소통했듯이 우리 역시 우주 속에서 또 다른 초월자를 찾는 것은 아닐까?

고대 문명의 신비 대부분은 고대인들이 다양한 환경 속에서 문화

현대 몽골에서 재현되는 샤먼 의식

를 꽃피운 흔적이다. 바빌론이나 마야의 점성술은 농사를 짓고 생존하는 데에 필수적인 기후와 환경을 알려 주는 중요한 요소였고, 이집트의 피라미드는 나일 강의 빈번한 범람으로 측량 기술이 발달했기에 가능한 것이었다. 그렇듯 새 기술이 등장하면 과거의 기술은 잊히고, 좀 더 시간이 지나면 신비로운 고대 문명의 비밀이 생겨난다.

최근의 예를 생각해 보면 쉽게 이해가 될 것이다. 30년 전만 해도 흔하게 사용되었던 주판은 지금은 거의 찾아 볼 수 없게 되었다. 후대의 고고학자들이 이 주판을 발견한다면 아마 해석이 불가능한 장난감이나 타악기쯤으로 생각하지 않을까? 자동차가 일반화되면서 말을 다룰 때 사용하던 기술과 용어가 사라진 것도 같은 맥락에서 이해할 수 있다. 따라서 베일에 싸인 고대 문명 역시 초월자에 의해 만들어진 것이 아니라, 우리와 똑같은 고대인들이 지금은 잊힌 그들의 방법으로 남긴 기념물인 것이다.

마야력이든 노스트라다무스의 예언이든 고대의 종말론에 귀 기울일 필요는 없다. 그보다는 고대 문명의 멸망 과정 자체가 들려주는 경고에 주목해야 한다. 자연에 순응하지 않고 자연에 맞서거나 그것을 파괴하려 했던 문명은 살아남지 못했다. 현대 문명에 이보다 더 의미 있는 예언이 있을까? 우리가 두려워해야 할 것은 외계인의 침공이 아니라 우리들 자신의 탐욕이다.

2부

오랑캐를 경멸하는 자,
중원을 얻을 수 없다

기원전 3500년경 중앙아시아와 시베리아 초원 지대의 유목 문화는 초원을 따라 동쪽으로 이동하여 현재 중국 신장성의 실크로드로 이어졌다. 이후 5000년간 중국 북방의 초원 민족은 중원에 맞서 정복과 피정복을 반복하며 동아시아 역사의 한 축을 구성했다.

이 부에서는 중국 북방의 초원 민족, 그리고 그들과 맞선 중국의 모습을 통해 왜곡된 역사 기록에 감추어진 초원 민족의 참모습을 살펴본다. 초원인들은 중국 측 기록에 의해 윤색된 것처럼 무지막지한 폭군이나 살인마가 아니었다. 그들은 험난한 환경을 극복하고 실용적인 방법으로 자신들만의 사회를 건설했던 지혜로운 사람들이었다. 자연의 영향을 많이 받는 목축에 의지했기에 조금 더 자연 친화적이었고, 미세한 환경 변화에도 발빠르게 움직였다. 그들에게 죄가 있다면 독자적인 역사를 남기지 못했다는 것뿐이다. 정착민의 역사에 기록된 초원 사람들에 대한 그릇된 이미지는 지금까지 이어져 일종의 선입관으로 굳어졌다.

수천 년 동안 이어진 중국 중심의 역사 속에서 북방 유목 민족의 역사는 사라지는 듯 했다. 하지만 다행히도 최근 고고학 자료들이 속속 발견되어 유목민의 참모습이 조금씩 밝혀지고 있다. 중원을 제패했던 주나라와 진나라는 그들이 그리도 경멸하던 오랑캐와 가까이 있었기 때문에 세력을 키울 수 있었다. 중국 북방 지역은 강력한 무기와 마구들이 도입된 첨단 기술의 통로였기 때문에 정착과 유목 문화의 장점을 결합한 주나라와 진나라가 중원을 삼킬 수 있었다. 실제 역사를 돌아보면 북방 유목민들과의 교류가 활발했을 때 중원의 문화 또한 가장 융성했다. 중원의 서편 고원지대에서 발흥한 주나라는 초원의 선진적인 전차와 무기를 도입하여 중원을 정복했으며, 전국시대 조나라 무령왕도 유목민의 옷을 받아들여 나라를 개혁했다. 변방의 '야만국'이었던 진나라의 목공은 기원전 7세기 서북쪽 유목 민족인 서융을 복속하고 강력한 국가를 만들었다. 진시황의 제국 건설 또한 그 혼자만의 힘이 아니라 전부터 유목 민족과 교류하며 국력을 쌓았던 진나라의 저력이 발현된 것이다. 하지만 정착민들은 언제나 유목민들의 힘을 왜곡되게 전했고, 그 영향은 지금도 유효하다. 아직도 만리장성을 위대한 중국의 기념물로 착각하고, 사막 위에 만들어진 원나라의 수도 제너두를 황홀한 낙원으로 묘사하는 것은 바로 그 때문이다.

　　최근 각 강대국들은 유라시아 실크로드의 중요성을 파악하고 그들이 그렇게 멸시했던 오랑캐의 땅에 영향력을 끼치려하고 있다. 황금 고분이 출토되어 세계적인 주목을 받고 있는 투바공화국이 그 대표적인 예다. 푸틴 총리의 집권 이후 투바는 강한 러시아의 상징이 되었고, 이 지역 영유권 분쟁에 중국까지 가세하면서 강대국들의 각축장이 되고 말았다. 이 부에서는 그들이 경멸해 마지 않았던 초원의 기술로 천하를 얻은 여러 중원 제국들의 이야기를 풀어 보고자 한다.

오랑캐 사이에서 탄생한
주나라의 용비어천가

용비어천가와 주나라

"뿌리 깊은 나무는 바람에 아니 뮐세"로 시작하는 용비어천가는 세종이 한글을 창제한 후 제일 먼저 만든 한글 작품이다. 용비어천가는 125개의 악장으로 이루어져 있고 매장이 2개의 절로 나뉘어 있다. 대개 1절에는 중국의 고사를 적었고, 2절에는 1절 내용에 대응되는 조선 건국 이야기를 기록했다.

혹자는 조선 건국의 명분을 중국 역사에서 찾는다는 점에서 용비어천가가 사대적인 노래라고 주장한다. 하지만 용비어천가의 내용을 자세히 들여다보면 그 주장이 사실과 다름을 알 수 있다. 용비어천가는 세종이 여러 학자들과 중국 고전을 같이 읽으며 깨달은 바에 기초한 것인데, 여기에는 중원 서쪽에서 오랑캐와 함께 살았던 주나라와 요, 금, 원과 같이 중원을 제패한 유목 정권의 사례를 자세히 담고 있다. 겉으로는 중국에 사대하는 듯하지만 세종은 중국 변방에서 굴기한 유목 민족의 역사를 통해 우리 또한 결코 중국에 종속되지 않는 자주적인 나라임을 보여 주려 했던 것이다.

용비어천가의 첫 구절에 등장하는 해동육룡(海東六龍)은 태조 이성계의 4대조와 태조, 태종을 포함한 여섯 명의 조상을 가리키는 명칭이다. 해동육룡에 대한 이야기는 3부부터 본격적으로 시작되는데, 첫 번째는 태조의 선조 가운데 처음으로 왕으로 추존된 목조(穆祖)에 대한 내용이다. 목조가 고향 전주를 떠나는 순간을 주나라의 개국과 비교하여 실질적인 조선 개국이라는 의미를 부여한 것이다. 세종이 왜 조선을 주나라에 빗대었는지는 『사기』에 기록된 주나라의 설립 과정을 보면 쉽게 짐작할 수 있다. 이에 따르면 주나라의 시조는 후직이라는 인물이고, 후직의 3대 손인 공유가 빈곡(豳谷)에서 융적과 함께 거주한 것이 본격적인 주나라 역사의 시작이라고 한다. 이후 공유의 9대손인 고공단보가 험윤, 융적 등 오랑캐의 침범을 피해 빈곡을 떠나 기산(岐山)으로 향한다. 여기서 험윤과 융적은 흉노의 선조로 간주되는 중앙아시아 및 중국 서북 지방의 유목민을 뜻한다. 기산으로 옮겨 간 고공단보는 태왕(太王)으로서 나라의 기틀을 잡는데, 이는 고공단보가 주나라의 실질적인 개창자임을 뜻한다. 그럼에도 불구하고 후직이나 공유를 주나라의 기원으로 잡는 것은 초원 민족과 함께 거주했던 역사가 주나라의 발전에 중요한 영향을 미쳤기 때문이다.

『사기』에는 고공단보가 인의(仁義)로 주변 사람들을 포섭하고 험윤과 융적을 잘 막아냈기 때문에 그를 따르는 세력이 커졌다고 한다. 인의로 오랑캐를 눌렀다는 이야기는 중국사에 흔한 상투적 서술이다. 그보다는 중원에서 중국 서북 변방으로 건너간 일파가 현지에서 주변 세력과 융합하여 힘을 키운 후에 다시 중원으로 진출해 상나라를 멸망시킨 것이라고 볼 수 있다. 주나라가 서북 지방 유목민들의 문화에서 많은 영향을 받았음은 실제 고고학 자료로도 증명되었다.

주나라의 도읍, 기산의 위치를 찾아라

주나라의 형성 과정을 구명하려면 우선 고공단보가 융적과 힘을 겨루던 기산, 즉 기읍(岐邑)을 찾아야 한다. 하지만 아직 고공단보가 도읍해 문왕 대까지 주나라의 수도로 기능했다는 기읍의 정확한 위치는 밝혀지지 않았다. 그저 중국 산시성의 치산(岐山)현과 바오지(寶鷄)시 부근 어디일 것이라고 막연히 추정할 뿐이다.

반면 주나라 전성기의 도읍이었던 치산현 주원(周原) 유적의 위치는 잘 알려져 있다. 몇 년 전 주원 유적 서쪽에서 주공묘로 추정되는 대형 무덤이 발견 조사되었다. 이곳은 주원보다 서쪽에 있으므로 고공단보가 도읍한 기산일 가능성이 컸다. 하지만 실제 발굴 결과 고분은 대부분 도굴됐고, 남은 유물도 고공단보가 살았던 시기보다 늦은 것이어서 기읍의 실체를 규명하는 작업은 다시 미궁으로 빠져들었다. 아마도 고공단보의 기읍은 주원 서쪽 고원 어딘가에 있을 것이며, 거기서는 초원 계통 유물이 많이 발견될 것이라 추정한다.

고공단보를 괴롭힌 융적은 누구?

주나라 건국 당시 고공단보를 괴롭혔던 융적은 누구일까? 융적은 중국 서북부와 중앙아시아 일대에 거주하던 유목 민족을 말한다. 현재 행정구역상 산시성, 간쑤성, 칭하이성에 해당하는 이 지역은 신석기시대부터 이어진 토착 문화와 중앙아시아 초원 지대에서 유입된 문화가 함께 발달된 지역이다. 융적은 고공단보 세력을 공격하여 땅과 재물을 모두 빼앗고, 결국 그들이 기산으로 이주하게 했을 만큼 치명적인 존재였다. 실제 금석문 자료들을 보아도 서쪽 오랑캐를 뜻하는 융(戎)이 중국을 침략하는 기사는 많지만 중국이 융적을 정벌한 기사는 별로 보이지 않는다. 이처럼 융적이 중원 사람들을 제압할 수 있었던 데는 초원의 강력한 전차와 청동 무기가 중요하게 기능했다. 실제로 고고학 자료를 보면 당시 주나라 서쪽 지방에는 기원전 12~10세기에 초원의 전차 문화를 계승한 카라수크 문화가 번성했다. 기록에는 고공단보가 융적과 같이 살면서 세력을 키울 수 있었다고 하니, 고공단보가 주나라를 개국할 수 있었던 것은 중원의 문화를 서북 지역 융적 문화와 융합했기 때문일 것이다.

주나라와 이웃한 융적 문화에 대한 자료는 비교적 적은 편이다. 2008년 대지진으로 큰 피해를 입은 칭하이성, 간쑤성 등은 중국에서도 가장 낙후된 곳이어서 발굴 자체가 거의 진행되지 않았다. 앞으로 이 지역에 대한 개발과 조사가 이어진다면 사라진 초원 역사의 한 페이지가 선명하게 드러날 것이다.

세종은 왜 고공단보를 높이 평가했을까?

'해동육룡'은 고향 전주에서 함경도로 이주해 원나라 쌍성총관부에서 일하며 여진족과 어울려 살았다. 이성계의 오른팔인 이지란이 본래 여진족이었다는 사실에서 알 수 있듯 이성계 역시 여진족 문화를 받아들이는 데 거리낌이 없었다. 사실 고려 말기에는 원나라의 문화가 고려에 적지 않은 영향을 미쳤고, 여진족 또한 국내에서 다양하게 활동했다. 실제로 홍건적이 개경을 위협하자 이성계가 여진족과 고려인으로 구성된 친병으로 막아냈다는 기록이 있을 만큼 고려 말기에는 고려인과 여진인을 나누는 것 자체가 무의미한 지경이었다. 하지만 조선이 건국되면서 상황은 바뀌었다. 유교를 통해 문치를 이룩한 조선은 급기야 소중화를 자처하기 시작했다. 따라서 조선의 왕족과 그 선조들이 여진 및 몽골 사람들과 우호적인 관계를 맺었다는 사실은 조선 왕조의 방향성 문제에 민감한 사안이 아닐 수 없었다.

세종이 즉위할 무렵에도 여전히 조선 건국에 반대하는 사람들이 많았다. 때문에 조선 왕실의 출자 문제는 꺼지지 않는 불씨처럼 남아 있었다. 중국 고문(古文)에 밝았던 세종은 용비어천가의 첫머리에 초원 민족과 함께 살면서 세력을 키웠던 주나라의 이야기를 실어 조선 개국의 정당성을 설파했다. 대의명분을 표방하면서 문화 간의 조화를 강조했던 세종의 지혜가 바로 여기에 숨어 있다. 5부에서 이야기할 한글 창제에도 초원 민족의 지혜가 숨어 있으니 한글로 만든 첫 작품이 「용비어천가」인 것은 결코 우연이 아니다. 세종은 주나라와 초원 민족의 교류사를 통해 타민족과의 교류가 부끄러운 일이 아니라 스스로를 강하게 만드는 비결임을 알아보았던 것이다. 세종의 위대함이 다시 한 번 드러나는 대목이다.

다문화의 저력을 주목하라

초원 민족에 대한 중국의 전통적인 역사관은 이중적이었다. 초원인들을 야만과 미개로 규정하며 멸시하는 한편 그들을 두려워하거나 중국 역사에 억지로 끌어들이려 했기 때문이다. 일례로 중국에서는 흉노와 서북 지방의 견융(犬戎)이 삼황오제에서 기원한 하나라와 뿌리가 같다고 주장한다. 중국인들은 왜 그토록 멸시하고 천대했던 이민족을 자신들의 조상과 연결하려 할까? 어쩌면 오랑캐의 문화를 잘 이용하는 자가 결국 중원을 지배하게 된다는 사실을 인정했던 것은 아닐까?

역사상 중원을 차지한 패자의 대부분은 초원 유목 문화를 적극적으로 받아들였고, 그들과의 교류를 통해 강국으로 발돋움했다. 그 대표적인 예가 주나라와 진나라다. 한나라 이후에는 다양한 초원 제국들이 중원에서 웅거했다. 결국 초원 민족을 무시하는 중국의 전통적인 역사 서술은 그들에 대한 열등감의 표출이라 해도 과언이 아니다.

세종이 「용비어천가」를 통해 말하고 싶었던 것도 북방 문화에 열린 마음을 갖고 실리적인 태도를 취하라는 것이 아니었을까? 조선은 겉으로는 사대주의를 표방하는 듯하지만 실상은 문화의 독자성을 유지하기 위해 한글을 창제하고 초원 국가의 장점을 이어받아 강성해지고자 했다. 이처럼 명분과 실리를 동시에 취한 것이 조선왕조가 500년 넘게 존속할 수 있었던 숨은 이유일지도 모른다.

오랑캐의 옷을 입은 조나라 왕

흉노와 중원의 틈바구니에서

전국시대에 조나라를 통치했던 무령왕은 서서히 밀려오는 국가적 위기를 느끼고 있었다. 북쪽에는 유목 민족인 흉노와 동호(東胡)가 발흥하고 있었고, 중원에서도 진(晉)나라와 연나라가 점점 세력을 확대하며 조나라를 위협했다. 특히 조나라의 골칫거리는 이웃한 중산국이었다. 중산국은 중원 북쪽에 자리 잡은 작은 나라였지만 초원 문화를 성공적으로 받아들여 강한 군사력을 갖추고 있었다. 무령왕은 중산국을 오랑캐의 후예라고 무시했지만 방자(房子) 전투에서 중산국에 큰 패배를 당했다. 자존심이 크게 상한 무령왕은 답답한 가슴을 끌어안고, 사방을 주유하다 산시성 황화산에 올라가 천지신명에게 맹세했다.

오랑캐의 땅 중산국, 내가 반드시 차지하리라!

무령왕은 재위 19년(기원전 307년) 새해를 맞이하여 중산국을 무찌르고 중원의 패자로 도약하기 위한 개혁을 추진한다. 신하들에게 오랑캐의 옷을 입고, 말 위에서 활을 쏘는 기마술을 도입하겠다고 선언한 것이다. 사마천의 『사기』에도 무령왕의 개혁에 대한 기록이 있는데, 여기에는 호복기사(胡服騎射)에 대한 논쟁만 있을 뿐 호복이 정확히 어떤 것인지는 자세히 기록하지 않았다.

고고학 발굴 자료와 여러 역사 기록을 참고할 때 무령왕이 말한 호복은 북방 유목민의 옷으로 추정된다. 호복의 가장 큰 특징은 바지를 입었다는 것인데, 당시 중원에서는 남녀 구분 없이 모두 치마를 입었다. 자주 말을 타야 했던 북방 유목민들은 말타기에 편한 바지를 입었고, 옷이 바람에 날리거나 고삐에 걸리지 않도록 직사각형의 버클이 달린 허리띠로 상의를 동여맸다. 또 털모자와 금제 장신구를 걸쳤으며 가죽 신발을 신었다.

조나라 신하들은 무령왕의 개혁 정책에 격렬히 반대했다. 오랑캐의 옷을 입으면 세상이 모두 비웃을 것이라는 생각이었다. 의복으로 신분을 나타내던 당시 중국에서, 무령왕의 주장은 한족의 우월성을 부정하고 신분 질서를 뒤흔드는 파격적인 일이었다.

기득권을 누르고 군사 개혁을 이루다

사실 당시 중원에는 이미 기마병이 존재했다. 이는 동시대의 저작물인 『한비자』에 기병 이야기가 등장하고, 그보다 한 세기 앞선 『손빈병법』에서도 기병 전술을 다루고 있다는 점에서 확인할 수 있다. 그렇다면 무령왕이 새삼 호복기사를 주장하고 나선 이유는 무엇일까?

기병 제도의 적극적인 도입은 군제에 큰 변화를 가져오는 것이었다. 당시 중원에서는 여전히 전차로 상대의 대오를 흩뜨리는 전법을 사용했기 때문에 기병을 도입하여 군제가 개편되면 전차전에서 활약했던 기존 장수들이 기득권을 잃을 수도 있었다. 따라서 신하들에게 호복기사는 그동안 누려 왔던 지위를 포기하라는 말과 다르지 않았다. 이에 대해 격렬한 논쟁이 벌어지는 것은 당연한 일이었다.

결국 무령왕은 모든 반대를 뿌리치고 손수 오랑캐의 옷을 입고 말 위에서 활을 쏘며 군대를 조련했다. 그의 솔선수범에 힘입은 조나라는

한 대(代) 화상전에 표현된 말 탄 귀족

강력한 기마 부대를 갖게 되었고, 무령왕의 뒤를 이어 혜문왕이 즉위한 지 3년 되는 해 중산국을 멸망시키고 중원의 패자로 등극할 수 있었다. 신하들의 반대를 뿌리치고 개혁을 성공시킨 무령왕은 위기를 국가 부흥의 기회로 바꾸었고, 지금도 조나라 최고의 성군으로 평가받고 있다.

고고학이 증명하는 오랑캐 옷의 실체

무령왕이 입었다는 호복은 어떤 모양이었을까? 섬유는 쉽게 부식되기 때문에 실물 자료를 확인할 길은 없지만, 그 대강의 형태를 유추해 볼 수는 있다.

한편 발굴 현장에서 종종 발견되는 허리띠 버클 역시 호복의 형태를 추측하는 데 도움을 준다. 유목민들이 사용했던 허리띠는 중원의 것과는 조금 다른 모습이다. 중원에서 S자 모양의 허리띠 버클을 사용했다면 바지를 입는 초원 지역에서는 화려한 동물 장식이 새겨진 버클을 썼다. 중국의 허리띠 버클은 대구(帶拘)라고 하지만 흉노의 그것은 대구(帶扣)라고 한다. 중국의 허리띠 버클은 청동을 S자형으로 만들어서 허리띠에 거는 것을 말하는 반면 흉노의 경우는 요즘의 허리띠 버클과 같이 장방형의 청동판이다.

한편 무령왕은 말타기와 관계없는 모자와 장식까지 초원의 것을 썼다. 왜 그랬을까? 혹시 유목 민족을 포섭하기 위한 수단은 아니었을까? 강한 군대를 얻기 위해 복식까지 바꾸는 마당에 탁월한 전사인 유목민들을 포섭하는 것은 자연스러운 일이다. 즉 무령왕이 직접 오랑캐 옷을 입은 것은 조나라에서는 유목민들도 차별 없이 능력을 인정받을 수 있음을 보여 주기 위해서였을 수 있다. 실제로 전국시대 북방 지역에는 초원 민족과 중원 세력이 함께 살았던 증거가 많다. 무령왕은 초원의 힘을 빌리는 것이 조나라의 부국강병과 직결됨을 알았던 것이다.

원수는 미워해도 그 장점은 사랑하라

무령왕은 개혁의 성과를 유지하기 위해 기병을 상시화했다. 실제로 그는 원양이라는 마을의 군대가 기강이 흐트러지고 법이 잘 지켜지지 않자 본보기로 삼기 위해 마을을 아예 없애버렸다. 대신 그 자리에 기마병이 상주하는 마을인 기읍(騎邑)을 세웠다. 기읍은 외적의 침입에 대비하는 국경 군사 마을이다. 무령왕은 기읍을 세워 백성들이 자신의 개혁을 따르도록 독려하고, 체계적인 기병 양성의 기반을 만들었다.

무령왕이 이토록 부국강병에 힘썼던 이유는 이웃한 작은 나라 중산국 때문이었다. 다행하게도 중산국은 발굴된 유적이 많아 그 문화상이 자세히 알려져 있다. 이는 전국시대의 다른 국가들과 비교할 때 특히 드문 일이다. 문화대혁명의 광풍이 잦아들기 시작한 1974~1978년 허베이성 핑안(平安)에서 중산국 왕릉이 발굴되었다. 그 결과 미개한 나라로 묘사된 중국 측 기록과는 달리 중산국의 전반적인 문화 수준이 동시대 다른 국가와 견주어서 손색이 없을 만큼 우수하다는 사실이 밝혀졌다. 특히 여기서 발굴된 청동기 중에는 중원 양식과 초원 양식이 잘 조화된 아름다운 작품이 많다.

중국 역사에 기록된 중산국의 이미지는 그리 좋지 않다. 중산국은 본래 북방 유목 민족인 백적(白狄)의 후손으로 줄곧 여러 중원 국가들과 군사적으로 대립했기 때문이다. 실제 중산국은 중원과 초원의 장점을 결합하여 작지만 강한 국가를 이루었다. 중산국과 이웃한 위(魏), 한(韓), 조(趙), 연(燕)이 '만 대의 수레를 가진 나라(萬乘之國)'였다면 중산국은 '천대의 수레를 가진 나라(千乘之國)'에 불과했다. 규모가 작았으나 초원의 우수한 군사 기술을 가졌던 중산국은 중원 국가들에게 아주 위협적인 존재였다. 때문에 무령왕은 중산국을 무찌르기 위해 유목 민족의 군사 기술을 적극 받아들였다. 적을 없애기 위해서 적의 장점을 배운 것이다. 무령왕의 성공 비결은 바로 여기에 있었다.

무령왕의 호복기사 사건 후 초원 지역의 유물은 중원 곳곳으로 확산되었다. 중국 역사에서는 중산국의 문화를 폄하하여 한족의 우월성을 강조했지만, 전국시대부터 한나라까지 중국의 귀족들은 대부분 초원식 허리띠를 사용했음이 고고학 자료를 통해 밝혀졌다. 광저우, 윈난에서부터 허난과 허베이에 이르기까지 중원 지역 초대형 고분에서는 예외 없이 황금으로 제작된 초원 계통 허리띠와 장신구가 출토된다. 중원의 귀족들에게 호복은 초원 전사의 상징이었던 것이다.

구태를 벗고 실익을 추구했던 무령왕의 리더십으로 조나라는 전국시대 최강국이 되었다. 이후에도 주나라를 비롯한 많은 국가들이 중원의 패자가 되기 위해 초원의 기술과 힘에 의지했다. 개혁을 이끄는 명민한 리더십의 필요성은 비단 역사 속 이야기만은 아닐 것이다.

만리장성, 초원과 중국을 가르다

베이징 여행에 빠지지 않는 코스가 바로 만리장성이다. 특히 베이징 바로 위쪽의 바다링(八達嶺)은 교통이 좋고 개발도 잘 돼 있어 만리장성 관광의 단골 코스로 자리 잡았다. 바다링에서 구절양장 굽은 길을 따라 옌칭(延慶)현으로 들어서면 베이징 시내와는 완전히 다른 풍경이 나타난다. 앞에는 쥔두산(軍都山) 산맥이 병풍처럼 둘러쳐져 있고, 산 사이사이에 너른 언덕들이 나타난다. 이곳은 댐 건설로 만들어진 거대한 인공호수 룽칭샤(龍慶峽)로 유명하다. 룽칭샤 일대가 개발되면서 이 지역에 대한 발굴 작업도 급물살을 탔다. 그 결과 약 2500년 전의 것으로 추정되는 유적들이 다수 발견됐다. 이 유적의 주인은 산융(山戎) 또는 동호(東胡)라고 불리던 유목 민족으로 춘추전국시대에 만리장성 북쪽에서 중원을 침탈한 장본인들이었다.

고고학계에서는 이 유적에 위황먀오(玉皇廟) 문화라는 이름을 붙였다. 위황먀오 문화의 주민들은 사람이 죽으면 땅속 2미터 깊이에 목관을 만들고 그 안에 시신을 묻었다. 이때 매장된 시신이 남성일 경우에는 허리에 단검을 차고, 여성은 다양한 장신구를 착용했다. 이곳에서 발견된 마구와 동물 장식은 기원전 7~3세기 유라시아 유목 문화를 대표하는 스키타이-시베리아 유형에 속한다. 쥔두산 산기슭의 너른 언덕에는 시대를 달리하는 무덤 수백 개가 발견되어 위황먀오 문화인들이 이곳에서 대를 이어 살았음이 밝혀졌다. 보통 유목민들은 계속 이동하기 때문에 한곳에 이토록 많은 유물을 남기기 쉽지 않다. 따라서 이 지역 사람들은 본래 정착 생활을 하다 유목 문화의 유입으로 생활 방식을 바꾼 것이라고 추측할 수 있다.

농경문화의 산물, 만리장성

기원전 9~3세기 만리장성 일대에서 시작해 유라시아 초원 지대를 거쳐 흑해 연안 지역까지 이르는 초원 문화를 통틀어 스키타이 문화 또는 스키타이-시베리아 세계라고 한다. 이 명칭은 헤로도토스에 나오는 스키타이인이라는 표현에서 따온 것이다. 흔히 스키타이 문화라 하면 흑해 연안의 스키타이족에서 기원한 것이라고 오해하기 쉽다. 하지만 발굴 조사 결과 이 문화는 기원전 9세기경 남부 시베리아에서 기원했을 가능성이 높다는 사실이 밝혀졌다. 그래서 지금은 스키타이-시베리아 세계라는 이름이 더 일반적이다.

춘추시대부터 연, 제, 진 등 초원과 국경을 맞댄 중원의 여러 나라들은 수백 년에 걸쳐 토성을 쌓았다. 그들이 토성을 쌓아 막고자 했던 세력은 당시 유라시아 전역을 지배했던 스키타이-시베리아 세계의 유목 민족들이었다. 초원에 대한 중원 사람들의 공포는 만리장성을 쌓기 훨씬 전부터 있던 것이다. 바다링 장성 북쪽의 위황먀오 문화는 그 무시무시한 유목 세계의 동쪽 끝이었다.

전국시대에 들어 조, 연 등이 흉노를 막기 위해 장성을 만들었다. 하지만 그들이 만든 장성은 여기저기에 산재한 군사 요새들을 잇는 수준에 불과했다. 이후 진나라 대에 이르러 장성은 점점 더 거대해졌다. 만리장성 공사에 드는 비용이 진나라 멸망의 중요한 원인이 될 정도였다. 장성 규모의 확대는 역설적으로 유목 민족의 침략에 대한 중국의 공포가

위황먀오 고분군 발굴 현장

전보다 더 커졌음을 의미한다. 이후로도 한족은 요, 금, 청 등 이민족에게 중원을 뺏기는 시련을 겪었다. 결국 만리장성은 수천 년간 한족이 느꼈던 유목 민족에 대한 두려움을 나타내는 상징적인 기념물인 것이다.

현존하는 만리장성은 명나라 때 축조된 것이며 그 이전의 성들은 주로 흙으로 만들어졌다. 그렇다면 과연 이 토성들이 초원의 유목민들을 막을 수 있었을까? 대표적인 선진시대 문헌인 『시경(詩經)』에는 중원의 여러 나라가 성을 쌓고 이를 찬양했다는 내용의 시가 있다. 한편 성 축조에 동원된 남편이 죽자 울음으로 성을 무너뜨렸다는 맹강녀 설화에서처럼 만리장성은 중국 백성들의 원망과 한이 어린 노역지이기도 했다. 하지만 장성 덕분에 유목민의 침략을 막아냈다는 기록은 찾아 볼 수 없다. 정착민들과 끊임없이 교류하며 살아왔던 유목민들에게 장성은 그들을 막는 장벽이 아니었다. 상황 대처 능력이 뛰어났던 유목민들은 변방의 장수를 매수해 성문을 열거나 벽의 한쪽을 무너뜨려 장성을 뚫을 수 있었기 때문이다.

사실 만리장성의 축조는 지극히 농경민다운 발상이다. 농경민은 농사를 짓고 항구적으로 살 터전이 필요하기 때문에 땅에 대한 집착이 강하다. 그래서 성을 쌓아서라도 자신의 영역을 지키고 싶어 한다. 반면 목초지를 찾아 끊임없이 이동하는 유목민들에게 장성은 큰 의미가 없었다. 오히려 만리장성은 성 바깥의 유목민들보다는 성 안쪽의 한족에게 의미가 있었다. 다시 말해 만리장성은 자국민을 안심시키기 위한 용도, 즉 내부의 결속을 다지기 위한 구조물이었던 것이다. 실제로 역사상 중국을 제외하면 유목 민족과 국경을 접한 나라 중에서 장성을 쌓아 외적을 방비한 경우는 거의 없었다.

만리장성의 역설

만리장성이 서양에 알려지게 된 것은 17세기 말 러시아 사절단이 중국에서 모스크바로 돌아가는 길을 묘사한 그림이 니콜라스 빗선의 『북동 타타르지(Noord en Oost Tartarye)』에 기록되면서부터이다. 이후 1793년에 청나라를 방문한 영국의 조지 매카트니가 열하(熱河)근처의 명나라 장성을 보고 '인간이 만들어 낸 가장 위대한 업적'이라고 격찬하면서 만리장성에 대한 서양인의 환상이 만들어졌다. 냉전이 한창이던 1972년, 미국의 닉슨 대통령이 중국을 방문하여 만리장성에서 외교적인 찬사를 남기면서 만리장성은 중국을 대표하는 문화재로 자리매김했다. 심지어는 만리장성이 우주에서 관측되는 유일한 건축물이라는 근거 없는 이야기까지 퍼졌다.

만리장성은 춘추시대 이래 중원의 한족이 주변의 초원 민족과 자신들을 경계 짓기 위해서 세운 것이었다. 장성을 쌓아서라도 유목 민족과 분리된 자신들만의 영토를 얻고자 했던 것이다. 중국은 2000년 넘게 장성 쌓기를 반복했지만 수많은 이민족에게 점령당했다. 결국 만리장성은 본래의 목적을 충족하지 못한 실패한 건축물인 셈이다.

만리장성은 중국 중심의 역사관이 얼마나 모순되는지를 보여 주는 상징물이기도 하다. 현재 중국의 역사 인식은 일체다원으로 요약된다. 즉 시작은 다양하지만 결국 모두가 한족 중심의 역사에 포함된다는 주장이다. 하지만 중국이 결코 숨길 수 없는 사실이 있으니 그것이 바로 만리장성의 존재 이유다. 현재 중국 역사학계는 선사시대 이래 북방의 초원 민족은 중원과 계통이 같고, 중국 역사의 일부분을 구성해 왔다고 주장한다. 하지만 만리장성은 한족이 지난 2000여 년간 초원을 중국에서 분리하려고 했던 증거다. 현재 중국의 논리대로라면 같은 민족 사이

위황먀오 무덤 내부(무덤 위에 동물 뼈 수십개를 같이 묻었다.)

에 그처럼 거대한 성을 쌓은 꼴이니 이 얼마나 모순적인 말인가?

현재 만리장성의 동쪽 끝은 허베이성과 경계를 이루는 랴오닝성 쑤이중(綏中)현 제스산(碣石山)이며, 진시황이 세운 장성도 같은 지역에 위치했다고 보는 것이 정설이다. 그런데 최근 중국의 팽창주의 사관 때문에 만리장성도 조금씩 길어지고 있다. 중국은 동북공정의 연장선에서 압록강 유역의 고구려 성들이 만리장성의 일부라고 선전하고 있다. 사실 1970년대 지도에도 만리장성이 평양 근처까지 이어진 형태로 그려졌는데, 이는 고조선의 수도가 평양이므로 고조선과 국경을 접했던 진나라 역시 그 근처일 것이라는 문헌 해석에 근거한다. 하지만 이제까지 한반도에서 만리장성의 흔적은 물론 진나라의 유적이 발견된 예는 없다. 최근 중국 단둥(丹東) 지역, 나아가서는 헤이룽장성에서도 고구려 장성이나 청나라 때 세워진 무단(牧丹) 강 변장(邊墻) 등이 만리장성으로 둔갑하고 있다. 이처럼 잘못된 역사 인식은 중국 내에 제법 큰 성이 있다면 이는 곧 '중국인이 쌓은 기념물'이니 만리장성에 포함된다는 잘못된 논리에 근거한다. 여기에 경쟁적으로 자신들의 문화유산을 관광 자원화 하려는 지방 정부의 욕심과 중앙 정부의 방관이 결합된 것이다.

최근 중국의 고고학 발굴 성과를 보면 만리장성의 동쪽 끝이 현재의 제스산일 가능성이 크다는 고고학적 증거가 속속 확인되고 있다. 1980년대 중반부터 10여 년간 진행된 제스산 일대 발굴 조사에서 진시황의 행궁지가 발견된 것이다. 실제로 진시황은 자신이 정복한 땅을 순시하는 것을 좋아해서 죽는 순간까지 순시용 마차에 있었다. 물론 진시황은 진나라의 동쪽 끝인 제스산에도 가려 했을 것이며 그에 대비해 이곳에 거대한 궁전을 지었을 것이다. 실제로 갈석궁 유적에서 전형적인 진나라 건물터와 유물이 다수 발견되어서 구전으로 전해오던 산해관과 갈석궁의 위치가 확인되었다. 그리고 2010년 말, 이 유적의 발굴 조사 결과를 모은 보고서가 발간되었다. 이 보고서에서는 진나라 행궁으로 추정되는 산해관 일대의 대형 건물지 유적들을 상세하게 수록했다. 만약 중국의 주장대로 만리장성이 압록강에 이르렀다면 이 지역의 갈석궁은 어떻게 이해해야 할까? 그리고 갈석산에서 압록강에 이르는 넓은 랴오닝 지역에는 진나라 성이나 무덤으로 확인되는 유적이 왜 없을까? 중국 학계에서 이 같은 모순을 어떻게 설명할지 자못 궁금하다.

소통의 상징이 된 만리장성

최근 중국의 국력이 비약적으로 신장하면서 패권주의가 급격히 대세를 점하고 있다. 하지만 지금 중국의 역사 인식은 여전히 중원 중심의 사고에서 벗어나지 못한 듯하다. 현재 중국은 민족주의적 분위기에 편승하여 또 다른 만리장성을 만들고 있다. 중국이 진정한 선진국으로 나아가려면 미국이나 러시아 등 다른 강대국들의 역사 인식을 돌아보아야 한다. 사실 다민족국가인 중국이 자국 영토 내에서 이루어진 역사를 중국사에 포함시키고자 하는 것은 일면 이해가 간다. 이는 미국사에 아메리카 원주민들의 역사가 포함되고, 러시아 연해주의 역사에 발해와 여진이 포함되는 것과 같은 이치다. 문제는 다른 다민족국가들의 경우 국경 안의 역사를 균형 있게 서술하는 반면, 중국은 역사를 영토 중심이 아니라 민족 중심으로 본다는 데 있다. 세계의 어떤 나라도 현재의 영토 기준을 소급 적용하여 민족을 가르지 않는다. 오직 중국만이 그 같은 억지 주장을 펼치고 있다.

한족 중심 역사 서술로 초원 유목민과 농경민족의 접점이라는 만리장성의 진정한 의미가 퇴색되고 말았다. 고대 이래 장성의 관문 근처에는 관시(關市) 또는 호시(互市)라는 이름의 장을 열어서 서로 부족한 물건을 바꿨다. 여기가 바로 문화 교류의 중심이었다. 수많은 중원 왕조들이 힘들게 장성을 쌓아 초원 문명과 농경 문명을 갈라놓으려 했지만 누구도 그 교류를 막지 못했다. 어쩌면 만리장성은 농경과 초원의 문화 교류가 동아시아 역사의 원동력이었음을 보여 주는 상징물이 아닐까?

제너두와 초원의 파라다이스

『동방견문록』이 꿈꾸는 낙원

사람은 누구나 이상향을 꿈꾼다. 창세기의 에덴동산, 메소포타미아 「길가메시 서사시」에 나오는 딜문 동산, 안견이 그린 「몽유도원도」 등 이상향은 힘든 삶을 이어가는 인간의 희망이었다. 마르코 폴로의 『동방견문록』에는 황량한 몽골 초원에 거대 제국을 세운 원나라의 낙원이 나온다. 사실 마르코 폴로가 구술한 『동방견문록』은 역사에 관심이 없는 사람이라도 수십 번은 들었음 직한 고전이다. 지난 800여 년간 수많은 서양인들에게 동양에 대한 환상과 영감을 불러일으킨 이 책에는 쿠빌라이 칸 시절 몽골제국이 다스린 여러 지역의 풍습과 지리가 자세히 기록되어 있다. 이 책이 실제 마르코 폴로의 경험을 토대로 한 것인지에 대한 논란은 지금도 끝나지 않았다. 하지만 분명한 것은 『동방견문록』이 동양에 대한 중세 서양인들의 인식 형성에 결정적인 역할을 했다는 것이다.

마르코 폴로가 낙원으로 묘사한 제너두는 쿠빌라이 칸의 여름 궁전 상도(上都)였다. 중국어로는 상두, 몽골어로 새너두로 불리던 것이 마르코 폴로를 거쳐 제너두로 발전한 것이다. 몽골제국의 다섯 번째 황제였던 쿠빌라이는 평소에는 현재의 베이징인 대도(大都)에 있다가 여름이 되면 상도로 옮겨 왔다. 황제 일행은 춘분에 상도로 출발해서 추분이 될 때까지 머물다가 다시 대도로 돌아갔다고 한다.

수년간 지구 곳곳을 돌아다닌 마르코 폴로의 눈에 비친 상도는 거

원 상도 항공사진

대 제국의 황제가 건설한 지상낙원이었다. 『동방견문록』에 따르면 상도 주변에는 사람이 만든 호수와 개울이 있고, 수백 마리 동물과 해동청(매)을 풀어 놓은 황제의 사냥터가 있었다고 한다. 또 성안 궁전은 벽에 금칠을 해서 화려하기 이를 데 없었고, 다른 건물의 벽은 대나무로 만들어서 대도로 옮겨 갈 때 건물을 해체할 수 있었다. 아마 왕이 머물던 궁전에는 수천 명이 들어갈 수 있는 장막과 부속 시설들이 있었을 것이다.

허풍 섞인 마르코 폴로의 책 덕분에 황량한 초원 위에 세워진 상도는 서양에서 지상낙원 또는 이상향의 상징이 되었다. 여기에 18세기 말부터 19세기 초에 활동한 영국의 낭만주의 시인 새뮤얼 콜리지가 「쿠빌라이 칸, 꿈속의 모습」이라는 시를 발표하여 상도의 이상적인 이미지를 강화했다. 이 시는 "그는 제너두에 위엄 있는 환락의 궁전을 세웠으며"로 시작해서 "그는 천국의 우유와 꿀을 마셨다"라는 구절로 끝맺는다. 콜리지는 『동방견문록』에서 영감을 받아 한창 시를 쓰는 중에 한 방문 판매인의 방해를 받아 작품을 완성시키지 못했다고 한다. 하지만 실제로는 아편에 중독되어 있던 그가 환각 속에서 본 쿠빌라이의 영광을 기록하다가 약효가 떨어지자 시를 쓸 수 없었던 것이다. 게다가 콜리지가 표현한 상도는 사냥터로서의 모습보다 18~19세기 서양에 알려지기 시작한 청나라 정원의 모습에 가까웠다. 사실 제너두가 서양 사회에서 주목되던 시기는 퇴폐적이고 탐미적인 분위기 속에서 새로운 이상향에 대한 열망이 높았던 시기였다. 그 때문에 지상낙원 제너두의 이미지는 빠르게 확산될 수 있었고, 이후 다양한 매체에서 재조명되어 현재까지도 환상적인 낙원의 상징으로 그 빛을 이어가고 있다.

「원세조출렵도」(타이완 국립고궁박물관 소장)

실체를 드러낸 초원의 낙원

실제 상도는 베이징에서 북쪽으로 270킬로미터 떨어진 네이멍구자치구 시린궈러멍(錫林郭勒盟) 정란치(正藍旗)에 있다. 쿠빌라이 칸이 즉위하기 직전인 1256년에 건설되어 원나라 말기인 1358년 홍건적에 의해 불타기까지 100여 년간 칸의 여름 궁전으로 쓰였다. 이곳의 성은 크게 내성과 외성으로 나뉘는데 외성은 둘레가 2.2킬로미터 정도이고 실제 왕이 거주한 내성은 둘레가 1.4킬로미터에 달한다. 성이 완성된 후 쿠빌라이 칸은 성 바깥으로 넓은 정원을 만들어서 여러 가지 꽃과 동물들을 풀어 놓았다고 전한다.

홍건적의 난 때 화재를 입은 상도는 폐허가 되었고 화려한 궁전의 모습은 거의 찾아볼 수 없다. 게다가 상도는 가을이 되면 천막을 걷었기 때문에 홍건적이 불태우지 않았어도 실제로 남은 것은 얼마 없었을 것이다. 애초에 생활이 어려운 초원에 위치했던 상도는 몽골제국의 멸망과 함께 급격히 퇴락할 수밖에 없었다.

최근 상도는 중국 정부의 대대적인 발굴 조사와 관광자원 개발 정책으로 인해 새롭게 조명받고 있다. 중국은 최근의 중화주의 역사관에 따라 칭기즈칸이 세운 광대한 원 제국을 중국 역사에 편입시켰고, 같은 맥락에서 상도를 유네스코 세계문화유산으로 등재하기 위해 지난 몇 년간 발굴에 힘을 쏟고 있다. 특히 2009년에는 황제가 연회를 베풀고 정사를 보았던 목청각(穆淸閣)이 발굴되었다. 이 건물의 전체 면적은 600제곱미터에 달하지만 이미 홍건적에 의해 완전히 불타 버린지라 건물의 초석만 겨우 발견되었다. 이어진 발굴에서 호수로 연결된 배수시설이 확인되었는데, 이는 상도가 실제로 초목이 우거지고 동물들이 뛰놀던 사막 위의 낙원이었음을 증명한다. 또 기록에는 상도의 인구가 약 10만 명에 달했고 곳곳에 사통팔달의 역참이 정비되어 있다고 하는데, 조사 결과 사방으로 뻗은 여덟 개의 길이 확인되었다.

중국 정부와 네이멍구에서 활동하는 여러 고고학자들의 노력으로 2012년 7월 2일, 상트페테르부르크에서 열린 세계유산회의에서 상도가 세계문화유산에 등재되었다. 상도는 세계문화유산으로서 전혀 부족함이 없다. 하지만 대도나 하도(下都)를 제치고 유독 상도만 세계문화유산으로 지정된 데에는 동양에 대한 근대 서구의 환상이 큰 역할을 했음이 분명하다.

세계 제국의 수도 상도

13세기에 사막을 건너 상도에 가려면 꼬박 수십 일이 걸렸을 것이다. 고생 끝에 상도에 도착한 마르코 폴로의 눈에 호수와 정원으로 둘러싸인 거대한 궁전이 낙원으로 보인 것은 어쩌면 당연한 일인지도 모른다. 하지만 초원 속 낙원은 유목 민족의 문화는 아니다. 끊임없이 이동했던 유목민들에게 이 같은 낙원은 필요치 않았다. 실제로 마르코 폴로보다 약간 빠른 1240~1250년대에 몽골의 수도 카라코룸을 방문했던 이탈리아 수사 조반니 카르피니나 프랑스 선교사 루브룩의 윌리엄이 남긴 기행문에 따르면 카라코룸에는 거친 유목 문화가 많이 남아 있었다고 한다.

상도가 그토록 화려했던 이유는 쿠빌라이 칸의 즉위와 동시에 몽골이 세계 제국으로 성장했기 때문이다. 즉 상도는 세계 제국의 수도라는 이름에 걸맞게 초원 문화와 정착 문화의 요소를 결합한 상징적인 기념물이었던 것이다. 유목 전통을 따라 거칠지만 실용적으로 만들어진 카라코룸과 달리 정착민들에게도 강한 인상을 줄 수 있는 화려한 기념물이 필요했던 것이다.

한편 상도에 대한 환상은 르네상스 이후 동양의 낙원을 찾아 헤맸던 서양인들의 바람이 투영된 결과이기도 하다. 동양 어딘가에 낙원이 있다는 믿음은 이후 서양이 동양을 경쟁적으로 식민지화 하게 만든 원동력이었다. 물론 서양인들은 낙원 그 자체보다는 낙원의 값진 보물들을 약탈하고자 했다. 콜럼버스를 비롯한 서양 탐험가들은 황금에 대한 열망으로 전 세계를 누볐고 그 과정에서 수많은 원주민들이 희생되었다.

환각 속의 지상낙원

마르코 폴로의 책에는 또 다른 지상낙원이 등장한다. 산 위의 노인 이야기가 바로 그것이다. 이야기 속 노인은 산 위에 아름다운 집과 정원을 갖춰 놓고 중세판 주지육림을 만들었다. 여기에는 물론 아리따운 여인들도 여럿 있었다. 이 노인은 청년을 납치하여 며칠 동안 산 위의 낙원에서 열락을 누리게 한 뒤, 그를 세상으로 돌려놓고는 신의 명령, 즉 테러를 수행하면 다시 낙원으로 돌아올 수 있을 것이라고 말했다. 가짜 낙원을 믿는 암살단원들은 공포의 대상이었다. 노인은 청년들이 낙원에 있다는 환상을 갖게 하기 위해 대마초 계통의 마약을 썼다고 한다. 이와 관련하여 인도 대마의 초기 이삭이나 잎으로 만든 마약 해시시(Hashish)가 암살단을 뜻하는 아랍어 하샤신에서 기인했다고 전해진다. 결국 청년들이 산에서 본 천국은 환상일 뿐이었다.

산 위의 노인이 마약을 먹여 가짜 천국을 만들었듯이 시인 새뮤얼 콜리지도 아편에 의지해 쿠빌라이가 세운 화려한 낙원을 목격했다. 하지만 초원인들이 세계를 주도할 수 있었던 것은 거칠고 황량한 초원에 살면서 갖추게 된 강인함 덕분이지 낙원 같은 환경 때문은 아니었다.

치우와 황제의 싸움, 그리고 청동 투구

지난 2002년 여름, 한국을 붉은 물결로 뒤덮은 한일월드컵에서 대한민국 응원단의 상징은 도깨비 형상을 한 치우천왕이었다. 탁록(涿鹿)에서 황제(黃帝)와 큰 전투를 벌였다고 알려진 치우는 현재 한국과 중국 사회에서 뜨거운 논란의 대상이다. 한국에서는 치우를 동이족의 제왕으로 간주하는 반면, 중국에서는 그를 한족 시조인 황제의 최대 방해 세력으로 묘사하고 있기 때문이다. 사실 황제와 치우 모두 후대에 신화화된 인물이기 때문에 그들이 실존했다는 증거는 찾을 수 없다. 그럼에도 치우는 『환단고기』 등의 재야 사서에서 동이족의 시조로 재평가되었고, 최근에는 대한민국 축구 응원단의 상징이 되어 한중 역사 분쟁의 또 다른 키워드로 등장했다. 치우와 황제의 전설을 고고학적으로 풀어보면 어떨까?

치우의 이야기에는 투구와 전차들이 등장하는데, 이는 대체로 기원전 10세기경 탁록을 포함한 중국 북방 지역에 분포했던 초원계 청동기 문화의 유입과도 관련된다. 사실 치우를 한민족의 직접적인 조상이라 간주할 근거는 그리 많지 않다. 게다가 치우가 살았던 시대에는 대규모 전투를 시행할 만한 사회적 조건이 갖춰지지 않았다.

더 흥미로운 사실은 치우가 중국 서남부 지역 소수민족인 먀오(苗)족의 선조로도 숭앙되고 있다는 것이다. 즉 치우는 단순한 고대 신화의 주인공이 아니라 중원 세력과 대립했던 주변 이민족들의 상징인 셈이다. 과연 치우는 한민족의 선조일까? 그리고 치우와 황제의 싸움을 고고학적으로 증명할 수 있을까?

치우 이야기는 언제 등장했나?

중국 역사에서 치우에 대한 관심은 황제에 대한 관심과 궤를 같이 한다. 명·청 시대에 신화적 인물로 재탄생하기 전까지 역사에서 거의 잊힌 존재였던 황제는 신해혁명 이후 다원일체(多元一體), 즉 중국은 여러 민족이 한족을 중심으로 한데 어우러진 국가라는 개념이 강조되면서 다시 한 번 주목받기 시작했다. 다원일체의 기치 아래 황제는 찬란했던 한족 문화의 상징이자 중화민국 국민들의 공통 시조로 숭앙되었다. 그에 따라 황제에 대적했던 치우는 선에 맞서는 악의 화신이나 괴수로 그려질 수밖에 없었다.

치우는 당나라 학자 서견(徐堅)이 쓴 『초학기(初學記)』 가운데 상나라의 문헌인 「귀장역(歸藏易)」을 인용한 부분에서 처음 등장한다. 따라서 치우의 등장은 상나라 중반기인 기원전 13세기까지로 올려 볼 수 있다. 치우가 괴물의 형태로 그려지기 시작한 시점은 한나라 때부터인데, 이는 주나라 역사를 기록한 『상서(尚書)』에서 잘 드러난다. 그러므로 치우는 한나라 이후로 줄곧 중화 문명에 대적한 '악의 축'이었던 셈이다.

탁록 전투는 진짜일까?

황제와 치우의 갈등은 탁록 전투에서 폭발했다. 쉰다섯 번의 싸움 끝에 결국 황제의 승리로 기록된 이 전투는 중국 고대 신화에서 가장 크고 치열한 전투였다. 허베이성 북쪽 만리장성 건너편에 위치한 탁록은 고대부터 북방 교류의 중심지로 기능했다. 그런 면에서 탁록 전투는 중원 세력과 비중원 세력이 북방에서 맞붙은 사건을 나타내는 것이라

볼 수 있다. 실제로 기원전 15세기경부터 탁록 일대에 북방 유목 민족이 거주했던 증거들이 속속 발견된다.

기원전 15세기 시베리아 전차 문화가 동아시아 전역으로 퍼져나갔고, 그 가운데 일부는 중원의 상나라에까지 도달했다. 상나라에 전차를 전한 이들은 아마도 북방 유목민들이었을 것이다. 탁록 근방의 베이징시 창핑(昌平)구 바이푸(白浮)와 허베이성 칭룽(青龍)현 차오다오거우(抄道溝) 등지에서 발견된 초원의 전차 유적들이 그런 가정을 뒷받침한다. 따라서 상나라 문헌에서 발견되는 치우 관련 기록은 당시 탁록을 중심으로 활동하던 초원 민족을 표현한 것이라고 볼 수 있다. 춘추시대에 접어들면서 이 지역에는 산융(山戎)과 동호(東胡)가 등장했는데, 이들은 만리장성 북쪽에 웅거하며 스키타이-시베리아 유형의 초원 문화를 동아시아에 전달한 주역이었다.

구리로 된 머리와 쇠 이마

치우 신화에서 특히 주목할 만한 내용은 치우가 동두철액(銅頭鐵額), 즉 구리로 된 머리에 철로 만든 이마를 가졌다고 묘사한 부분이다. 이는 아마도 금속제 투구를 쓴 모습을 표현한 것이라고 추측되는데, 실제로 기원전 12세기경부터 탁록 근방의 허베이성과 랴오닝성 서부에서 청동 투구가 유행했다. 상나라 때 처음 등장한 청동 투구는 여러 북방 민족을 거쳐 랴오닝성, 바이칼, 몽골 등으로 전파됐다. 흑해 연안의 스키타이 유적에서 발견된 독특한 쿠반식 투구는 중국 북방에서 사용된 투구와 형태가 같다. 우연의 일치라고 보기에는 형태가 너무 흡사하기 때문에 학계에서는 북부 초원 지역에서 사용되던 투구가 흑해 연안까지 전해진 것이라고 보고 있다.

흑해 연안 켈레르메스 고분군 출토 '쿠반식' 투구

샤자뎬 상층 문화의 청동 투구

류리허 유적 출토 청동 가면(기원전 10세기)

청동 투구가 북방 초원 전사의 상징이었음은 주나라 청동기에 새겨진 명문에도 잘 드러난다. 1981년 산시성 샤우즈에서 발견된 청동 솥에는 오랑캐(戎)를 포로로 삼고 투구 30점을 빼앗았다는 기록이 있다. 이 청동 솥은 주나라 종실에서 줄곧 골칫거리였던 초원 지역 오랑캐를 무찌른 제후에게 상으로 준 것이다. 한편 서주 시대 연나라 무덤인 류리허(琉璃河) 유적에서 발굴된 청동 가면은 동두철액이 단순한 신화 속 이야기가 아님을 방증한다. 청동 투구는 상나라에서 처음 사용되었고, 주나라가 들어서면서 북방 지역에까지 퍼졌다. 이때 주 왕실은 주나라 건국의 일등공신이었던 소공석을 연나라 제후로 봉해 북방 오랑캐를 막도록 했다. 이에 초원 민족들은 발달된 전차와 무기로 맞섰다. 이처럼 치우 신화는 베이징 근처의 한족이 북방 초원 세력과 대적하는 일련의 과정 속에서 만들어진 것이다.

진시황의 통일에 숨겨진 초원의 힘

변방 오랑캐와 함께 성장한 진나라

진나라가 중원을 통일할 수 있었던 것은 진시황 개인의 능력 때문만은 아니었다. 춘추시대 이래 진나라는 서북 지역 초원 세력과의 다양한 교류를 통해 국력을 키웠다. 역사에서 최초로 확인되는 진나라 관련 기록은 기원전 9세기 비자(非子)의 치세까지 거슬러 올라간다. 기원전 221년에 황제로 등극한 진시황이 비자의 31대손이니 진나라는 진시황의 통일 전에도 무려 600여 년간 존속했던 셈이다.

진나라의 출발은 그리 순탄하지 않았다. 비자가 처음 지금의 산시성(陝西省)에 도읍했을 때에는 서쪽 유목민인 서융(西戎)의 등쌀에 제대로 국력을 펼 수 없었기 때문이다. 진이 비로소 나라의 기틀을 갖춘 것은 기원전 7세기에 목공(穆公)이 서융 세력을 제압하면서부터다. 진나라가 서쪽의 오랑캐들과 잡거했다는 역사 기록을 뒷받침하듯 최근 이 지역 발굴 현장에서 초원 민족의 색채를 강하게 띠는 유물들이 속속 발굴된다.

진나라와 교류하며 초원의 기술과 문화를 전해준 서융의 실체는 여전히 베일에 싸여 있다. 서융의 실체를 밝혀 낸다면 진나라에 기술과 무기를 전해준 초원 문화가 어디에서 온 것인지 알 수 있을 것이다.

불운으로 끝난 발굴

1970년대 초반 진시황의 병마용이 발견되면서 진나라 유적은 고고학계의 큰 관심을 받았다. 산시성 고고학자들은 제2의 병마용을 꿈꾸며 1976년부터 10여 년간 진나라 최대 고분인 진공대묘의 발굴을 시작했다. 무덤의 주인인 진 경공(景公)은 진시황의 14대조로 기원전 577년 왕위에 올라 40년간 진나라를 다스린 인물이다. 진공대묘 역시 그의 오랜 치세를 반영하듯 직경 300미터, 깊이 20미터의 규모에 순장된 인원만 170여 명에 달하는 초대형 고분이다.

역사에 남을 발굴이 될 거라는 고고학자들의 기대와 달리 무덤은 텅 비어 있었다. 1976년부터 1986년까지 그들이 발견한 거라곤 250여 개의 도굴 갱뿐이었다. 무덤에 남은 유물이 없다는 사실이 밝혀질 무렵, 인근에서 부처님의 진신사리가 나온 법문사(法門寺) 발굴이 시작되면서 의욕적으로 추진됐던 진공대묘 발굴은 급히 정리되었다. 이후 진공대묘유적은 고분이 속한 바오지(寶鷄)시의 관할로 편입되었고, 무덤 위에 놓인 수십 개의 목관은 완전히 방치되어 공사가 중단된 야외 전시관과 함께 방문객들을 맞이하고 있다.

도굴 갱은 우물을 파듯이 위에서 아래로 파내려 가는 형태로, 크기는 몸집 작은 사람이 겨우 들어갈 정도로 만드는 것이 일반적이다. 다른 사람들의 눈을 피해 무덤 속 유물을 빼내려면 도굴 갱을 넓히는 데 시간을 지체해서는 안 되기 때문이다. 한편 이처럼 좁고 엉성하게 만들어진 도굴 갱 때문에 무덤에 갇혀 죽은 도굴꾼들도 적지 않다. 깊이만 20미터에 달하는 초대형 무덤인 진공대묘를 도굴하기 위해서는 무엇보다 무덤 구조에 대한 정확한 정보가 필요했을 것이다. 그런데도 200여 건이 넘는 도굴 시도가 있었다는 사실은 진공대묘 공사에 참여했던 사람이 무덤 도굴에 연루되었을 가능성을 시사한다. 무덤 내부를 세세하게 아는 사람이 자세히 위치를 알려주지 않는다면 이처럼 큰 무덤을 도굴하기란 불가능하다. 도굴 횟수가 늘어나면서 무덤 내부에 대한 정보도 하나 둘 새 나가고, 도굴꾼들이 팔아넘긴 값진 보물과 관련된 소문이 돌면서 도굴 경쟁이 심해지지 않았을까?

과정이야 어땠건 지금 진공대묘는 값진 물건이라고는 하나도 없는 텅 빈 무덤이 되어버렸다. 발굴이 중단된 무덤 주변에는 순장에 사용된 목관들이 비바람을 맞으며 방치되어 있었고, 무덤 한쪽은 보기 흉한 시멘트로 메워졌다. 심지어 무덤 근처의 차마갱은 발굴 후 흙을 덮는 복토 작업조차 진행되지 않아 쓸쓸함을 더한다.

진공대묘의 경우를 보면 유물, 유적에도 운이 따라야 할 것 같다. 만약 진공대묘가 유적들이 넘쳐나는 시안이 아니라 다른 지역에 있었다면 어땠을까? 지금쯤 화려하게 단장되어 관광객들을 맞이하고 있지 않을까? 이 지역에 발굴할 유물이 워낙 많은 탓에 당분간 진나라 대형 고분의 조사는 예정이 없다니 아쉬울 따름이다.

간쑤에서 발견된 오랑캐의 황금 무덤

2006년 7월부터 조사 중인 간쑤(甘肅)성 마자위안(馬家塬) 유적이 서쪽 유목민들이 남긴 고분임이 밝혀지면서 세간의 주목을 받고 있다. 진공대묘는 텅 비어 있었던 반면, 경공의 치세 전부터 진나라를 괴롭히던 서융(西戎)의 무덤은 화려한 유물들로 가득했기 때문이다.

서융이라는 말은 크게 두 가지 뜻으로 사용된다. 먼저 중국에서 전통적으로 사방의 네 오랑캐를 지칭하는 남만, 북적, 서융, 동이 가운데 하나로 사용되는 경우가 그것이다. 한국과 주변 지역을 '동이'라고 통칭하는 것과 같은 이치다. 두 번째로 서융은 기원전 6~4세기에 진나라 서쪽에서 세력을 떨쳤던 유목 민족 또는 구체적인 집단을 지칭한다. 이 가

방치된 진공대묘

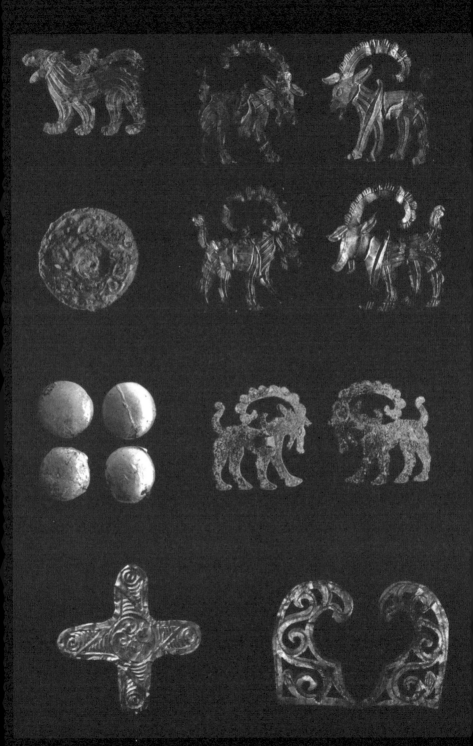

마자위안 출토 초원계 황금 유물

운데 마자위안 유적을 남긴 서융은 전국시대에 현재의 간쑤와 칭하이 일대에 살던 집단을 말한다.

　마자위안 유적은 간쑤성에 위치한 회족 자치주인 장자촨(張家川) 마을 근처에서 3개의 대형 고분이 도굴되면서 알려졌다. 중국의 빠른 경제 발전과 함께 도굴이 기승을 부리고 있었기에 고분 도굴은 그리 특별한 사건은 아니었다. 그럼에도 도굴품을 확인한 고고학자들은 놀라움을 감출 수 없었다. 그중에는 초원 지역 색채가 강한 황금 유물과 서아시아 계통의 유리 제품들이 다수 포함돼 있었기 때문이었다.

　이후 곧바로 발굴대가 조직되어 이미 도굴된 3기를 포함하여 총 11기의 대형 무덤을 발굴했다. 발굴 결과는 2008년에 1차로 발표되었다가 2009년 10월에 중국의 대표적인 문화재 잡지인 《문물(文物)》에 나머지 내용이 공개되었다. 필자는 그 발굴 결과를 보는 순간 경탄을 금치 못했다. 진나라와 초원 및 서방과의 관계가 예상했던 것보다 더 깊었기 때문이다. 마자위안 무덤은 기원전 4~3세기 대의 것으로 당시 서융은 이미 진나라에 복속된 상태였으나 유물에는 스키타이 계통의 문화 요소가 강하게 남아 있었다. 더욱이 고도의 세공 기술로 만들어진 금 제품과 유리 제품은 이제까지 중국에서 발견된 유물들과는 계통이 완전히 달랐다.

　마자위안 유적에서 출토된 황금 유물에는 직경 0.4~0.5밀리미터 정도의 작은 황금 구슬을 붙이는 누금세공기법이 쓰였다. 누금세공기법은 이전까지 중원에서는 볼 수 없던 기술로, 지중해 지역에서 처음 개발되어 기원전 7세기 이탈리아에서 번성한 에트루리아가 발전시킨 기술이다. 이후 이 기술은 유라시아 초원 지대를 거쳐 시베리아의 황금 유물로 이어졌고, 한참 후에 신라의 황금 유물에도 사용되었다. 특히 서부 시베리아의 스키타이 시대 고분인 필리포프카와 표트르대제가 모은 시베리아 황금 유물 컬렉션에도 이 같은 금 가공 기술을 찾아 볼 수 있다.

마자위안 유적의 황금은 바로 이 누금세공 기술이 초원을 거쳐 동아시아로 유입되었음을 보여 준다. 중앙아시아 토착 유목 민족에서 기원한 서융이 진나라에 복속되면서 진나라를 비롯한 중원 여러 나라에 초원 문화를 전달하는 중개자 역할을 했던 것이다. 이로써 신라의 황금 기술 전파 루트에 또 하나의 가능성이 제시됐다.

변방·혼합·교류에서 솟는 새 에너지

진나라가 서북 변방의 소국에서 중원을 통일한 제국으로 성장한 데에는 초원 민족인 서융의 역할이 컸다. 진나라는 스스로가 '순수 한족'이 아니라는 사실을 초원 민족들을 포섭하는 데 적극 활용했다. 실제로 1974년 거연(居延)에서 발견된 죽간에는 '진호(秦胡)'라는 구절이 있다. 진나라 진(秦) 자에 오랑캐를 뜻하는 호(胡) 자를 붙인 이 말은 진나라에 포섭된 초원 민족을 의미한다. 진나라는 초원 민족과의 교류를 통해 서북 변방에 위치했다는 지리적 약점을 장점으로 승화했다. 유목, 수렵, 교역 등 각 민족의 다양한 경제활동을 장려한 것 또한 진나라가 농업에 불리한 자연 환경을 극복하고 더 큰 경제적 기반을 다지는 계기가 되었다.

그 무렵 중원은 합종과 연횡 사이에서 갈등했다. 그들이 줄곧 멸시해 왔던 변방의 반야만국 진나라가 급격히 성장하여 중원 땅을 넘보기 시작하기 했음에도 중원의 여러 나라들은 힘을 합치지 못했다. 좁은 중원 땅에서 서로 다투며 수백 년간 반목했던 원한이 너무도 깊었기 때문이다. 결국 중원은 상앙의 변법으로 모든 사람에게 공평한 법을 적용하는 강한 국가 진나라가 차지했다. 이로써 진나라는 여러 민족이 잡거하는 '야만족의 나라'라는 오명을 극복할 수 있었다.

한나라 이전에 중원을 제패한 주나라와 진나라는 모두 중국의 서북 지방에서 초원 문화를 받아들였다는 공통점이 있다. '찬란한' 중국의 역사에는 언제나 초원의 민족이 있었다. 아이러니하게도 진시황이 중국을 통일할 수 있었던 것은 그가 중원 출신이 아니었기 때문이다. 진나라는 오랑캐의 틈바구니에서 다양한 문화를 받아들여 합리적인 통치 시스템을 개발했고, 이는 곧 중원을 통일하는 힘이 되었다.

최근 중국의 서북 지역 개발 붐과 함께 이 지역에 대한 고고학 연구도 활발히 이루어지고 있다. 진나라와 주변의 유목 민족들의 관계에 대한 연구는 이제 시작 단계이다. 중원의 다른 나라들이 명분과 정통성을 내세울 때 변방의 진나라는 이질적인 문화를 받아들여 시야를 넓히고 통일의 위업을 일구어 냈다. 진나라의 예는 변방의 작은 나라에서 세계로 뻗어 가는 우리에게도 좋은 본보기가 되지 않을까?

진시황릉 병마용갱

칭기즈칸의 무덤을 찾아서

내 무덤의 위치를 누구에게도 알리지 마라

역사상 가장 넓은 땅을 평정했던 희대의 영웅이자 무자비한 살육으로 악명이 높았던 칭기즈칸, 그런 그 역시 죽음이라는 자연의 섭리를 피하지는 못했다. 칭기즈칸은 자신의 죽음과 무덤이 알려지는 것을 극도로 꺼리면서 자신의 묘에 아무런 표시도 하지 말고, 아무도 모르게 장례를 준비하라는 유언을 남겼다. 때문에 장례 행렬을 본 사람들과 무덤을 만든 일꾼, 그들을 지키던 군사들까지 모두 죽음을 면치 못했다고 한다.

비밀이 잘 지켜진 탓인지 칭기즈칸의 무덤 위치에 대해서는 아직도 의견이 분분하다. 마르코 폴로는 『동방견문록』에서 그곳이 알타이 산맥 어딘가라고 했고, 페르시아의 역사가 라시드 웃딘은 부르한 할둔(Burkhan Khaldun)에 칭기즈칸의 무덤이 있다고 기록했다. 심지어는 무덤 위로 강이나 숲을 만들었다는 전설도 있다. 하지만 칭기즈칸 무덤의 위치는 당시 몽골인들에게도 완벽하게 은폐되었던 만큼 외국인이었던 마르코 폴로나 라시드 웃딘에게 알려졌을 가능성은 적어 보인다.

20세기 이후에는 고고학 조사로 칭기즈칸의 무덤을 찾으려는 시도들이 있었다. 일례로 시카고에서 변호사로 활동하던 아마추어 고고학자 마우리 크라비츠는 1995년부터 4년간 여러 지역을 조사했다. 하지만 그의 조사는 대개 상상과 추정으로 이루어진 것이라 제대로 된 성과를 내지는 못했다. 한편 일본의 연구자들도 1990년대 이후로 칭기즈칸 무덤을 추적 중이다. 그 덕분에 몽골 제국의 것으로 추정되는 무덤들이 다수 발견되었지만, 그 가운데 칭기즈칸의 무덤은 없었다. 최근에는 위성을 비롯한 다양한 첨단 장비들이 동원되고 있으나 몽골 시대의 거대 고분은 발견되지 않고 있다.

칭기즈칸의 무덤은 어떤 모습일까?

1999년 12월 31일, 새 천년을 앞두고 미국을 대표하는 두 언론사인 워싱턴 포스트와 타임지가 지난 1000년 역사상 가장 중요한 인물로 칭기즈칸을 꼽았다. 그가 세계사에 미친 영향을 생각하면 그리 놀라운 일은 아니다. 오히려 호사가들의 관심은 아직 발견되지 않은 칭기즈칸의 무덤, 정확히는 무덤에 부장되어 있을 막대한 보물에 있다. 하지만 당시 몽골제국의 상황을 조금이라도 살핀다면 그 같은 기대가 잘못된 것임을 알 수 있을 것이다.

칭기즈칸은 죽기 직전까지 정복 활동에 전념했고, 미리 무덤 제작을 지시한 기록이 없다. 따라서 칭기즈칸의 무덤은 규모도 크지 않고 지상에 별다른 표시도 없을 가능성이 높다. 게다가 화려한 궁전에서 통치하기보다는 몽골 전사들과 함께 전장 누비기를 즐겼던 그가 크고 화려한 무덤을 원했을까? 설령 그의 후손이 고분 제작을 지시했다고 하더라도 수천 명 이상이 동원되는 큰 공사를 완전히 비밀에 부칠 수는 없었을 것이다. 비슷한 예로 이집트 피라미드는 파라오 즉위 전부터 조성하기 시작해 수십 년의 공사 끝에 완성된다. 투탕카멘의 피라미드가 유명한 이유는 역설적이게도 그가 젊은 나이에 죽은 탓에 피라미드가 채 완성되지 못했고 규모도 작아 도굴꾼들의 관심을 피할 수 있었기 때문이었다. 칭기즈칸이 수천 명의 인력을 들여 거대한 고분을 만들었다면 분명히 지상에 표시를 남겼을 것이고, 그렇게 완벽하게 비밀이 유지될 수도 없었을 것이다.

칭기즈칸의 무덤이 발견된다고 해도 무덤 속 화려한 보물을 기대하기는 어렵다. 칭기즈칸이 살았던 시기에 몽골인들은 전통적으로 박장(薄葬, 무덤에 유물을 적게 묻는 것)을 했기 때문이다. 몽골 전사들의 묘는 적당한 규모로 무덤을 파고 주변에 돌을 돌린 후 구덩이 안에 말과 시신을 묻는 것으로 마무리됐다. 또 초원 지역의 경우 무덤의 규모가 해당 국가의 국력이나 피장자가 지닌 권력의 크기와 반드시 비례하는 것은 아니다.

무덤의 크기와 실제 국력이 반드시 일치하지 않음은 우리나라 삼국시대 무덤들을 통해 쉽게 확인할 수 있다. 당시 가야와 신라에는 후장(厚葬, 무덤에 풍부한 부장품을 묻는 것)의 풍습이 있었다. 이 때문에 김해 대성동, 창녕 교동, 합천 옥전 등지에서 발굴된 가야 고분들에서 엄청나게 많은 유물과 금관들이 출토됐다. 같은 시기 일본의 왕릉인 전방후원분 가운데 대형인 것은 그 둘레가 수백 미터에 달한다. 이는 삼국시대의 무덤들을 능가하는 규모다. 반면 당시 한반도 북부와 만주를 지배했던 고구려의 무덤 유물은 지나치다 싶을 정도로 빈약하다. 실제로 최근 발굴된 고구려 태왕릉에서는 금동제 장식 몇 개가 나왔을 뿐 출토 유물은 매우 적었다. 사실 대부분의 고구려 고분에는 부장품이 거의 없다. 한편 고구려 사람들은 시신을 매장할 때 무덤 앞에서 부장할 유물들을 깨어 주변 사람들에게 나눠 주었다고 한다.

화려한 지하 궁전 대신 제국의 지속을 택한 칭기즈칸

칭기즈칸은 왜 자신의 무덤을 숨기고 싶어 했을까? 여기에는 자기가 일군 제국을 지키기 위한 바람이 숨어 있다. 초원 민족에게 조상의 무덤은 그들의 국가가 존재하는 한 반드시 지켜야할 마지막 보루이기 때문이다. 일정한 거주지 없이 초원을 돌아다니는 유목민들에게는 땅을 뺏긴다는 개념이 없다. 따라서 적의 공격을 받아 도망가더라도 큰 의미를 두지 않는다.

기원전 514년 70만 대군을 이끈 페르시아 다리우스 왕이 스키타이를 침공한 기록을 보자. 계속 도망만 치는 스키타이 군사들을 추격하는 데 지친 다리우스 왕은 비겁하게 도망치지 말고 싸우자고 편지를 보냈다. 그러자 스키타이 왕은 다음과 같은 요지의 답을 했다. '우리에겐 도시도 농지도 없다. 우리와 싸우고 싶으면 우리 조상들의 무덤을 건드리면 된다.' 즉, 이동하며 사는 초원 민족에게서 영토를 뺏는다는 생각 자체가 어불성설이며, 한 부족의 멸망은 그 조상의 무덤이 파괴되는 것으로 상징된다는 뜻이다. 칭기즈칸이 재위하던 시기 몽골은 막 제국을 정비해 나가고 있었다. 칭기즈칸은 아마 자신의 무덤이 적에 의해 훼손되어 제국이 멸망할까 염려했을 것이다. 그가 진정 바란 것은 화려한 무덤보다는 제국의 존속이었을 테니, 자신의 무덤을 아무도 모르는 곳에 소박하게 만들지 않았을까?

현재 네이멍구자치구 오르도스시 근처에는 후대 사람들이 만든 칭기즈칸의 가짜 무덤이 있다. 지금 이곳은 대규모 관광지가 되었고, 칭기즈칸 능 앞에 만들어진 민속촌에서는 매일 밤 관광객들에게 볼거리를 제공한다. 아이러니하게도 민속촌의 연기자들은 대부분 한족이다. 실제 네이멍구자치구의 인구 구성을 살펴보면 한족이 다수를 점한다. 몽골인들은 한족의 이주와 도시화에 밀려 멀리 북쪽 사막지대에서 겨우 명맥을 유지할 뿐이다. 지하에 묻힌 칭기즈칸이 이 사실을 알면 어떨까?

칭기즈칸이 거대 고분 건설에 국력을 쏟아 부었다면 위대한 몽골제국은 없었을 것이다. 그가 진정으로 원한 것은 화려한 지하 궁전이 아니라 초원 제국의 지속이었기 때문에 몽골제국은 그토록 화려한 역사를 쓸 수 있었던 것이다. 언젠가 칭기즈칸의 무덤이 발견될 날이 오겠지만 그 무덤은 세상의 반을 정복한 위대한 역사 인물과 그가 세운 초원 제국의 진면목을 밝히는 기회가 되어야 할 것이다.

아시아의 진주 투바공화국

남부 시베리아 알타이 동쪽에 위치한 투바공화국은 크기가 남한의 두 배 정도이지만 인구는 30만 명에 불과하다. 우리나라 백두대간에 비견되는 사얀-알타이산맥이 이곳을 중심으로 러시아와 카자흐스탄, 몽골, 중국을 아우른다. 우리에게 익숙한 알타이산맥 역시 이 산맥의 일부다. 알타이 동쪽에 투바(현재는 현지어에 더 가까운 티바로 개명)인들의 자치공화국인 투바공화국이 있다. 중국과 러시아 사이에 위치한 투바는 강대국 사이에 위치한 약소국이라는 지정학적 운명 탓에 이민족에게 국권을 빼앗기는 치욕을 수차례 겪었다. 하지만 본래 이곳은 여러 초원 국가들이 세력을 키웠던 초원의 중심지였다.

몽골계 민족이 사는 전형적인 유목 국가인 이곳에서는 스키타이 시대의 적석목곽분에서 황금 유물이 다량 출토되어 화려한 유목 문화를 자랑한다. 투바에는 알타이 못지않게 많은 고대 초원 유적들이 살아 숨쉬지만 고고학 조사가 덜 진행된 탓에 외부인들에게 거의 알려지지 않았다. 현재 투바는 전 세계 스키타이 연구자들에게 뜨거운 관심을 받고 있다. 투바의 아르잔 고분이 현재까지 발굴된 스키타이 시대 고분 가운데 가장 크고 오래된 것으로 밝혀졌기 때문이다. 스키타이 시대 유목 문화라고 하면 흔히 알타이의 미라가 나온 파지릭 문화, 헤로도토스가 기록한 스키타이, 그리고 중국 만리장성 일대의 오르도스 문화 등을 떠올리는데, 사람들에게 거의 알려지지 않은 알타이 동쪽 투바공화국에

아르잔 1호 고분 발굴 현장

서 가장 크고 오래된 무덤이 나온 것이다.

성수(聖水)라는 의미를 지닌 아르잔 고분에는 직경 100미터에 이르는 거대한 목관이 쓰였다. 이 목관에 사용된 나무를 나이테 연대측정법으로 분석한 결과, 나무를 벤 시점이 기원전 850년 전후라는 결론이 나왔다. 다시 말해 이 지역 족장의 장례를 준비한 시점이 기원전 850년경이라는 뜻이다. 따라서 이 지역에서 스키타이 시대가 시작된 것은 고분이 만들어진 시기보다 이른 기원전 900년대라고 볼 수 있다. 흑해 연안의 스키타이 문화는 기원전 700년 정도에 시작되었으니, 스키타이 문화의 기원지는 시베리아라는 가정이 성립한다. 이 때문인지 줄곧 스키타이 문화로 불리었던 것이 최근에는 스키타이-시베리아 유형의 문화라는 표현으로 바뀌었다. 한편 알타이 파지릭 문화인은 동서양 혼혈인이었던 반면, 이 지역 사람들은 순수한 몽골로이드 계통이라는 점에서 유라시아 초원과 아시아를 잇는 연결 고리를 확인할 수 있다. 이런 점들을 미루어 볼 때 투바는 초원 고고학의 숨은 진주라고 할 수 있다.

투바공화국을 둘러싼 강대국들의 동상이몽

현재 투바는 러시아 소속의 자치공화국이지만 본래 부랴트, 몽골과 함께 라마교를 숭상하는 독실한 불교 국가였다. 투바는 나머지 두 지역과 부족이 다르지만 서로 다른 나라로 갈라서지는 않았다. 그들을 갈라놓은 것은 20세기 열강과 이데올로기였다.

러시아 시민전쟁 시기, 백군(白軍)의 점령 하에 있었던 투바는 적군(赤軍)이 승리함에 따라 중국과 몽골의 점령을 받았다. 이후 1921년에 볼셰비키가 이곳에 탄누투바(Tannu-Tuva, 투바공화국의 별칭)라는 허수아비 정부를 세웠다. 초대 수상인 돈두크는 불교에 근간한 독립 국가를 만들고자 했지만 볼셰비키가 주도한 혁명으로 정권을 빼앗기고, 제 2차 세계 대전이 마무리되던 1944년에 공식적으로 소비에트 연방에 편입됐다.

조용하던 투바가 세간의 주목을 받기 시작한 것은 푸틴 대통령의 집권 후부터다. '강한 러시아'의 재건을 꿈꾸는 푸틴이 국력의 상징으로 투바를 꺼내들었기 때문이다. 근육질의 푸틴 대통령이 반라의 차림으로 낚시나 수영을 하며 휴가를 즐기는 모습이 종종 외신에 보도되는데, 이는 그가 지향하는 러시아의 이미지를 그대로 대변한다. 강한 지도자를 원하는 러시아 국민들을 위한 일종의 선전인 셈이다. 푸틴 대통령이 휴가지로 선택한 곳이 바로 투바의 초원이다. 선택의 배후에는 러시아 국방부 장관인 세르게이 쇼이구가 있다. 투바 태생의 전형적인 시베리아인인 쇼이구는 푸틴에게 투바에서 여름휴가를 보내라고 권유했다. 강한 러시아를 강조하는 푸틴에게 투바는 광활한 유라시아 초원의 지배자라는 이미지를 더해 줄 것이기 때문이다. 덕분에 투바의 자연과 역사는 중앙아시아의 마지막 남은 초원 문화의 터전에서 러시아 국력의 상징으로 세계 무대에 다시 등장했다.

흥미로운 사실은 푸틴이 러시아 지도자들 가운데 고고학에 관심을 가진 거의 유일한 사람이라는 점이다. 고고학에 대한 관심은 푸틴 개인의 취향과도 연결되겠지만, 소비에트가 러시아로 바뀌는 과정에서 발흥한 러시아 민족주의와도 밀접한 관계가 있다. 공산주의가 무너진 후 거대한 다민족국가인 러시아를 하나로 묶을 이데올로기가 필요했고, 그런 때에 자국 영토 안에서 이루어진 역사에 대한 관심과 자긍심은 국민들을 하나로 묶는 주요한 수단이 될 것이었다. 이는 최근 중국에 부는 역사 및 고고학 붐과도 같은 맥락이다.

실제로 푸틴은 지난 2007년 여름, 모나코의 황태자 알베르트 2세와 함께 포르바쥔 성터의 발굴 현장에 머물렀다. 포르바쥔은 엘도라도 전설처럼 호수 위에 세워진 성터로 12세기 대탕구트국(서하)의 것이다. 푸틴은 안전모와 양복을 갖춰 입고 뒷짐을 진 채 현장을 순시하는 대신 삽으로 흙을 퍼 올리며 캠핑하는 모습을 보였다. 푸틴의 마초적 이미지를 강화하는 데 초원 고고학이 동원된 것이다.

이렇듯 러시아에 가장 늦게 편입된 변방의 투바는 거칠지만 강한 러시아 자연의 상징으로 떠오르고 있다. 잠시 드미트리 메드베데프에게 대통령 자리를 내주었던 푸틴이 다시 권좌에 올랐으니 앞으로도 러시아 민족주의에 고고학이 종종 이용될 듯하다.

초원의 창조력에 반한 천재들

중앙아시아 초원의 작은 나라 투바는 의외로 미국에서 꽤 유명하다. 미국의 유명한 물리학자 리처드 파인만이 열렬한 투바 애호가였기 때문이다. 리처드 파인만은 아인슈타인과 함께 20세기를 대표하는 최고의 물리학자로 1965년에 노벨물리학상을 수상하고, 1985년에는 우주왕복선 챌린저호의 폭발을 규명했다. 한국에서는 『파인만 씨, 농담도 잘하시네』라는 책으로 유명세를 탔다. 그런 그가 소원하던 것이 바로 투바 여행이었다. 파인만은 1970년대 중반 암 판정을 받고 생을 마감한 1988년까지 10여 년간 힘겹게 투병 생활을 했음에도 숨이 다하기 직전까지 투바 여행을 계획하고 그와 관련된 다양한 사회 활동을 했다. 하지만 당시는 미소 냉전이 절정에 달한 시기라 파인만의 투바 여행은 끝내 이뤄지지 못했다. 다행스럽게도 파인만의 투바 사랑은 그와 함께 여행을 계획했던 랄프 레이튼에 의해 『투바: 리처드 파인만의 마지막 여행』이라는 책으로 남았다. 이 책에는 죽음을 앞두고도 새로운 것에 호기심을 불태우며 낙천적으로 행동하는 파인만의 모습이 생생하게 담겨 있다.

투바에 대한 파인만의 관심은 1940년대에 발행된 탄누투바공화국의 우표 한 장에서 시작됐다. 현대 문명과는 완전히 다른 방식으로 살아가는 초원의 투바인들이 파인만이 죽음의 공포를 떨칠 수 있게 했던 원동력이었을지도 모르겠다. 아쉽게도 파인만은 결국 투바 땅을 밟지 못했지만 그의 열성적인 투바 사랑 덕택에 지금도 미국에는 투바공화국에 관심을 가지는 사람들이 많다.

투바에 대한 미국인들의 관심은 유라시아 북방 초원 민족의 음악인 목소리 발성 노래(throat singing)에까지 이어졌다. 목소리 발성 노래는 유라시아 전역에 널리 퍼져 있지만 투바의 것이 유독 유명하다. 거기에는 미국 출신의 재즈 가수인 폴 페나와 투바의 국민가수인 콘가르-올 온다르가 출연하는 다큐멘터리 영화「진기스 블루스」덕택이 크다.

파인만 외에도 초원에 반한 천재 과학자가 또 있다. 앨버트 아인슈타인이 바로 그 사람이다. 아인슈타인은 러시아 화가 니콜라이 레리흐의 그림을 특히 좋아해서 "솔직히 당신의 그림만큼 나를 감동시켰던 것도 없습니다." 하고 찬탄했는데, 니콜라이 레리흐는 알타이에서 티베트에 이르는 초원 지역을 직접 답사하며 그림을 그렸던 화가이자 역사가였다.

천재 물리학자들은 왜 초원에 빠졌던 걸까? 단지 사라져가는 것에 대한 아쉬움이었을까? 아니면 문명과 동떨어진 동양의 오지에 대한 막연한 동경, 즉 또 다른 오리엔탈리즘의 발로였을까? 필자는 그 원인이 현대 문명과는 완전히 다른, 초원 특유의 새로움과 창의성에 있다고 생각한다. 파인만은 단순하고 합리적인 생각으로 물리학계의 통설들을 많이 뒤집었으며, 늘 새로운 취미와 연구를 즐기며 개방적이고 창의적인 삶을 살았다. 파인만의 사고방식은 유목민의 그것과 닮아 있었는데, 그가 나노시대를 예언할 수 있었던 것도 그 때문이 아니었을까 싶다. 파인만이 투바에 빠진 이유는 단순한 탐험가적 호기심이 아니라 확연히 다르게 사는 사람들에 대한 관심이었을 것이다. 천재들은 혹 유목민들의 삶에서 수십 년 뒤 우리의 미래를 본 것은 아닐까?

3부

초원의 천마,
신라에 내려앉다

드넓은 평원과 완만한 구릉지가 많은 중국과는 달리 한국은 대부분의 지역이 험한 산맥으로 이루어진 산악 지형이다. 부산에서 태백산맥을 따라 올라가면 낭림산맥으로 이어진다. 백두산 일대의 산맥은 동쪽으로는 시베리아 호랑이 서식지로 유명한 시호테알린산맥으로 이어지고, 서쪽으로는 톈산(千山)산맥, 서북쪽으로는 대싱안링(大興安嶺)산맥 등과 연결된다. 뒤로는 험한 산맥을, 앞으로는 너른 바다를 끼고 살았던 우리 민족이었기에 초원 지역과의 교류가 더 빈번했던 것 같다. 좋은 예가 바로 가야다. 육지의 판세는 넓지 못했으나 앞으로 너른 바다를 끼고 있던 가야는 당시 최신 소재였던 철을 가장 먼저 받아들이고 이를 발전시켜 주변과 활발히 교역했다. 또 다양한 북방계 유물도 적극적으로 받아들였다. 이 때문에 가야는 동아시아 교역의 중심지로 우뚝 설 수 있었다. 신라 역시 한반도의 동남쪽에 치우쳐 있었지만, 북방계 유물을 적극적으로 받아들여 국력을 급격히 성장시켰다.

어쩌면 이 같은 역사와 지정학적 조건 때문에, 한민족의 DNA에 초원에 대한 동경과 관심이 새겨진 것일지도 모른다. 한반도와 초원의 관계는 생각보다 훨씬 깊었다. 과거에는 막연하게 상상만 했던 두 지역의 관련성이 구체적인 유물로 하나둘 입증되고 있다. 게다가 전에는 접하기 어려웠던 러시아와 중앙아시아 일대의 고고학 자료들이 공개되면서 새로운 이야기들이 흘러 나오고 있다.

신라 천마총 그림으로 익숙한 뿔 달린 천마의 이미지는 사실 초원 전 지역에서 유행한 풍습의 발로였다. 알타이 파지릭 문화에서 요동 지역 선비 문화에 이르기까지, 제사나 의식 등에 쓰는 말을 뿔로 장식하는 풍습이 있었던 것이다.

한편 신라 금관과 너무나도 비슷한 금관이 아프가니스탄에서 발견되었다. 사실 이 금관 전통은 흉노의 찬란한 황금 문화가 유라시아 전 지역에 확산된 결과 만들어진 것으로, 멀리는 우크라이나까지 확산되었다. 마찬가지로 신라 특유의 적석목곽분 또한 초원 지역 적석목곽분의 전통이 유입된 것이다. 신라가 발흥하던 시기에 초원에서는 흉노 이후 찬란한 황금 문화를 영위한 훈족 문화가 등장했다. 이렇듯 신라는 북방 초원의 문화를 적극적으로 받아들였다. 그 때문에 유라시아 고고학 전공자들은 초원 지역 훈족 문화 영역의 동쪽 끝으로 신라를 꼽는다. 신라와 북방 초원의 교류는 인적 교류로도 이어졌다. 신라 계림로 14호분에서 출토된 황금 보검은 중앙아시아와 직접 교역했던 신라인의 흔적을 여실히 보여 준다.

신라뿐 아니라 가야에서도 북방 지역과 관련성을 추적할 수 있는 유물들이 심심치 않게 발견되며, 그중 가장 대표적인 것이 구리 솥이다. 이렇듯 우리 고대 문화에는 수천 킬로미터의 거리를 무색케 할 만큼 수많은 북방 초원 문화 요소들이 숨어 있다. 유물 하나하나를 들어 한반도와 초원의 관계를 추적해 보면, 외부와 부단히 교류하며 발전했던 한민족의 역량을 확인할 수 있을 것이다. 이처럼 3부에서는 다양한 시공간에서 펼쳐지는 초원과 한반도의 교류 이야기를 풀어 보고자 한다.

천마도 장니(국립중앙박물관 소장)

천마도에 새겨진 초원의 신마

　머리에 뿔을 단 천마는 초원 전 지역에서 유행하던 이미지였다. 알타이 파지릭 문화의 적석목곽분에서 뿔로 머리를 장식한 말의 미라가 출토되어 제사나 의식 등에 뿔 장식을 단 말이 사용되었음이 밝혀졌다. 중국 랴오닝성 정자와쯔(鄭家窪子) 유적과 신라 천마총에서도 같은 형태의 전통을 확인할 수 있다.

　1970년대 초 박정희 대통령은 민족문화를 창달한다는 목적에서 신라의 대형 고분인 황남대총의 발굴을 지시했다. 물론 여기에는 경주를 관광단지로 개발하겠다는 의도도 있었다. 발굴 조사 경력이 일천했던 당시의 한국 고고학계에서는 축적된 경험 없이 대형 고분을 발굴하는 것이 위험하다고 판단했다. 때문에 황남대총 근처의 작은 고분인 천마총을 먼저 발굴하는 것으로 의견을 모았다. 황남대총 발굴의 연습 대상으로 선정될 만큼 천대받던 천마총은 결과적으로 황남대총 못지않은 인기를 누리게 되었는데, 이는 천마총 내부에서 발견된 독특한 유물 덕분이었다.

　이 고분에 천마총이라는 이름이 붙여진 것은 이곳에서 신라 미술의 정수로 꼽히는 천마도가 나왔기 때문이다. 천마도는 1973년 말 8개월에 걸친 조사 과정에서 발견된 것으로, 가로 75센티미터, 세로 56센티미터, 두께 0.6센티미터의 자작나무 껍질 위에 그려진 말 그림이다. 천마는 말다래에 그려졌는데, 말다래는 달리는 말의 발굽에 채인 흙이 말 탄 사람의 다리에 튀는 것을 막기 위한 도구다. 실제 말다래는 달리는 말의 옆구리를 넓게 덮기 때문에 말의 아래쪽을 화려하게 장식하는 용도도 겸했다. 천마도 속 말은 허연 입김을 내뿜고 갈기를 휘날리며 하늘을 헤쳐 나가는 역동적인 모습을 하고 있다. 이 천마도 덕에 황남대총 옆의 작은 고분은 천마총이라는 이름을 얻었고, 이후 발굴된 황남대총보다 더 큰 인기를 누리게 되었다. 현재 천마총은 신라에 남은 북방 초원 문화의 영향을 보여 주는 대표적인 문화유산으로 꼽힌다.

천마도, 기린인가 말인가

2009년 국립중앙박물관 100주년 기념 특별전에서 천마도가 공개됐다. 천마도는 본래 빛에 민감하고 잘 부스러지는 자작나무 껍질로 만들어졌기 때문에 특수한 방법으로 보관해 왔고 외부에는 거의 공개하지 않았다. 이 전시도 1998년에 있었던 열흘간의 전시 이후 12년 만에 이루어진 것이다. 그런데 이 전시회 일정에 맞추어 새롭게 공개된 것이 있었으니, 바로 천마도의 적외선 투시도였다. 투시도에는 실제 유물로는 확인할 수 없었던 이마 위 뿔이 선명하게 드러나 수년간 지속되었던 천마도의 진실 논쟁에 다시 불이 붙었다.

논쟁의 핵심은 천마도에 그려진 동물이 말이 아닌 기린일 수도 있다는 것이었다. 고대 중국 신화에 등장하는 상상의 동물 기린은 말이나 사슴의 몸에 뿔이 달린 형태로 묘사된다. 하지만 천마도에 묘사된 동물은 몸집을 비롯한 거의 모든 형태가 말에 가까워서 이를 기린이라고 단정하기 어렵다. 게다가 천마총 외에 다른 신라 고분에서 중국 신화와 관련된 유물이 출토된 적이 없고, 같은 무덤에서 마구가 출토되기도 했다. 천마도는 죽은 자를 싣고 저승길을 향해 가는 동물 옆에 묻힌 물건이니 여기에 표현된 동물은 기린이 아니라 천마라고 보는 것이 합당할 듯하다.

뿔 달린 말, 초원을 거쳐 고조선으로

말 머리를 뿔로 장식하는 풍습은 초원 지역에서 시작되었다. 초원 지역 고분에 부장된 말들은 대부분 머리에 뿔 장식을 했고, 제사나 의식에 사용된 말의 경우에도 그러했다. 알타이 파지릭 문화의 적석목곽분에서 미라 형태의 말이 여러 구 발견된 적이 있는데, 여기서 나온 말들은 전부 머리에 뿔 모양의 장식을 하고 있었다. 흥미로운 것은 파지릭 문화의 적석목곽분에서 나온 뿔 장식과 천마총의 뿔이 모두 V자 형태를 띠고 있다는 점이다.

파지릭 문화의 화려한 말 장식은 무덤 부장용이거나 퍼레이드와 같은 특수한 의식에서만 사용된 것으로 보인다. 사냥터나 전장에서 크고 화려한 장식은 방해가 되었을 테니 말이다. 실제로 초원 지역 암각화에 등장하는 전투 기마상에서 말 머리에 거대한 뿔 장식을 단 경우는 거의 없다.

뿔 장식은 고조선의 최상위 귀족의 무덤이라고 추정되는 랴오닝성 정자와쯔 유적에서도 발견되었다. 1975년에 발굴된 정자와쯔 6512호 무덤의 마구 장식 그림을 보면 말 머리에 나팔 모양의 청동기가 있고, 그 위로 술 같은 것을 달았다. 정자와쯔에서 발견된 나팔형 청동기는 한국 금강 유역의 세형 동검 문화에서도 발견된다. 이때 나팔형 청동기가 한국에 유입되었다면 이를 말 머리에 달아 뿔처럼 만들었을 가능성도 크다. 하지만 아직 세형 동검이 말 뼈나 마구와 함께 발견된 바가 없기 때문에 속단하기는 이르다.

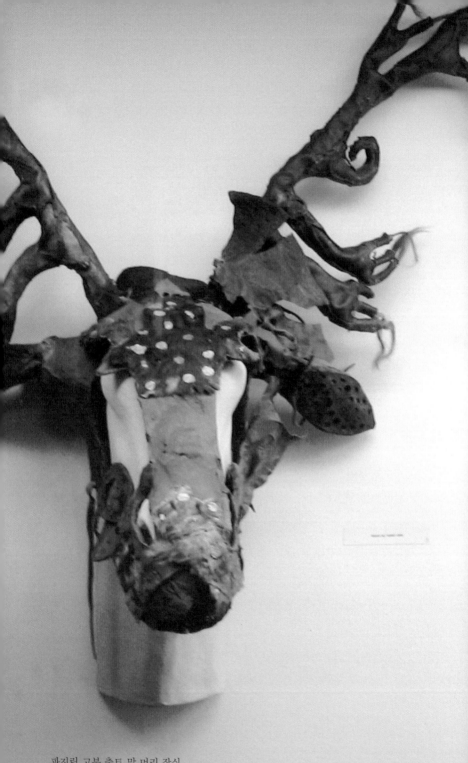

파지릭 고분 출토 말 머리 장식

천마도의 또 다른 비밀

잘 알려지지 않았지만 천마도에서 꼭 주목해야 할 부분이 있다. 바로 천마의 왼쪽 앞발이 90도로 접혀 있다는 사실이다. 말 그림이 수없이 많은 초원에도 이처럼 말이 한쪽 발을 접은 예는 거의 없다. 다만 서기 1~5세기에 남부 시베리아에 대형 목곽분을 만들었던 타쉬트익 문화에서는 이런 형태의 말 그림이 종종 발견된다. 그 가운데 대표적인 것이 예니세이 강 유역의 테프세이 고분에서 발견된 수렵도다. 역시 자작나무 껍질로 만들어진 이 그림 속 말 머리에는 뿔 같은 장식이 있고 한쪽 발이 접혀 있다. 물론 그렇다고 타쉬트익 문화가 신라 천마총의 기원이라고 보기는 어렵다. 거리적으로도 너무 멀고 또 표현 형태만으로 직접적인 관련성을 주장할 수는 없기 때문이다. 한편 기원전 5세기부터 서기 1세기까지 북방 유라시아 초원 일대에서는 한쪽 발이 접힌 사슴이 널리 유행했다.

한쪽 발이 접힌 말 그림은 늦은 단계의 흉노 유적에도 등장한다. 사실 타쉬트익 문화에서도 흉노의 영향으로 대형 고분을 만들고 마구를 사용한 흔적이 발견된다. 흉노를 사이에 두고 북쪽 끝의 타쉬트익 문화와 남쪽 끝의 신라에서 비슷한 말 그림이 나타난다는 것은 참 흥미롭다. 한편 중국 고대 사서인 『송서(宋書)』에는 '요동의 말에는 뿔이 났다'는 구절이 나오는데, 이는 아마도 천마 사상의 영향으로 말 머리를 장식하던 풍습이 있었던 증거로 보인다. 만주의 선비(鮮卑) 문화에서는 자작나무 껍질로 만든 유물들이 심심치 않게 출토되고 있지만 말 그림은 나온 바가 없다. 향후 만주의 유목 문화에서도 천마도 계통의 실마리를 찾을 수 있으리라 기대할 뿐이다.

천마, 고인을 하늘로 인도하다

말은 기원전 3500년경 인간 역사에 편입된 이후 빠른 속도로 사람을 실어 날랐고 때로는 무시무시한 무기로 쓰였다. 말은 다양한 문화에서 천마, 유니콘, 페가수스, 그리핀 등 신화적 존재로 다양하게 재창조되었다. 어쩌면 천마도에 표현된 동물의 정체를 둘러싼 논쟁은 의미 없는 것일지도 모르겠다. 왜냐하면 이 그림 속 현상은 신라 지배층의 무덤 부장품에 새겨진 환상적인 동물이며, 천마와 기린 모두 결국 말의 이미지를 변형한 것이기 때문이다. 게다가 그림만 보고 실체를 판단한다는 것은 겉모습만 보고 프랑스인인지 영국인인지 맞추라는 것과 무엇이 다른가.

빠른 시일 내에 이 그림의 정확한 의미를 알기는 힘들지도 모른다. 하지만 분명한 사실은 천마도가 주로 북방에서 자라는 자작나무 껍질에 그려졌으며, 다양하게 표현되는 천마 사상의 발현이라는 점이다. 고대 중국에서는 기린을 성군이 나올 때에 등장하는 동물이라고 믿었다. 또 기린아(麒麟兒)라는 표현에서 알 수 있듯 재능이 특출하거나 용맹한 사람을 기린에 빗대기도 했다. 천마도는 신라 고분에 숨은 북방 초원 문화의 요소를 가장 극명하게 보여 준다는 점에서 한반도와 초원을 잇는 유물계의 기린아임이 분명하다.

아프가니스탄의 금관, 그리고 신라

흉노 제국 시기에 절정에 달한 초원의 황금 문화는 사방으로 퍼져 서쪽으로 헝가리와 우크라이나에서부터 중앙아시아의 아프가니스탄을 거쳐 동쪽의 신라에까지 이르렀다. 이 가운데 아프가니스탄은 실크로드의 중심지이자 인도의 불교가 동아시아로 전해진 루트로서 전 세계 학자들의 많은 관심을 받았다.

동서 교차로에 위치한 아프가니스탄은 19세기 이후 영국과 소련 등 강대국들의 간섭을 받았고, 이후에는 내전으로 몸살을 앓았다. 지금은 전쟁과 가난으로 상징되는 이 나라에서 약 30년 전 신라 금관과 너무나도 유사한 금관이 발견돼 세계 고고학계를 경탄에 빠뜨린 적이 있다. 아프가니스탄 틸리아 테페에서 발견된 이 황금 유물은 흉노에 쫓겨 남하한 초원 민족이 남긴 것으로 신라의 금관과 놀랍도록 유사하다. 과연 그 금관은 누가 만들었으며, 어떻게 신라의 금관으로 이어졌을까?

황금의 언덕, 틸리아 테페

주변에서 나무조차 구하기 힘든 중앙아시아 건조 지대에서는 집이건 무덤이건 모두 흙으로 벽돌을 만들어서 올린다. 무너진 집 위에 흙벽돌 쌓기를 수천 년간 반복하면 테페라고 불리는 거대한 언덕이 되는데, 메소포타미아의 수메르 문명, 트로이 유적, 예리코 등 우리가 아는 대부분의 근동 지역 유적은 테페로 이루어져 있다. 아프가니스탄에서 발견된 금관도 이런 테페 중의 하나인 틸리아 테페에서 발굴됐다.

황금의 언덕이라는 뜻을 지닌 틸리아 테페에서 신라 금관과 유사한 금관을 발굴한 사람은 그리스 출신 러시아 고고학자 빅토르 사리아니디이다. 1978년 11월, 그는 아프가니스탄 북쪽의 조그마한 언덕인 틸리아 테페를 발굴 중이었다. 발굴 목적은 테페에 묻힌 다양한 시기의 주거지와 제사 터를 찾는 것이었다. 당시 아프가니스탄은 내전으로 사방이 소란했고, 날씨도 추워지고 있었기에 발굴은 거의 마무리 단계에 이르렀다. 그때 성터 서쪽에서 황금 유물이 출토되기 시작했다. 발굴이 마무리될 무렵 중요한 유물이 나온다는 고고학계의 속설은 중앙아시아에서도 통하는 모양이다. 이 황금 유물은 마을 유적이 생기기 전에 만들어진 무덤에서 나왔다. 이곳에서만 총 7개의 무덤이 확인되었는데, 그중에 6개가 발굴되었다. 발굴된 무덤 가운데 1기는 남성의 것이고 나머지는 여성의 것이었는데, 한가운데 남성의 무덤이 위치하고, 그 주변을 나머지 무덤들이 둘러싼 형태였다. 모든 무덤들에는 예외 없이 다양한 황금 유물이 가득 차 있었다. 특히 주목할 만한 무덤은 여성이 매장된 6호분으로 여기서 신라 금관과 너무도 흡사한 금관이 출토됐다. 추위로 곱은 손가락을 간신히 펴가며 차근차근 유물을 수습한 발굴단의 노력으로 2000년 전의 찬란한 황금 문화가 다시 빛을 보게 된 것이다.

전쟁의 포화 속에 사라진 유물들

틸리아 테페가 발굴될 즈음 아프가니스탄은 소련의 영향권으로 들어갔고, 소련 붕괴 후 1992년부터 시작된 내전은 1995년 탈레반의 승리로 끝을 맺었다. 회교 원리주의를 철저히 신봉하는 탈레반은 바미안 석불을 위시한 수많은 불교 유적들을 파괴하고 박물관을 폐쇄하는 등 20세기 최악의 문화재 훼손 사건을 일으켰다. 거기에 미군의 폭격과 현지인의 절도가 더해져 박물관 소장 유물들은 제대로 기록되지도 못한 채 심각하게 파손됐다. 틸리아 테페의 황금 유물들도 그 와중에 사라졌다. 아프가니스탄 카불 박물관에서도 공식적으로 틸리아 테페의 황금 유물이 분실됐다고 밝혔고, 유물의 행방에 대해서는 황금을 녹여 군비로 충당했다는 설, 폭격으로 사라졌다는 설 등이 돌았다.

그러던 지난 2000년, 카불 박물관 측에서 틸리아 테페의 유물이 무사하다는 소식을 전했다. 유물을 카불 중앙은행의 수장고에 숨겨 놓고 일부러 분실했다는 소문을 낸 것이다. 하지만 2001년부터 대대적인 문화재 파괴를 자행한 탈레반 때문에 박물관의 유물 상자들은 전부 파헤쳐졌고, 유물과 유물 카드들이 뒤섞이고 말았다. 결국 몇 장의 사진만 남긴 채 틸리아 테페의 유물은 세상에서 사라지는 듯했다. 그로부터 1년 후 카불 중앙은행 창고에 숨겨졌던 몇 개의 유물 상자가 개봉됐다. 그러나 유물을 봉인한 사람은 이미 세상을 뜬 뒤였고, 유물 카드조차 남아 있지 않았다. 게다가 유물 조각들을 분리해서 따로 포장했기 때문에 유물의 전체 규모나 출토지조차 확실하지 않았다.

아프가니스탄 문화재청과 유네스코 관계자들은 혹시나 하는 마음에 25년 전 이 유적을 조사했던 빅토르 사리아니디를 불렀다. 당시에 이미 70대 중반의 노인이었던 이 고고학자는 투르크메니스탄 사막의 발굴 현장에서 노익장을 과시하고 있었다. 사리아니디는 수일간 트럭과 비행기로 이동해야 하는 고생을 마다않고 카불 박물관을 찾았다. 현장에선 그는 20여 년 만에 개봉된 유물을 보더니 탄식했다. "이것은 틸리아 테페 6호분에서 나온 유물이외다." 배석한 사람들이 눈을 동그랗게 뜨고 쳐다보자 그는 금관 장식을 가리키며 말했다. "이 철사는 금관에서 떨어져 나간 장식을 잇기 위해 발굴 당시 내가 직접 만들어서 붙인 것

입니다." 사정은 이랬다. 발굴 당시 금관은 흙에 눌려 찌그러져 있었고, 금관 장식을 이은 금줄이 떨어져 나간 것들도 더러 있었다. 이에 사리아니디가 직접 철사를 꼬아 금줄을 이어 붙였던 것이다. 본인이 직접 수리했기에 수십 년이 지난 후에도 그는 한눈에 유물을 알아볼 수 있었다. 이로써 틸리아 테페 6호분 유물은 제 이름을 찾았고, 여러 경로를 거쳐 2009년에 뉴욕 메트로폴리탄 박물관에서 방문객들을 맞았다.

본인이 발굴한 황금 유물과 재회한 사리아니디는 틸리아 테페 유물이 다시 세상 빛을 볼 수 있기를 기원하며 보관 중이던 발굴 기록을 모두 아프가니스탄 정부에 넘기고 미련 없이 사막의 발굴장으로 돌아갔다. 수천만 달러가 넘는 황금에 대한 어떤 권리 주장도 없이 말이다. 84세를 일기로 세상을 뜨기 직전까지 사리아니디는 고대 문화에 대한 넘치는 열정과 체력으로 중앙아시아의 발굴을 선도함으로써 주변 사람들의 존경을 불러일으켰다. 그가 죽자 세계의 고고학계는 '멈추지 않는 고고학자'가 멈추고 말았다며 애도를 표했다.

금관의 주인공들은 초원에서 왔다

그렇다면 틸리아 테페에 금관을 남긴 사람은 누구일까? 여기에 답을 하려면 복잡한 중앙아시아 역사를 조금이나마 짚어 봐야 한다. 틸리아 테페가 위치한 지역은 박트리아와 쿠샨왕조 등 역사적으로 유명한 국가들이 세력을 떨치던 곳이다. 이 가운데 쿠샨왕조는 한국과 중국에 대승불교와 간다라미술을 전파한 나라로 우리 역사와도 무관하지 않다. 틸리아 테페의 무덤이 만들어진 서기 1세기 무렵에는 이 땅에 흉노에 쫓겨 남하한 초원인들이 세운 대월지국이 있었다. 당시 초원 지대는 흉노와 그 일파들의 굴기로 소용돌이쳤고, 그 여파로 수많은 초원 민족들이 남하했다. 그들은 살 곳을 찾아 이동하는 중 곳곳에 초원계 유물을 남겼다. 그들의 발길이 닿은 곳은 생각보다 훨씬 넓어서, 일부는 티베트의 히말라야산맥과 차마고도를 거쳐 중국 윈난성 지역으로 유입되었다. 이는 윈난성 스자이산(石寨山) 문화로 계승되었고, 한국에도 당시의 초원계 청동기가 발굴된 바 있다.

틸리아 테페 무덤들에서 나온 황금은 모두 하나의 공방에서 만들어졌으며, 그중에는 그리스-박트리아 계통의 유물도 많다. 역사에는 기록되지 않았지만 아마도 이 무덤의 주인은 초원 지역에서 남하한 부족의 최고 지도자였을 것이다. 이곳의 황금 장인들은 초원의 취향과 박트리아 계통의 문화를 절묘하게 조화시켰다. 금관은 시베리아 일대에서 널리 유행하던 전통인 듯하다. 한편 금관이 발견된 무덤의 주인이 여성이었다는 점이 흥미로운데, 과연 이 여성은 왕비였을까, 아니면 사제였을까? 아직 정답은 없지만 틸리아 테페의 7개 무덤 가운데 아직 하나가 발굴되지 않은 채로 남아 있으니 혹시 이 무덤이 실마리를 제공할지도 모르겠다.

시공을 초월한 신라와 아프가니스탄의 금관

많은 사람들이 틸리아 테페를 신라 금관의 조형(祖形)으로 지목한다. 영락을 단 모습이나 나무처럼 뻗은 금관대의 형태 등이 한눈에도 신라 금관과 매우 유사하기 때문이다. 얼핏 보면 신라 금관이라고 생각할 정도다. 하지만 둘 사이의 차이도 적지 않지 않은데, 대표적으로 제작 시기가 완전히 다르다. 틸리아 테페 금관은 서기 1세기에 만들어졌고, 신라 금관은 4세기의 것이다.

그렇다면 둘 사이에는 어떤 관계가 있는 것일까? 당시 거대한 초원

틸리아 테페 금관

신라 금관총 출토 금관

제국을 이루었던 흉노에서는 황금으로 만든 머리 장식이 유행했고, 서부 시베리아에서도 샤먼들이 머리에 관을 쓰는 풍습이 있었다. 또 서기 3세기께 랴오닝성 일대에 살았던 모용 선비 유적에서도 비슷한 황금 머리 장식이 발견된다. 중국 기록에는 모용 선비의 머리 장식을 가리켜 소요(逍遙)라고 불렀는데, 머리에 화려한 금관 장식을 쓰고 가볍게 걷는다는 뜻에서 붙은 이름이라고 한다. 서기 1세기경 흉노는 한나라의 추격을 피해 서쪽의 중앙아시아로 이동했다. 그 가운데 일부는 동쪽 모용 선비와 낙랑의 황금 문화에도 영향을 미쳤다. 아직은 중간 자료가 부족해 단정할 수 없으나 신라와 아프가니스탄은 흉노에서 발원한 초원 황금 문화의 동서 끝인 셈이다.

흥미롭게도 정작 유목민들은 신라나 틸리아 테페와 같은 화려한 금관은 쓰지 않는다. 황금을 머리띠로 만들어 두르거나 가죽 모자에 얇은 금박을 입히는 식으로 머리를 장식할 뿐이었다. 이유는 간단하다. 말을 타고 다니니 황금으로 만든 무거운 관을 쓸 수 없기 때문이다. 화려한 황금 유물은 초원에서 기원했지만 주변의 정착 국가로 전파되면서 현지에 맞게 다양하게 변용되었다. 어쩌면 황금 문화가 신라에 와서야 비로소 완성되었다고도 볼 수 있지 않을까?

미국의 9·11 사태 이후 아프가니스탄은 세계의 화약고가 되었고, 한국 또한 아프가니스탄 파병 문제로 한동안 시끄러웠다. 물론 우리 군인들의 주 임무는 도시 재건이나 의료 사업 등 인도적인 것이 많았고, 별다른 희생 없이 임무를 마쳤으니 다행한 일이다. 필자는 종종 이 같은 지원 활동에 고대 유적 조사를 추가하는 것은 어떨까 생각한다. 지금도 제2, 제3의 틸리아 테페 유적이 전쟁 중에 사라지거나 파괴되고 있으며 한국의 고고학 및 문화재 보존 기술은 세계적으로도 우수하다고

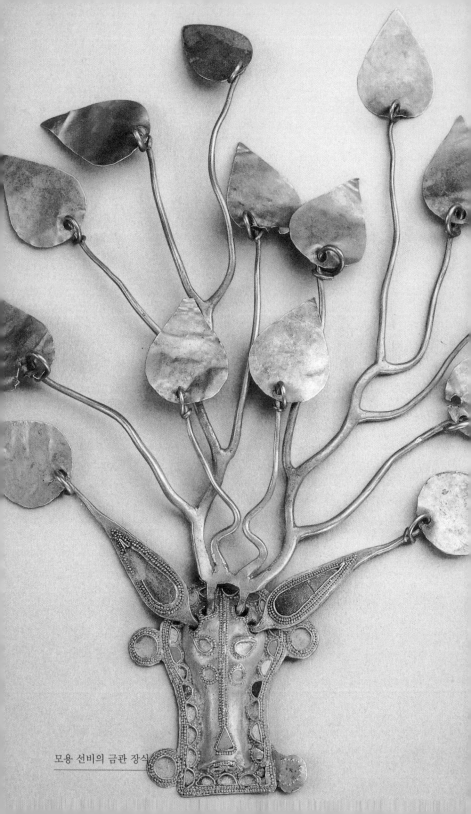

모용 선비의 금관 장식

정평이 나 있기 때문이다. 대한민국 역시 한때 일본의 식민지였고, 전쟁의 포화 속에서 수많은 문화재를 잃거나 빼앗긴 가슴 아픈 기억이 있다. 우리가 아프가니스탄의 문화재 보존에 힘쓴다면 세계의 문화유산을 보존하는 것은 물론이요, 신라와 가야에 산재한 북방계 황금 유물의 실마리를 풀 결정적인 근거를 찾을 수 있을지도 모른다. 우리 손으로 또 다른 금관을 찾아 한국과 아프가니스탄의 역사와 문화에 기여할 날을 기대해 본다.

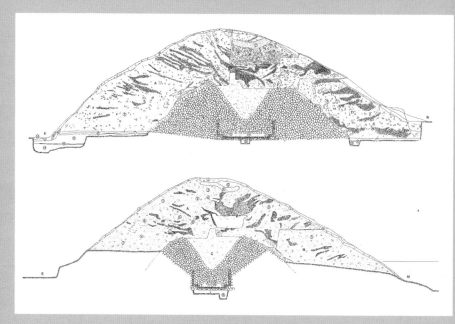

신라 천마총 고분의 단면

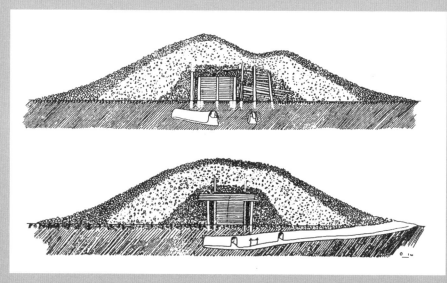

카자흐스탄 일리 지역 고분의 단면

신라 무덤과 알타이 파지릭 문화

신라 적석목곽분(돌무지덧널무덤)만큼 극적으로 등장한 유적이 또 있을까? 신라 적석목곽분은 서기 4세기에 혜성같이 나타나 200여 년간 존속하다 홀연히 사라져 버렸다. 그런데 신라에서 수천 킬로미터 떨어진 알타이의 파지릭 문화에서 적석목곽분과 비슷한 구조를 지닌 무덤이 나왔다. 둘 사이의 연관 관계는 여전히 학계의 미스터리다.

일제 강점기에 발굴된 경주의 적석목곽분은 발굴 이래 거의 100여 년간 한국 고고학 및 고대사 학계의 뜨거운 감자였다. 이 같은 무덤 양식은 다른 지역에서는 전혀 발견되지 않고 오직 경주 일대에서만 발견된다. 당시 신라의 영역은 현재의 경상북도와 경상남도 일대를 아울렀지만 적석목곽분은 경주 사람들만 썼다. 적석목곽분을 처음 발굴한 일본 학자들은 청동기시대 한반도에서 유행한 고인돌과 중국계 낙랑 지역 무덤 양식이 결합된 것이라고 보았다. 한국의 고대 문화는 모두 중국에서 기원한 것이라고 해석하던 시절이었다.

1920년대부터 남부 시베리아 알타이 지역의 파지릭 고분군이 조사되면서 신라 고분의 기원에 대한 새로운 설이 등장했다. 알타이 파지릭 고분이 신라 적석목곽분을 쪽 빼닮았기 때문이다. 파지릭 고분은 적석목곽분과 마찬가지로 무덤 주변에 둘레돌(護石)을 두르고 무덤 위에도 돌을 두텁게 쌓았으며, 그 안에는 나무로 만든 무덤방을 만들었다. 물론 세세한 차이는 있지만 유라시아를 통틀어 이렇듯 비슷한 고분은 찾기 힘들다. 게다가 두 지역 모두 황금을 좋아했고, 신라인들은 특히 초원계 유물을 선호했다. 과연 4세기 경주에서 무슨 일이 있었던 것일까?

적석목곽분, 그리고 알타이

신라에서는 땅을 파고 지하에 나무로 무덤 방을 만들어 그 안에 시신과 각종 부장품을 넣었다. 그런 뒤 무덤 방 위에 돌을 쌓고, 그 위를 흙으로 덮어 거대한 봉분을 만들면 완성이다. 알타이 파지릭 문화에서도 땅을 파고 그 안에 무덤 방을 만들었다. 그 위에 돌을 쌓는 것도 같다. 하지만 파지릭 문화에서는 돌 위에 흙을 덮지 않았다.

알타이 파지릭 문화는 기원전 7세기부터 2세기까지 번성했으며, 신라의 적석목곽분은 기원후 4세기에 만들어졌다. 둘 사이에는 최소 500년의 공백, 그리고 수천 킬로미터의 지리적 거리가 있다. 시간과 공간을 뛰어넘은 두 지역의 유사성이 논쟁의 중심이다.

한국 고고학계에서는 신라의 적석목곽분이 북방에서 왔다는 주장과 자생적으로 기원했다는 설이 팽팽히 대립하고 있다. 북방 기원설은 알타이 지역과 신라 사이의 엄청난 시간적, 공간적인 공백을 설명할 수 없고, 자생설 역시 갑자기 등장한 적석목곽분에 대해 제대로 설명하기에 부족하다. 지금까지 수천 기의 무덤들이 경주 일대에서 발굴되었지만, 적석목곽분의 자생적 기원을 밝혀줄 무덤은 아직 발견되지 않았다. 더욱이 적석목곽분 내에 수많은 초원계 유물들이 있다는 점도 문제다.

이분법적 사고에서 벗어나 두 가지 요소를 모두 놓고 신라 적석목곽분의 기원에 대해 생각해 보자. 먼저 초원 지역을 보면, 유라시아 초원에는 기원전 3세기에서 서기 1세기까지 세계사의 중심에 섰던 초원 유목국가 흉노가 있다. 알타이에서 적석목곽분을 만든 파지릭 문화도 흉노에 의해 멸망했다. 거대한 문화의 용광로를 만든 흉노 제국은 유라시아 전 지역에 초원계 문화를 퍼뜨렸으며, 정착 농경민의 문화 요소도 적극적으로 받아들였다. 특히 흉노의 지배층은 파지릭 문화와 중국 한나라의 무덤을 모방한 대형 고분을 건설했다. 몽골 울란바토르에 있는 노인울라 유적이 그 좋은 예다.

새롭게 밝혀지는 증거들

거대한 무덤을 만드는 흉노의 풍습은 주변 지역에도 영향을 미쳤다. 그 예로 남부 시베리아 예니세이 강 근처의 타쉬트익 문화 고분이 있다. 기원전 1세기부터 서기 5세기까지 이어진 타쉬트익 문화에서는 무덤 방을 나무로 만들고 거대한 봉분을 세웠다. 신라 무덤은 지하로 땅을 파고 무덤을 만들었지만, 타쉬트익 문화의 경우는 옆으로 무덤길을 낸 횡혈식 무덤이다.

서기 3~4세기는 흉노의 대형 고분과 황금 제작 기술이 주변 지역으로 확산되는 시기였다. 기원전 4세기경부터 줄곧 중국의 북방을 위협했던 흉노는 중국의 지속적인 간섭으로 서기 1세기경 남북으로 분리되었다. 중원 세력과 남흉노의 추격에 쫓긴 북흉노는 서기 1세기말 중앙아시아로 사라졌다. 그들은 조용히 사라지는 대신 주변에 자신들의 문화를 확산시켰다. 게르만족의 이동을 야기한 훈족의 이동과 비슷한 예다.

이때 중앙아시아로 쫓겨 간 북흉노가 동유럽의 훈족이 되었다는 설이 있는데 이에 대해서는 논란이 많다. 흉노와 훈족의 관계만으로도 따로 책을 몇 권 쓸 수 있을 정도다. 사실 사방으로 이동하는 유목민 사이의 혈연적 유사성을 주장하기는 어렵다. 게다가 시차도 200년이나 된다. 흉노와 훈을 동일한 민족으로 보는 것은 지극히 정착민적인 발상이라는 것이다. 다만 흉노와 훈의 어원이 같고 그들 모두 강한 철제 기술을 보유한 유목민이라는 점에서 훈족의 발생에 흉노가 적지 않은 역할을 했을 것임은 분명하다.

훈족이 동유럽으로 이주해 온 기원후 4세기 무렵, 유라시아 전역에 초원 유목 문화의 영향을 받은 나라들이 등장했다. 하얀 얼굴의 훈족(White Hun)을 자처한 에프탈(Hephtalite)과 카자흐스탄 사카족의 후손인 오손(烏孫) 등이 대표적이다. 그들은 공통적으로 돌을 쌓아 거대한 고분을 만들고, 누금세공기법으로 황금 장식을 만드는 등 신라와 여러 가지 문화적 유사성을 보였다. 전 유라시아를 아울러 생각하면 신라의 적석목곽분도 이 같은 초원 문화의 광범위한 파급과 관련지어 해석할 수 있다. 즉 파지릭 문화의 적석목곽분이 흉노에 유입되고, 흉노에 의해 거대 고분을 만드는 풍습이 더해져 주변에 확산되었다고 말이다. 물론 흉노와 경주 고분을 연관 짓는 데에는 여전히 중국 북부가 미싱링크로 남아 있다. 3~4세기 중국 북부 및 몽골 지역에서는 거대한 고분이 발견된 바가 없기 때문이다.

다행스럽게도 최근 파지릭 문화의 실체를 보여 주는 새로운 연구들이 축적되고 있다. 일례로 파지릭 고분에 쓰인 목관의 연대를 나이테 측정법으로 살핀 결과 목관이 기원전 300년 이후에 만들어진 것임이 밝혀졌다. 이는 파지릭 문화인들이 흉노가 발흥한 기원전 300년 이후에도 줄곧 알타이에서 거주했음을 증명한다. 알타이의 파지릭 문화와 동아시아 각 지역은 흉노라는 거대 세력을 중간에 놓고 교류했을 가능성이 매우 크다. 실제로 파지릭 고분에서 발견된 중국제 거울과 사천성에서 만들어진 비단 등이 이를 증명한다. 동아시아 각 지역과 교류하던 파지릭 문화가 한반도까지 이어졌을까? 매일같이 터져 나오는 고고학 자료들 덕분에 우리는 그 질문에 좀 더 긍정적으로 다가가고 있다.

북방의 풍습을 좋아하던 신라인들

신라와 달리 백제나 고구려에는 초원 계통의 유물이 거의 없다. 신라인들은 왜 초원의 유물을 좋아했을까? 이와 관련하여 최근 북방에서 대규모 기마 민족이 내려와 신라의 새로운 지배층이 되었다는 설이 제기되었다. 하지만 고고학적으로나 역사적으로 대규모 주민 이주가 있었다는 증거는 전혀 없다. 앞으로 다량의 인골 자료가 나온다면 모르지만, 현재로서는 주민 교체보다는 신라인의 자체적 역량에서 그 원인을 찾아야 할 것이다. 그런 관점에서 신라인들이 북방식으로 고분을 만들고, 그 안에 다양한 북방 유물들을 부장한 것은 그들이 북방의 풍습을 좋아했기 때문이라고 볼 수밖에 없을 듯하다.

신라인들이 북방 유물에 매료된 이유는 당시 동아시아 정세를 통해 쉽게 짐작할 수 있다. 고대국가 형성기에 있던 서기 3세기의 동아시아 각국은 경쟁적으로 거대한 고분을 만들기 시작했다. 경주의 신라인들도 비슷한 입장이었다. 지배층은 '고총고분(古塚古墳)'이라고도 불리는 거대 고분 축성을 통해 지배력을 확고히 다졌고, 기층민들은 그러한 국가사업에 동원됨으로써 강한 소속감을 갖기 시작했다. 고대 이집트에서 피라미드를 만든 것과 비슷한 맥락이다.

한편 서기 4~5세기에 신라는 고구려의 영향력 아래 있었다. 고구려 광개토대왕이 직접 군대를 끌고 신라를 침범한 왜군을 물리친 일이나 신라를 속국으로 표현한 고구려의 기록 등이 그 같은 정황을 잘 보여 준다. 그런 상황에서 신라는 강한 유목 국가의 문화를 들여와 나름의 자주성을 표현하고자 했던 게 아닐까. 이를 통해 신라는 주변의 여러 나라들과 확연히 다른 그들만의 고분 문화를 구축할 수 있었을 것이다.

쿠쉬나메, 신라와 페르시아를 잇는 새로운 자료

최근 페르시아의 고대 서사시인 쿠쉬나메가 한양대 이희수 교수에 의해 발견되었다. 쿠쉬나메는 7세기 후반에 사산조페르시아의 마지막 왕자인 아비틴이 신라 공주 프라랑과 결혼하고 신라에서 활동한 이야기를 담고 있다. 이야기는 사산조페르시아가 멸망한 7세기, 왕실 세력의 일부가 중국에 망명하여 삶을 이어가는 것에서 시작된다. 평화롭던 그들의 삶은 중국의 정세 변화로 깨어지고, 아비틴 일행은 학살을 피해 신라로 도망한다. 신라 왕 태후르는 아비틴 일행을 환대한다. 이때 중국의 왕 쿠쉬가 침략해 오고 페르시아-신라 연합군은 이에 맞서 싸운다. 이후 전투를 승리로 이끈 아비틴은 신라의 공주 프라랑과 결혼한다. 그리고 그들이 낳은 아들 페리둔은 본국으로 돌아가 중국 왕 쿠쉬를 물리치고 영웅이 된다는 이야기이다. 이 이야기는 구전되다가 10세기경 기록되었고 우여곡절 끝에 이번에 소개되었다. 쿠쉬나메에 기록된 신라는 '바실라'라는 이름으로 불린다. 쿠쉬나메에 대응하는 한국 신화가 바로 처용설화이다. 동해 용왕의 아들인 처용이 이국적인 외모를 가졌다는 것과 귀신을 물리치는 힘을 가졌다는 것은 페르시아인 아비틴에 대한 신라적 해석이 아닐까? 태후르는 태후의 중국 발음이 변한 것일 수도 있다.

쿠쉬나메 이야기는 구전 설화일 뿐이니 이를 곧 사실로 보기는 어렵다. 다만 역사적인 배경이 비슷한 사건들이 제법 있어서 한 번쯤 살펴볼 만하다. 실제로 서기 845년에 당나라 무종의 회창폐불(會昌廢佛) 사건이 발생했고, 878년 황소의 난 때에는 서방에서 유입된 이슬람교, 조로아스터교, 네스토리우스교 등의 신자가 극심한 탄압을 받은 바 있다. 이때 탄압받은 신자들 가운데 일부가 종교의 자유와 신변의 안전을 찾아 몽골, 발해, 신라 등지로 이주했다.

이 이야기의 시대적 배경은 서기 7세기대로 신라의 적석목곽분의 등장보다 늦다. 하지만 신라와 유라시아의 교류는 7세기 이전부터 시작되었을 가능성이 크다. 신라의 적석목곽분이 등장할 즈음인 서기 3~5세기 유라시아 초원은 민족 대이동의 시대였다. 유럽에서는 게르만족의 이동이 있었고, 동아시아에서는 선비를 비롯한 흉노의 후예가 남쪽으로 내려와 국가를 이루었다. 이때에도 쿠쉬나메 못지 않은 동서 문명 교류가 있었음이 분명하다. 다시 말해 거대한 고분을 만들고 그 안에 황금 부장품을 묻는 것은 유라시아 곳곳에서 발견되는 전 세계적 유행이었던 것이다. 그런 맥락에서 훈족을 연구하는 고고학자들은 반대로 신라 고분에 주목한다. 민족 대이동 시대의 동쪽 끝이 신라라고 생각하기 때문이다.

신라의 적석목곽분과 쿠쉬나메 이야기는 신라가 유라시아 한 귀퉁이에 고립된 나라가 아님을 의미한다. 또 신라와 초원 지역의 관계는 고대 초원과 농경 민족 간의 교류를 보여 주는 좋은 본보기가 될 것이다. 초원 자료를 억지로 우리 역사에 끌어들이기보다는 신라 고분을 유라시아의 관점에서 보려는 거시적 노력이 필요하다.

타가르 문화의 동검(위, 미누신스크 박물관 소장)

아르잔 2호 고분 출토 금장식 철검(아래)

초원의 보검과 한반도의 세형 동검

기원전 1000년경, 한반도에 비파형 동검을 무기로 사용하는 고인돌 사회가 등장한다. 당시 동검은 한반도뿐 아니라 동아시아 각지에서 널리 사용되고 있었고, 점차 단순한 무기 이상의 의미를 갖게 되었다. 기본적으로 칼은 그것을 지닌 사람에 대한 공포와 경외감을 불러일으키기 때문이다. 청동기가 사용되기 시작하면서 동검은 곧 전사의 상징이 되었고, 오래지 않아 그러한 동검 전통은 한반도에 유입되었다. 한반도의 세형 동검에 새 머리 장식이 등장한 것도 초원 유목민들의 전통이 전래된 것이다.

고조선의 유물 하면 대개 국사 책에 나오는 비파형 동검을 떠올린다. 1960년대에 북한 학자들이 요동 및 서북한 등지에서 출토된 비파형 동검을 고조선의 대표 유물로 규정한 탓이다. 한 국가를 대표하는 유물로 동검을 꼽는다는 것은 고대 사회에서 동검이 그만큼 중요한 유물이었음을 암시한다. 예부터 칼은 사람을 죽이는 무기인 동시에 권력과 신성을 상징하는 도구였다.

비파형 동검을 고조선을 대표하는 유물로 내세운 북한 학자들의 주장은 1980년대까지 널리 받아들여졌지만, '비파형 동검 = 고조선'이라는 등식에 대해서는 이견이 많다. 다만 비파형 동검이 한반도와 만주 지역 청동기 문화를 대표하는 상징적 유물이라는 사실에는 의심의 여지가 없으며, 당시 사회에서 동검이 가지는 비중이 상당했음을 확인할 수 있다.

스키타이의 군신 아레스

동검의 제작과 사용이 시작된 곳은 초원 지역이다. 초원에서는 기원전 2500년경에 이미 발달된 동검이 등장했다. 한반도와 만주에서 비파형 동검이 유행하던 기원전 1000년경 초원에서는 동검이 무기로서의 기능을 거의 상실했다. 기마술의 일반화로 말 위에서 휘두르기 좋은 장창이나 도끼가 주로 사용되었기 때문이다. 그렇다고 동검의 제작이 중단된 것은 아니었다. 전사들은 여전히 동검을 소비했다. 다만 이때의 동검은 무기라기보다 신분의 상징물이나 제사 도구로 쓰였다.

초원의 동검은 점차 숭배의 대상이 되어 갔다. 그런 사실은 헤로도토스의 『역사』와 사마천의 『사기』에 공통적으로 기록되어 있다. 헤로도토스의 『역사』에 따르면 스키타이족의 동검은 군신 아레스의 상징물로서 아키나케스(Akinakes) 또는 아키나크(Akinak)라고 불리었다. 스키타이 사람들이 머무는 곳에는 반드시 아레스의 신전이 있는데, 그들은 신전 앞에 나무 다발을 쌓고 그 위에 오래된 금속으로로 만든 칼을 세웠다고 한다. 제사에서 포로나 희생 동물을 죽일 때는 반드시 그 칼을 썼으며, 포로의 목을 친 후에는 그 피를 칼에 뿌렸다고 한다. 헤로도토스가 묘사한 스키타이인은 흑해 연안에 거주하며 그리스와 교류하던 유목민이지만, 스키타이 문화는 본래 시베리아 유목 민족 문화에서 기원한 것이다. 따라서 스키타이의 동검 숭배는 흑해 연안 뿐 아니라 시베리아 초원 전역에 있었던 것이라고 보아도 틀리지 않다.

흉노의 보검(寶劍) 경로도

이제 유라시아 동쪽으로 시선을 옮겨 보자. 한나라 때 중국 북방을 괴롭힌 흉노 문화에서도 비슷한 동검 숭배의 흔적이 보인다. 사마천은

『사기』에서 흉노족의 동검을 경로(徑路)라고 지칭했다. 경로는 글자 그대로 지름길이라는 뜻이지만, 이에 대해 일본학자 에가미 나미오가 다른 의견을 들고 나왔다. 이 단어가 스키타이족의 전쟁용 칼을 뜻하는 투르크 계통 언어 아키나크와 어원이 같다는 것이다. 물론 그의 주장이 완전히 허무맹랑한 것은 아니나 그렇다고 경로라는 말이 흑해 연안의 스키타이에서 기원했다고 보기는 어렵다. 앞서 언급한 것처럼 애초에 스키타이족 자체가 시베리아에서 기원했고, 또 중국 북방 초원에서 동검을 경로라고 부른 것이 더 오래된 전통이기 때문이다.

경로는 흉노 왕인 선우가 중요한 맹세를 할 때에도 사용되었다. 선우는 무언가를 맹세한 후에 경로로 백마를 죽이고 그 피를 술에 섞어서 마시는 의식을 행했다. 한편 경로는 스키타이의 군신 아레스처럼 신으로 숭상받기도 했다. 흉노는 두 가지 신을 섬겼는데, 하나는 휴도금인(休屠金人)이라는 불상 비슷한 금제 인물상이고, 다른 하나가 바로 경로였다. 실제로 중국 옹주(雍州) 운양(雲陽)에 흉노가 경로를 모신 제당이 있었는데, 훗날 진(秦)에 의해 멸망했다는 기록이 있다. 이곳은 지금의 중국 서북부 지역에 해당한다.

그렇다면 흉노의 보검은 어떻게 생겼을까? 보석이 군데군데 박혀 있고 황금으로 뒤덮인 화려한 칼을 상상할 수도 있겠다. 하지만 스키타이인들의 보검도 낡아빠진 칼이었으니 흉노도 비슷하지 않을까? 전쟁에서 수많은 적을 벤 백전노장의 낡은 칼이 군신의 이미지에 더 가까우니 말이다.

한편 기원전 11세기, 주나라가 상나라를 멸망시킬 때에도 경로와 발음이 유사한 경려(輕呂)라는 검이 등장한다. 주나라 무왕은 환락에 빠져 정사를 게을리하는 상나라 주왕을 처단하고자 군사를 일으켰는

데, 여기서 주왕은 주지육림 고사와 미녀 달기 이야기로 유명한 상나라의 마지막 왕이다. 이때 무왕은 주왕을 죽이고 경려라는 보검으로 시신을 내리치는 의식을 거행했다.

그렇다면 주 무왕이 사용한 보검 경려와 흉노의 경로가 지닌 발음의 유사성을 어떻게 생각할 수 있을까? 주나라는 본래 중국 서북 지방에서 초원의 융(戎)족과 교류하며 성장했다. 주나라가 초원의 무기를 받아들일 때 그 이름까지 같이 들여온 게 아닐까? 그렇다면 경로는 아주 오랜 전부터 초원에서 신성한 칼을 의미하는 이름으로 사용된 셈이다.

한반도 고인돌 문화인들의 칼 숭배 흔적

칼에 특별한 의미를 부여한 것은 청동기시대 한반도에서 고인돌을 축조한 사람들도 마찬가지였다. 기원전 8세기 한반도는 커다란 변환기를 맞이했다. 논농사가 시작된 것이다. 사람들이 모여 집단적으로 농사를 지으면서 계급이 생겨났고, 배산임수 지형에 대규모 마을이 들어서는 등 농경 사회의 기반이 마련되었다. 논농사가 확대되면서 각 집단 간의 충돌이 심해지고 때로는 서로 목숨을 빼앗는 일도 빈번히 일어났다.

농사는 사냥과 달리 가을철 수확을 위해 꼬박 1년을 투자해야 한다. 또 흉년이 들거나 곡물 창고에 불이라도 붙으면 집단 전체가 죽음을 피할 수 없다. 인구가 증가하면서 농사에 유리한 지역을 두고 집단 간 갈등도 빈번히 발생했다. 이에 따라 사람들은 돌칼이나 청동검 등으로 무장하기 시작했고, 칼은 점차 지배계급을 상징하는 무기가 되었다. 물론 한반도에는 같은 시기 중원이나 초원 지역에서처럼 거대한 군사 집단의 충돌은 없었다. 칼을 비롯한 여러 무기들은 집단 내 질서 유지라는 명목으로 소수 지배자들에 의해 독점되었고, 이후 그것을 지닌 사람의 신분을 상징하는 물건이 되었다.

전라남도 여수시 오림동에는 고인돌 사회에서 검을 숭배했음을 보여 주는 자료가 남아 있다. 거꾸로 꽂힌 석검을 둘러싸고 그것을 숭배하는 사람들을 묘사한 암각화가 발견된 것이다. 경상북도 김천시 송죽리에서는 고인돌 바로 앞에 꽂힌 비파형 동검이 발견되기도 했다. 이는 아마 특정한 의식을 치르는 과정에서 의도적으로 꽂은 것으로 보인다. 요즘에도 종교적 의식에 칼을 사용하는 모습을 심심치 않게 찾아 볼 수 있는데, 한 손에는 창을 쥐고 시퍼렇게 날이 선 작두를 타는 무당이나 칼에 돼지머리를 꽂아 제단에 세우는 장면 등이 여기에 해당한다. 힘의 상징인 칼을 통해 신성한 힘을 얻고자 하는 것은 꽤 오랜 전통인 모양이다.

일본열도로 간 초원의 동검 장인

한반도에서 고인돌이 활발히 만들어지던 무렵 한반도와 초원의 교류는 거의 단절되어 있었다. 하지만 지난 2014년 여름 일본에서 초원의 동검이 동쪽으로 어디까지 전파되었는지를 보여 주는 증거가 나왔다. 그것도 대륙에 인접한 규슈가 아니라 간사이 지역인 시가(滋賀)현의 가미고덴(上御殿) 유적에서 초원식 동검의 거푸집이 나온 것이다. 발견된 동검은 형태상 중국 북방의 오르도스 지역과 흑해 연안의 사브로마트 문화에서 기원전 6~4세기에 사용했던 안테나식 동검의 일종이다. 발견된 것이 단순히 동검뿐이었다면 우연하게 선물이나 교류품으로 들어올 수 있다고 하겠지만, 거푸집이 나왔다는 것은 동검 제작 기술을 지닌 장인의 이동을 증명한다. 즉 초원을 호령하던 전사의 동검은 한국과 일본 일대의 동검 문화에도 큰 영향을 미쳤던 것이다.

중국 북방에서는 검을 숭배하는 풍습이 최소 기원전 12세기부터 존재했다. 물론 칼이 갖는 상징적 의미는 본래 어느 지역이나 비슷했을 것이다. 하지만 무기의 제작 및 사용은 초원 지역에서 특히 발달했고, 그것이 점차 주변으로 확장된 것이 사실이다. 따라서 청동검의 확산과 함께 초원 지역의 검 숭배 풍습도 같이 전파되었을 가능성이 있다.

초원과 한반도의 검 숭배에는 몇 가지 차이가 있다. 스키타이나 흉노 같은 초원 민족은 검을 전사의 상징으로 간주하여 군신처럼 모시지만 우리나라 무속인이나 시베리아 퉁구스계 샤먼들은 칼을 하늘과 인간을 연결하는 매개체로 쓸 뿐 그 자체를 모시지는 않았다. 초원에는 집단 간의 전쟁이 빈번해서 전사 집단이 따로 있었던 반면, 한반도에서는 전쟁이 상시화 되지 않았기 때문인지도 모른다.

칼의 손잡이 장식은 각별한 의미를 지니는데, 칼을 칼집에 넣을 경우 드러나는 부분이 손잡이뿐이기 때문이다. 대개 초원에서는 칼 손잡이에 전사를 상징하는 새나 동물의 머리를 조각했다. 한반도에서 초원 동검 장식이 등장한 것은 기원전 3세기 무렵이다. 세형 동검의 새 머리형 칼끝 장식이 그 대표적인 예다. 당시 한반도에는 세형 동검 문화와 함께 다양한 무구를 사용하는 샤먼 숭배가 널리 퍼져 있었다.

새 머리형 칼끝 장식이 유행하던 기원전 3~1세기는 초원에서 흉노가 발흥한 때이자 한반도의 세형 동검에 부리를 맞댄 새 장식이 등장한 시기이기도 하다. 이는 결국 흉노의 동검이 주변으로 확산된 것과 관련된다. 이러한 형태의 동검은 한반도는 물론 중국의 지린성 및 윈난성 일대와 일본에서까지 발견되기 때문이다. 흉노 세력이 이를 직접 전파했다고 보기는 어려우나 당시 한국의 지도자나 샤먼들이 흉노 장식을 선호했음은 분명하다. 초원의 지배자들이 아꼈던 그 장식은 주변 지역 사람들에게도 강력한 힘의 상징으로 받아들여졌던 것이다. 그렇게 보면 2000년 전 한반도의 고대 사회 형성 과정에서 강력한 리더십이 등장한 데에도 초원의 영향이 적지 않았음을 확인할 수 있다.

황금이 이어 준 초원과 신라

근동 지역에서 처음 사용된 황금은 초원의 기마 민족들에게 폭넓은 인기를 누렸다. 집 없이 초원을 떠돌던 기마민들은 황금으로 치장하기를 좋아했다. 기원 전후 초원의 황금 문화는 흉노의 영향을 받아 한반도로 전파되었고, 이후 옥과 함께 대표적인 보석으로 자리매김했다.

금은 언제 어디서나 아름다움과 재산을 상징하는 금속으로 사랑받아 왔다. 지난 몇 년간 금값이 폭등한 이유도 사람들이 경제 불안으로 인해 재화의 기준이 되는 금을 사 모으려 했기 때문이다. 1차 세계대전 이후 세계가 금본위 경제를 채택하면서 금은 세계 경제의 척도가 되었다. 기술의 발전으로 금보다 아름다운 빛을 내는 금속도 많아지고 부를 축적하는 방법도 다양해졌지만 금이 여전히 사랑 받는 데에는 금의 아름다움과 희귀함에 매혹된 역사가 숨어 있다.

흉노의 황금 유물, 한반도에서 빛나다

중국에서 오래된 황금 유물이 발견되는 곳은 대개 베이징이나 간쑤성처럼 중원 북쪽에서 초원 국가와 경계를 접한 지역이다. 이곳에서 나오는 황금 유물들 중에는 귀걸이, 팔찌 등 소형 장신구가 많고 대개 초원 양식을 띤다. 기원전 15세기경 상나라에 전차와 청동 무기가 전해지면서 황금도 함께 보급되었다. 특히 나팔 모양으로 휜 귀걸이는 흑해 연안에서 시작해 시베리아에 전해진 안드로노보 문화의 그것과 똑같아서, 중국의 금제 유물이 초원 지역에서 유입되었다는 결정적 증거로 제

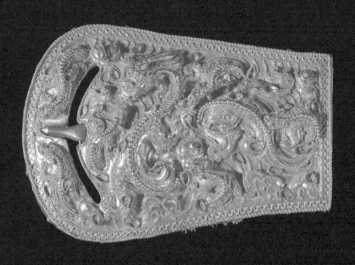

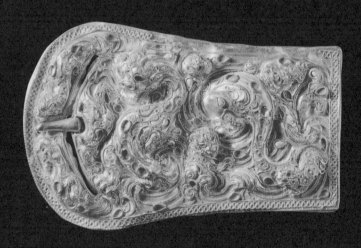

용무늬 금제 허리띠장식(위, 평양 석암리 출토)

용무늬 금제 허리띠장식(아래, 신장웨이우얼자치구 카라샤르 유적 출토)

시된다. 안드로노보 문화의 금제 귀걸이는 주로 여자들이 사용했으니 국제결혼이 있었던 게 아니냐는 농담도 가능하겠지만, 비슷한 형태의 귀걸이가 베이징 근처는 물론 네이멍구 동남부의 샤자뎬(夏家店) 하층 문화와 랴오닝성 중부 청동기 문화인 가오타이산(高臺山) 문화에서도 발견된 바 있다. 나팔형 귀걸이는 당시 북방 전역에서 유행했던 것이다.

진(秦)나라는 기원전 8세기부터 금으로 손잡이를 감싼 강철검을 사용한 것으로 유명했다. 화려한 금제 장식에 터키옥을 상감한 이 검은 중원의 것과는 다른 진나라 청동기의 정수로 꼽힌다. 진나라는 초원의 황금 문화와 함께 강력한 기마 부대와 무기를 도입했다. 이로써 진나라가 금을 단순한 장신구가 아니라 강한 왕권과 군사력의 상징으로 인식했음을 알 수 있다.

동아시아의 황금 문화는 흉노의 발흥과 함께 다시 변화를 겪는다. 상나라 때에는 황금 유물이 오직 중국 북방에서만 유행했으나 흉노의 흥기로 전 중국으로 확산되었다. 한나라에는 흉노에 조공으로 바칠 황금 유물을 만드는 별도의 공방이 있을 정도였다. 이와 더불어 초원풍의 허리띠와 동물 장식이 중국 귀족들 사이에서 널리 유행하기 시작했다.

그 와중에 한반도에도 흉노풍의 황금 유물이 유입되었다. 낙랑 최고의 걸작으로 꼽히는 평양 석암리 9호분의 용무늬 황금 허리띠가 대표적인 예다. 1밀리미터도 안 되는 자잘한 금 알갱이들을 누금해서 아홉 마리의 용을 묘사한 이 유물은 한반도에 황금 문화가 시작되었음을 상징적으로 보여 준다. 재미있는 사실은 평양 석암리에서 출토된 황금 허리띠와 거의 똑같은 유물이 중국 신장웨이우얼자치구에 위치한 카라샤르 유적과 랴오둥반도 다롄시의 잉청쯔(營城子) 무덤에서도 발견되었다는 점이다.

똑같은 형태의 황금 허리띠가 수천 킬로미터 떨어진 지역에서 발견되는 경우는 또 있다. 중국 양쯔 강 유역의 한나라 시대 무덤인 스쯔산 유적에서 발견된 초원계 황금 허리띠와 같은 것이 우랄산맥 근처의 사르마트 문화인 포크로프카 고분에서 발견된 것이다. 이렇듯 초원풍의 황금 유물은 지역과 국경을 초월해서 한국, 중국뿐 아니라 멀리 우랄산맥과 흑해 연안 등 수천 킬로미터 이상 떨어진 지역에서도 널리 유행했다. 이는 초원의 황금이 이미 전 세계적으로 널리 통용되고 있었음을 의미한다.

이때 한반도에 살던 사람들 역시 초원의 황금에 매료되었고, 한반도의 동쪽 끝 신라에서 황금 문화의 절정을 꽃피웠다. 초원에서는 나무나 청동 장식에 금박을 씌우는 것처럼 적은 양의 금을 사용하는 기술이 발달했으나 신라는 여기에 그치지 않고 왕관처럼 큰 제품들을 만들어 냈다. 중국 북방의 초원 민족들도 금제 왕관을 썼지만 그리 흔한 경우는 아니었다. 게다가 신라의 금관은 형태가 독특하고 무게 또한 남달라 선례를 찾기 어렵다. 유목 민족과 달리 정착 생활을 했던 신라인들은 초원의 문화를 이어받아 자신들만의 황금 문화를 만들어 낸 것이다.

그들은 왜 황금을 선택했을까?

금은 겉보기에 아름다울 뿐 아니라 가공하기도 쉽다. 연성과 전성이 매우 강한 탓에 실처럼 길게 뽑거나 넓게 펼 수도 있다. 금은 물론 구하기 어려운 금속이지만 적은 양으로도 화려한 장식을 만들 수 있어서 사방을 이동하는 초원 민족에게 특히 사랑받았다. 게다가 금은 상대적으로 가공하는 데 많은 시설이 필요하지 않다. 청동기나 철기 등의 금속을 주조하려면 용광로, 거푸집 등의 시설과 인력, 공간이 필요하지만 금은 망치로 두드리기만 하면 가공할 수 있으니 매우 간편하다. 때문에 초원 민족들은 나무나 청동으로 만든 장식이나 마구에 얇은 금박을 입히는 방법으로 찬란한 황금 문화를 꽃피웠다.

초원 사람들은 어디에서 금을 얻었을까? 그들은 아마 비교적 채취가 쉬운 사금을 이용했을 것이다. 수십 미터씩 땅을 파고 들어가야 하는 금광 채굴은 당시의 기술 수준으로 볼 때 그리 효율적인 원료 조달 방법이 아니기 때문이다. 실제로 황금 문화의 중심지인 알타이에는 최근까지도 사금을 채취한 흔적이 군데군데 남아 있다.

동아시아에서 금을 늦게 쓰기 시작한 이유는?

세계 최초로 황금이 사용된 것은 기원전 3000년 이전 근동 지역에서였다. 기원전 2600년에 사용된 파피루스에서 금 이야기가 등장하는 걸 보면 이집트의 황금 문화 역시 꽤 오래되었음을 짐작할 수 있다. 하지만 메소포타미아, 이집트 등과 함께 세계 4대 문명으로 손꼽히는 중국에서는 상나라 시기인 기원전 15세기가 되어야 황금 유물이 나오기 시작한다. 출토된 유물의 양도 많지 않아서 중국에서는 근동이나 이집트에 비해 황금의 인기가 덜했던 것 같다.

한국은 중국보다도 금 사용이 훨씬 더 늦어서 기원전 1세기에 들어서야 평양 낙랑 유적에서 황금 유물들이 등장하기 시작한다. 일본에서 발견된 최초의 황금 유물은 야요이 시대에 해당하는 1~2세기에 만들어진 것으로 '한왜노국왕(漢委奴國王)'이라는 글자가 새겨진 인장이다. 하지만 이것은 중국에서 하사받은 것이라 일본 유물이라고 보기 어렵다. 일본에서 본격적으로 황금을 만들고 쓰기 시작한 것은 5세기 후반으로 이나리야마 고분에서 출토된 도금 철검이 일본 최초의 황금 유물이다.

동아시아의 유별난 옥 사랑

동아시아에서 유독 황금을 늦게 도입한 이유는 이 지역의 유별난 옥 사랑 때문이다. 한국과 중국, 그리고 바이칼 인근 지역에서는 신석기시대 초부터 옥을 선호했다. 그중 중국인들의 옥 사랑은 특히 유명하다. 랴오닝성의 홍산 문화가 중국 문명을 대표하는 신석기 유적으로 자리 잡은 이유도 옥으로 만든 다양한 유물들이 출토되었기 때문이다. 지금도 중국인들의 유별난 옥 사랑은 여전해서 홍산 문화의 옥을 도시 상징물로 사용하는 경우도 많고, 중국 유력 은행인 화하은행의 브랜드 마크도 옥이다. 한국에서 전기 매트나 속옷 등 다양한 기능성 용품에 옥을 사용하는 것과 비슷한 맥락이다.

동아시아가 옥에 매료된 이유는 옥 매장량이 풍부하고, 일찍부터 옥의 다양한 효능을 이해하고 있었기 때문이다. 시베리아의 바이칼 호수 근처도 옥이 풍부하기로 유명한데, 시베리아 원주민들은 몸이 안 좋으면 옥광산의 동굴에서 며칠씩 기거했다. 옥이 뿜어내는 음이온의 자연 치유력을 알고 있었기 때문일 것이다.

초원의 황금이 동아시아로 유입되었듯 동아시아의 옥도 초원 여러 지역으로 수출되었다. 바이칼의 옥은 기원전 15세기 무렵부터 초원 루트를 따라 서쪽으로 널리 퍼져 갔다. 우랄산맥 근처에서 발달한 세이마 투르비노 문화는 전차와 청동 무기, 금으로 유명했는데 이 문화권의 무덤에서도 바이칼에서 전해진 다양한 옥제 장신구들이 발견됐다. 세이마 투르비노 문화가 발달시킨 전차와 금이 동아시아 전역으로 파급되기도 했다. 초원을 대표하는 황금과 동아시아를 대표하는 옥은 각 지역을 잇는 매개체 역할을 했다. 지금도 황금은 가치의 저장 또는 교환 수단으로, 옥은 다양한 건강 용품으로 사랑받고 있다.

인간의 부질없는 욕망, 그리고 금

금이나 옥이 사랑받았던 또 다른 이유는 오랜 시간이 지나도 변하지 않기 때문이다. 이 같은 속성은 영생을 꿈꾸는 부질없는 인간의 욕망에 불을 지피기도 했다. 고대 지배층들은 황금이나 옥으로 몸을 감싸면 영원히 살 수 있을 것이라고 기대했다. 초원 사카 문화에 속하는 카자흐스탄 이식(Issyk) 고분에서는 몸 전체를 황금 옷으로 감싼 사람이 나왔고, 투바의 아르잔 고분에서도 시신의 상반신을 덮은 황금 장식이 발견되었다.

한편 중국 허베이성 만성에서 출토된 한나라 유승의 무덤에서 무수한 옥 조각을 금실로 꿰어 만든 금루옥의(金縷玉衣)가 발견되었다. 본래 중국에서는 시신에서 기가 빠져나가는 것을 막기 위해 몸의 각 구멍을 옥으로 막는 풍습이 있었다. 그것만으로는 아쉬웠는지 몸 전체를 옥으로 덮고, 그 옥을 금실로 꿰맨 것이다. 당시 귀족들은 엄청난 비용과 노력을 들여 금루옥의 같은 것들을 만들면서 영생을 기원했을 것이다. 하지만 결과는 정반대여서 시신에 보물을 두른 한나라 귀족들의 무덤은 도굴꾼의 집중 표적이 되었다. 물론 유승의 묘는 운 좋게 도굴을 피했지만 발굴 당시 인골은 간데없이 수의만 남아 있었고, 문화대혁명 때는 미신에 사로잡혀 민중을 착취한 어리석은 귀족의 대표로 비웃음의 대상이 되기도 했다.

황금은 줄곧 탐욕의 대상이었다. 중세 연금술사들이나 엘도라도를 찾기 위해 잉카인들을 고문하고 학살했던 스페인 탐험가 피사로, 19세기에 골드러시를 이룬 미 서부의 개척자들의 욕망은 언제나 황금에 있었다. 스키타이와 시베리아 초원의 황금 유물도 인간의 탐욕을 피해 갈 수는 없었다. 18세기에 모피를 찾아 시베리아로 떠난 코사크인들은 초원 고분들을 무차별적으로 도굴했고, 거기서 나온 황금 예술품들을 녹여 금화로 만들었다. 표트르대제가 고분에서 도굴된 유물들은 형체를 보존해서 가져오라는 명령을 내린 후에야 스키타이 황금 유물들은 그 가치를 제대로 인정받을 수 있었다. 황금은 언제쯤 인간의 부질없는 욕망의 대상이 아니라 고대 유라시아 문명 교류를 보여 주는 유물이자 고대 한반도와 유라시아 초원을 잇는 가교로서 이해될 수 있을까?

중국 허베이성 만성한묘(滿城漢墓) 출토 금루옥의

신라 계림로 출토 황금 보검

카자흐스탄 보로보예 출토 황금 보검 일부

신라 황금 보검의 미스터리

　1928년 카자흐스탄 북쪽에 위치한 보로보예 마을 근처에서 건설 공사를 하던 인부들이 수상쩍은 돌무더기를 발견했다. 힘들여 돌을 치워 내자 돌 아래 구덩이에서 보석이 박힌 황금들이 쏟아져 나왔다. 이 뜻밖의 횡재는 곧 사방으로 소문이 났다. 뒤늦게 소식을 들은 러시아 고고학자들의 노력으로 도난당한 유물 가운데 일부를 다시 회수할 수 있었다.

　비슷한 상황이 45년 후 한국에서 재현됐다. 1973년 경주 대릉원을 정비하면서 계림로에서 도로 공사를 하던 중에 소규모 신라 고분들이 발견된 것이다. 다행스럽게도 이 고분들은 체계적인 고고학 조사를 거치게 되었고, 그 과정에서 카자흐스탄 보로보예에서 출토된 것과 똑같은 황금 보검이 발견되었다. 두 보검은 제작 방법이나 형태 등이 너무도 흡사하여 한 사람이 만들었거나 적어도 같은 지역의 장인들이 만들었다고밖에 볼 수 없었다. 한동안 신라 고고학의 미스터리로 남아 있던 두 유물의 관계는 최근 국립경주박물관에서 신라 황금 보검을 전시하기 시작하면서 실마리를 찾고 있다.

계림로 보검의 주인공은 초원 민족인가?

　계림로 고분은 발굴된 지 40년이 넘도록 미공개 상태로 남아 있으나 여기서 출토된 황금 보검은 국보로 지정되어 대중에 공개 중이다. 계림로 보검은 신라에서는 전례 없는 황금 보검이기 때문에 무덤의 주인이 혹 초원에서 온 사람이 아닌가 하는 견해가 있었다. 하지만 새롭게 공개된 유물들을 두루 살펴본 결과 무덤의 주인이 초원 사람이라고 단정하기는 어렵다는 결론이 나왔다. 황금 보검을 제외하면 유물 가운데 초원 지역에서만 발견되는 것이 거의 없었기 때문이다. 물론 유리나 황금 장식 등 초원 지역과 연관 지을 수 있는 것도 일부 존재하지만 그것들은 이미 신라화되어 있었다. 게다가 무덤 역시 전형적인 신라의 적석목곽분이다.

지난 2010년 발굴 30여 년 만에 국립경주박물관에서 계림로 14호분의 기념 전시회가 열렸다. 필자는 유물을 보면서 무덤의 주인이 초원 지역에서 내려온 사절인지 아니면 순수한 신라인인지 궁금해졌다. 실제로 중국에는 외국 사신의 고분을 만든 경우가 있기 때문이다. 중국 산시(陝西)성에서 발굴된 한나라 시대 고분인 커성좡 14호분이 그 예다. 여기서 나온 유물은 대부분 한나라의 것이나 허리띠만은 유독 동물이 장식된 흉노 계통의 것이었다. 중국 고고학자들은 여러 정황을 검토한 끝에 이 무덤의 주인공이 흉노 사신이라고 결론지었다. 이 경우에서처럼 먼 곳에서 온 사신이 객사한 경우 토기를 비롯한 대부분의 부장품은 무덤이 있는 나라의 것을 쓰지만 옷이나 허리띠처럼 몸에 부착하는 물건은 죽은 이가 쓰던 것을 그대로 넣어 주는 것이 관례였다. 그런데 계림로 14호분의 경우 몸에 부착하는 허리띠 장식과 귀걸이 등이 모두 신라의 것이다. 따라서 무덤 주인이 초원 어딘가에서 온 사신일 가능성은 거의 없다.

황금 보검은 어떻게 신라에 들어왔을까

무덤의 주인공이 신라인이라면 또 다른 문제가 생긴다. 도대체 이 보검은 어떻게 신라로 들어왔을까? 먼저 보검이 놓인 자리를 보자. 35센티미터 정도의 단검으로 장식성이 강한 이 칼은 시신의 허리춤 아래 비스듬하게 놓여 있었다. 바로 옆 시신의 경우 허벅지 밑으로 장검을 둔 것과 분명한 대조를 이룬다. 흥미로운 사실은 이 황금 보검이 놓인 위치가 5~7세기 알타이 지역 투르크인들이 칼을 차던 방식과 같다는 점이다. 이는 황금 보검의 주인이 알타이 초원 지역에서 검을 차는 방식을 잘 알았다는 뜻이며, 어쩌면 그가 실제로 보검을 차고 다녔을지도 모른다는 추정을 가능케 한다.

다음으로 황금 보검이 출토된 무덤을 보자. 카자흐스탄 보로보예 무덤의 경우 이미 많이 훼손되었음에도 불구하고 다량의 황금 유물이 출토되어 무덤의 주인이 최상위 귀족이었음을 보여 준다. 하지만 계림로 고분은 사정이 다르다. 무덤의 규모도 작고 출토된 유물의 수도 270여 점으로 다른 신라 고분보다 적은 편이다. 다만 유물 가운데 안장, 등자, 장신구 등은 최상위급 신라 고분에서 출토된 것 못지않은 위세를 보여 준다. 게다가 나이와 신분이 비슷한 남자 두 명이 함께 묻혀 있다는 점이 특징적이다. 여러모로 기존의 신라 고분들과는 다른 고분임이 틀림없다.

당시 계림로 고분 연구를 담당했던 국립경주박물관 윤상덕 학예사는 실제 무덤의 주인이 비단옷을 입고 있었던 걸로 보아 그가 진골 이상의 신분을 가졌을 가능성이 높다고 주장했다. 그 경우 신라 귀족이었던 묘주는 증여나 사사의 형태로 황금 보검을 받았을 것이다. 비슷한 신분의 남자 두 명이 비교적 작은 크기의 무덤에 묻혔다는 것은 그들이 무덤을 미리 만들 시간이 없었던 사람들, 즉 오랜 기간 외국에 체류했던 사람들이라는 뜻이 아닐까?

누가 신라인에게 황금 보검을 주었나

지금까지 발견된 유물 가운데 계림로 14호분의 황금 보검과 같은 것은 카자흐스탄 보로보예의 것이 유일하지만, 중국 신장웨이우얼자치구에 있는 커쯔얼석굴에서도 비슷한 단검 그림이 발견된 적이 있다. 한편 동유럽 흑해 연안에서 비슷한 황금 유물이 다수 출토되었기 때문에 켈트족이 신라에 유물을 전해 주었다는 견해도 있다. 하지만 황금 문화는 멀리 흉노 문화에서 기원하여 서기 4~6세기에 훈족의 대이동을 따라 동유럽으로 전파되었고, 황금 보검에 보이는 누금세공 기술은 전 유라시아에 널리 유행했으므로, 유사한 유물 한 점만 가지고 동유럽과 신라가 직접 교류했다고 말하기는 어렵다.

보로보예와 계림로 14호분의 제작 시기는 5세기 후반에서 6세기 초반 정도로 추정된다. 이때 흑해 연안에서 황금 보검을 쓰던 사람들은 이 지역 토착민이 아니었다. 흑해 연안은 초원 민족이 복잡하게 유입된 곳이다. 처음에는 이곳에 동쪽에서 밀려온 훈족이 살았고, 뒤에는 투르크 계통 사람들이 거주했다. 따라서 신라와 교류했던 집단은 시베리아나 몽골 지역 사람들이라고 보는 편이 합당할 것이다. 5~6세기에 투르크, 즉 돌궐은 아직 세력이 미약했고 유연제국이 번성하고 있었다. 다만 아쉽게도 유연 고위층의 고분은 아직 발견된 적이 없다. 광활한 초원 어딘가에 숨어 있을 유연제국의 고분이 혹시 답을 주지는 않을까?

유라시아 고고학, 신라에서 답을 구하다

우리가 신라 황금 문화의 기원을 북방에서 찾는 것과 반대로 유라시아 고고학자들은 신라 고분을 통해 초원 고고학의 문제를 해결하고자 한다. 1970년대 소비에트의 중세 고고학 최고 권위자 암브로즈는 신라 고분과 고구려 벽화의 연대에 근거해서 3~7세기 초원 지역 고고 유적들의 연대를 결정했다. 이후에도 그의 연구 결과는 별다른 반론 없이 그대로 유지되고 있다. 같은 맥락에서 카자흐스탄 보로보예 단검도 칼은 없어지고 칼집만 남아 그 용도조차 밝히지 못하고 있다가 신라 계림로 보검의 발견 덕에 그 황금 장식이 칼의 일부였음을 밝힐 수 있었다. 유라시아 고고학자들은 신라를 4~6세기 훈족의 이동에 따른 전 유라시아 문화 교류의 거점 가운데 하나로 파악한 것이다.

2013년 11월 29일부터 2014년 2월 23일까지 약 3개월간 뉴욕 메트로폴리탄 박물관에서 '황금의 나라, 신라'라는 제목의 특별 전시회가 열렸다. 전에 아프가니스탄 틸리아 테페 황금 전시회를 열었던 인연으로 신라의 황금 문화에 주목하게 된 것이다. 2008년부터 2013년까지 6년간의 긴 준비 끝에 전시회가 열렸고, 이 전시회를 기점으로 신라의 황금 문화는 유라시아 초중세를 대표하는 문화로 인정받게 되었다. 전 세계에 황금 유물로 유명한 곳이 비단 신라만 있는 것은 아니다. 그럼에도 유독 신라의 황금 문화가 인정받는 이유는 유라시아에서 전해받은 다양한 문화 요소를 신라 특유의 미적 감각으로 재탄생시켰다는 데 있다. 또 신라의 문화 창달에 초원과의 교류가 적지 않은 영향을 미쳤다는 사실은 우리에게 많은 시사점을 준다.

반면 한국에서는 초원 지역 자료를 제대로 이해하지 못하고 비슷한 유물만 나오면 전파 경로를 무리하게 상정하는 경향이 있다. 더욱 안타까운 것은 북방 지역 자료를 직접 연구하는 것이 아니라 일본 학자들의 연구를 재인용하는 경우가 대부분이라는 사실이다. 물론 1980년대 이전에는 이념적 장벽 때문에 사회주의권 자료를 접하기 어려웠다. 하지만 소련이 무너진 지 20년이 넘은 지금까지도 한국 고고학계에서는 여전히 단편적인 비교만을 일삼는다. 이제는 우리도 한반도라는 좁은 틀에서 벗어나 전 유라시아로 시야를 넓혀야 하지 않을까?

가야의 청동 솥과 돼지 국밥

돼지 국밥을 빼고 부산의 음식을 이야기할 수 있을까? 2013년 개봉한 영화 「변호인」을 비롯하여 부산을 배경으로 하는 영화에서 빠짐없이 등장하는 음식이 바로 이 돼지 국밥이다. 필자 역시 부산에서 근무하던 시절 세끼를 모두 돼지 국밥으로 해결한 적이 있을 만큼 돼지 국밥을 즐겨 먹었다. 이 음식의 매력은 반제품이라는 데에 있다. 뽀얀 돼지 국물에 밥을 말아 나온 뚝배기에 고추장, 소면, 새우젓, 양파, 마늘, 부추 등을 입맛에 맞게 넣는다. 이토록 많은 재료를 취향 따라 골라 넣는 음식이 또 있을까?

부산의 대표 음식이 자갈치 시장을 가득 채운 싱싱한 생선이 아니라 허름한 식당에서 투박한 그릇에 담겨 나오는 돼지 국밥이라는 사실이 필자에게는 늘 미스터리였다. 돼지 국밥의 기원에 대해서도 밀양에서 시작되었다는 설, 원래 북한 음식이었던 것이 남부 지방으로 내려오면서 비교적 구하기 쉬운 돼지 뼈를 사용하는 것으로 개량되었다는 설등 이견이 많다. 그 기원에 대해서는 구체적으로 밝혀진 바가 없지만 돼지 국밥이 확산된 계기가 6·25전쟁이라는 사실만은 분명하다. 전쟁 당시 부산은 각지에서 몰려든 피난민들 덕분에 팔도 음식 문화의 각축장이 되었다. 그렇다면 부산 사람들은 왜 수많은 요리 가운데 돼지 국밥을 지역의 대표 음식으로 삼았을까? 혹시 부산 사람들의 피에 흐르는 유목민적 심성이 돼지 국밥에 대한 사랑으로 발현한 것이 아닐까?

몽골의 양고기요리, 허르헉과 쿠미스(마유주)

가야인, 초원의 구리 솥을 쓰다

가야는 한반도 동남쪽 끝에 위치했지만 북쪽의 고구려나 백제보다 초원의 물건을 좋아했다. 일례로 가야에서 출토된 철제 무기와 마구는 모용 선비 계통인데, 모용 선비는 흉노에 연원을 두고 요서 지방에서 고구려와 대적하던 집단이다. 물론 초원 유물의 대표 격이라고 할 수 있는 동물 장식과 구리 솥 등도 많이 나온다.

한자로 동복(銅鍑)이라고 쓰는 구리 솥은 기원전 9세기부터 흑해 연안과 알타이, 바이칼 등지와 북중국 등 거의 모든 초원 지역에서 널리 쓰였다. 낙랑이나 고구려를 중심으로 사용되던 구리 솥이 가야에 유입된 것은 가야가 세력 팽창에 나섰던 서기 3세기 정도이다. 실제로 김해 대성동 고분과 양동리 고분에서 각각 2점과 1점의 구리 솥이 발견되었다.

가야에서 발견된 구리 솥의 기원은 북방 초원의 흉노 문화에서 찾을 수 있다. 기원 전후 흉노 계통의 문물이 사방으로 퍼지면서 요서의 모용 선비와 고구려, 부여, 북중국에 이르기까지 너른 지역에서 초원 문화가 유행했다. 흥미로운 것은 삼국 중 백제에서는 아직 구리 솥이 발견되지 않았다는 것이다. 북방 유물의 도입은 필수가 아니라 취향의 문제였던 모양이다. 신라 금령총 출토 기마 인물형 토기 역시 물을 붓는 주자(注子) 부분이 구리 솥 모양을 띠고 있으며, 같이 발견된 하인의 기마상에서도 같은 부분에 구리 솥 형태가 표현되어 있다. 그 같은 사실들을 종합해 볼 때 신라 지배층 사이에서도 구리 솥이 유행했던 것 같다.

초원 사람들의 잔치에 쓰인 구리 솥

원래 구리 솥은 기원전 8~3세기 스키타이 사람들이 쓰던 도구다. 정착하지 않고 초원을 따라 이동하는 유목민들은 야영지에 솥을 걸어

볼쇼이 보야르 암각화

놓고 요리를 했다. 샤브샤브의 기원도 초원 유목민들이 구리 솥에 물을 끓여 주변에서 구할 수 있는 먹거리들을 한데 넣어 먹었던 데에서 기원했다. 유명한 볼쇼이 보야르 암각화에는 당시 초원 민족의 식생활이 잘 묘사되어 있다. 사슴이 풀을 뜯는 초원 가운데 여러 개의 천막이 있다. 마을 사이사이에는 구리 솥이 있고 그 주변으로 말을 타는 사람들이 보인다. 이 그림은 제사를 지낸 후 커다란 솥에 모두가 먹을 음식을 끓이는 초원 사람들의 축제 장면을 묘사한 것이다.

실제로 몽골이나 알타이 초원에서 이와 비슷한 광경이 펼쳐진다. 그곳 사람들 역시 잔치가 있을 때 들판에 솥을 걸고 양고기를 끓인다. 이렇게 만드는 요리 중에 가장 대표적인 것이 바로 허르헉이다. 허르헉은 솥에 뜨거운 돌을 넣어 양의 내장과 고기를 익혀 내는 음식이다. 손님 접대를 중시하는 몽골인들은 손님이 오면 허리춤에 찬 칼로 허르헉에서 가장 맛있는 부위를 한 덩이 쓱 베어서 건넨다. 허르헉은 양고기 특유의 노린내가 거의 없어서 한국인들도 쉽게 즐길 수 있다. 다만 야채나 양념이 거의 없는 양고기라 금방 느끼해지기 때문에 보드카나 말젖으로 짠 술 쿠미스를 털어 넣어 뒷맛을 누를 수밖에 없다. 허르헉 국물은 임산부나 환자들에게 좋은 보양식이라며 남기지 않고 마시니, 고기 뼈를 고아 만드는 국밥의 기원이 바로 이것이라고 할 수 있지 않을까?

대마초 흡입에 사용된 구리 솥

유라시아를 대표하는 그릇인 구리 솥은 대마초를 흡입하는 도구로도 쓰였다. 헤로도토스가 기록한 스키타이 풍습에 따르면 부족장들이 모여서 천막을 닫은 다음, 구리 솥에 빨갛게 달군 돌을 넣고 그 위로 대마 씨를 뿌려 함께 대마 연기를 흡입했다고 한다. 지금은 대마초 흡입이 말초적인 쾌락을 얻기 위한 수단이지만 당시에는 부족 간의 결속력을 다지는 과정이었다. 유목민들은 광활한 초원에 흩어져 살기 때문에 봄가을에 새로운 목초지를 찾아 이동하면서 한 번씩 모임을 가졌다. 같은 부족이라 할지라도 1년에 두 번 만날 뿐이니 오랜만에 본 상대 부족이 자기들을 해칠까 불안했을 것이다. 때문에 초원 사람들은 함께 대마를 흡입하는 의식을 통해 자연스럽게 결속력을 확인하고자 했다. 알타이 파지릭 고분에서도 대마 씨앗과 자갈돌이 들어 있는 구리 솥이 발견된 바 있으므로 이 같은 풍습은 흑해 연안 뿐 아니라 남부 시베리아 유목민들에게까지 널리 퍼져 있었음을 확인할 수 있다.

스키타이에 대한 기록을 보면 술 역시 비슷한 역할을 했던 것 같다. 족장들이 모이면 일단 만취할 때까지 술을 마신 다음 속마음을 털어놓았다고 한다. 취중진담이 당시에도 통했던 모양이다. 다음날 술이 깨고 간밤에 한 말이 진심이었다고 확인되면 그것이 곧 부족 회의의 결론이 되었다.

부산, 초원과 바다를 한품에 안다

수많은 초원 유물 가운데 왜 유독 신라와 가야에서만 구리 솥이 유행했을까? 이는 6·25때 부산으로 내려온 수많은 요리들 중에 돼지 국밥이 부산의 대표 음식으로 자리 잡은 것과 비슷하다. 구리 솥은 백제에서는 발견되지 않았으며, 북방 초원 지역과 인접한 고구려에서도 극히 소수가 발견될 뿐이다. 초원에서 가장 멀리 떨어진 가야에서 구리 솥을 비롯한 수많은 북방 유물이 출토되는 이유는 무엇일까?

필자는 그 답을 경남의 지리적 환경에서 찾고 싶다. 농경 문화가 강한 한반도 서남부 지역은 그들이 발을 딛고 선 땅에 강하게 결속되어 있었기 때문에 외부 문화를 쉽게 받아들이지 않았다. 반면 경남은 상대적으로 평야가 덜 발달한 탓에 강과 바다를 통한 교류가 중요한 생존 기반이었다. 예로부터 이 지역 사람들은 빠르게 물자를 운송하고 급변하는 정세에 빠르게 대응했다. 지역 간 교류에 기반을 둔 가야 문화는 초원 지역의 문화와 매우 흡사하다. 넓은 벌판이 초원의 무대라면 가야의 무대는 각지를 잇는 강과 넓은 바다라는 점이 다를 뿐이다.

초원을 질주하다 천막을 치고 장작불 위에 구리 솥을 걸어 다양한 재료를 넣어 먹는 음식과 질박한 듯 빠르고 취향에 맞춰 먹을 수 있는 돼지 국밥 사이에는 유사성이 많다. 부산에는 골목마다 있는 국밥집이 경남만 벗어나면 씨가 마르는 것도 경남의 돼지 국밥 사랑이 오랜 지리, 환경적 산물이기 때문은 아닐까?

아무리 교통이 좋아졌다지만 서울에서 부산 가는 길은 여전히 멀게만 느껴진다. 기차가 대구를 지나면 어느덧 객차 안은 한산해지고 여행길이 조금씩 지루해지기 마련이다. 그럴 때마다 필자는 창밖 풍경을 살핀다. 특히 구포를 거쳐 부산으로 가는 노선을 따라가다 보면 험준한 산이 이어지다가 탁 트인 낙동강이 드러난다. 백두대간에서 시작된 산맥이 끝나고 낙동강을 따라 곧바로 바다로 이어지는 것이다. 산으로는 북방과 맞닿고 강을 따라 주변과 교류하며 바다로 세계로 뻗어나가는 부산의 지정학적 특징을 상징적으로 보여 주는 광경이다.

부산은 초원과 바다의 심성을 모두 품고 있기 때문에 특별하다. 최근 부산은 여객 터미널을 통하여 바다를 잇고, 철도로 유라시아로 잇는 거대한 교통망을 중심이 되어 가고 있다. 수많은 북방계 유물과 일본계 유물이 같이 발견되는 가야의 고분들은 해상과 유라시아 대륙을 잇는 출발점으로 거듭난 21세기 부산의 미래를 예언하고 있다.

4부

고구려,
초원을 탐하다

최근 고구려는 발해와 함께 한중 역사 분쟁의 상징으로 굳어졌다. 실제로 고구려에 대해 우리가 아는 사실 또한 중국과의 전쟁, 고분 벽화, 남한의 고구려 유적 등에 한정되어 있다. 이는 대부분의 역사 기록이 중국 측 자료이고, 조사된 유적들도 고구려 중심부와 남한에 몰려 있기 때문이다. 하지만 고구려는 중국뿐 아니라 초원 제국과도 접해 있었다. 시베리아와 몽골의 고고학 자료들은 고구려가 초원에서 적지 않은 영향을 받았고, 유라시아 초원을 따라 다양한 국가들과 교류했음을 보여 준다.

신라나 가야와는 달리 고구려는 초원 지역과 국경을 접하고 직접 교류했다. 강한 초원 국가들에 맞서 스스로를 지켜야 했던 고구려는 화려한 황금 유물 대신 무기와 마구 등을 들여왔다. 대표적인 고구려 고분 벽화 중 하나인 무용총 수렵도에 그런 사정이 여실히 드러나 있다. 그림 속 고구려 전사는 달리는 말 위에서 몸을 돌려 활을 겨누는 '파르티안 사법'을 구사하고 있는데, 사실 이 사법은 스키타이 시대부터 초원 전사들이 널리 사용하던 것이다. 즉 고구려는 초원의 전투 방식까지 배워 온 것이다.

물론 고구려와 초원의 관계가 일방적인 것은 아니었다. 반대로 고구려의 기술이 초원을 거쳐 전 세계로 확산된 경우도 있는데, 서양의 중세를 열었다고 일컬어지는 금속제 등자가 바로 그것이다. 3세기 후반 고구려와 모용 선비의 갈등 속에서 처음 등장한 금속제 등자는 유연과 아바르족을 통해 유럽으로 전해져 유럽 중세사를 바꾸는 계기로 작용했다.

한편 고구려는 유목 제국인 유연과 함께 초원 국가인 지두우를 분할하는 합동 작전을 계획하기도 했다. 이는 당시 고구려와 경쟁 관계에 있던 북위를 견제하고, 시베리아와 몽골로 이어지는 초원루트를 확보하기 위해서였다. 계획의 성공 여부는 확실치 않으나 당시 고구려가 강한 군사력과 유연한 외교술로 유라시아 전역에 분명한 존재감을 드러내고 있었던 것만은 분명하다.

고구려의 영향력은 음식 문화에까지 미쳤다. 고구려의 꼬치구이인 맥적이 중국 사람들의 입맛을 사로잡은 것이다. 꼬치구이는 본래 초원에서 기원한 음식이지만 고구려는 거기에 양념을 더하여 정착민들도 좋아하는 새로운 음식을 탄생시켰다. 유목과 농경의 문화를 아울러 완전히 새로운 문화를 창조한 것이다.

흉노에서 기원해 선비로 이어진 초원의 철제 무기와 기마술 등을 전해 받은 고구려는 이를 바탕으로 막강한 군사력을 키웠다. 이로써 고구려는 중원 제국들도 함부로 넘보지 못할 만큼 강한 나라가 되었으며 동아시아에서 손꼽히는 대제국으로 자리매김했다. 4부에서는 고구려가 그토록 강성해질 수 있었던 것은 끊임없는 교류를 통해 초원의 장점을 적극적으로 받아들였기 때문이라는 사실을 밝히고자 한다.

고구려 무용총 수렵도

사카 문화의 파르티안 사법

한나라의 파르티안 사법(1세기, 보스턴미술관 소장)

고구려 무사와 파르티안 사법

고구려 무용총에는 무사들이 사냥개를 데리고 숲속을 헤치며 호랑이, 사슴 등을 사냥하는 수렵도가 있다. 책이나 방송 등을 통해 누구나 한 번쯤 접했을 만큼 유명한 그림이지만 가만 보면 이상한 점이 한두 가지가 아니다. 벽화의 가장 위쪽에서 사슴을 겨눈 무사는 질주하는 말 위에서 뒤를 돌아보고 있다. 고삐를 잡지 않았는데도 흐트러짐 없이 안정된 자세다. 그가 겨누고 있는 사냥감은 사람을 향해서 돌진하는 맹수가 아니라 사냥꾼을 피해 도망치는 사슴이다. 그림 속 고구려 전사는 왜 굳이 뒤로 돌아서 사슴을 겨눈 것일까?

이 수렵도에는 당시 북방 지역과 교류했던 고구려 기마인들의 모습이 숨어 있다. 그림에서처럼 뒤돌아 활을 쏘는 것을 흔히 '파르티안 사법(射法)'이라고 한다. 파르티아 군대가 로마와의 전투에서 그 같은 사법을 사용했기 때문에 붙여진 이름이다. 하지만 실제 파르티아 전사들 대부분은 초원에서 온 용병이었다. 즉 파르티안 사법은 초원에서 기원한 활쏘기 방법이었던 것이다.

파르티안 사법의 기원

파르티안 사법이라는 말은 파르티아와 로마가 맞붙은 카레(Carrhae) 전투에서 유래했다. 카레 전투란 기원전 53년 수레나스가 이끄는 파르티아 군대와 크라수스가 이끄는 로마군이 카레에서 펼친 전면전을 말

한다. 이 전투에서 로마는 압도적인 수적 우세에도 불구하고 9000여 명의 파르티아 군에게 대패했다.

당시 로마는 방패로 사방을 둘러싸고 천천히 보병을 전진시키며 적의 대오를 깨는 전법을 사용했다. 반면 파르티아는 날렵하게 무장한 궁사들이 빠르게 치고 빠지는 전법을 구사했다. 공격 후 도망치던 파르티아 군사들은 고삐를 놓고 상반신을 돌려 추격하는 로마군을 공격했다. 뜻밖의 공격에 당황한 로마 군대가 우왕좌왕하는 틈을 타 1000여 명의 파르티아 중갑병이 로마군 진영으로 돌진했다. 이로써 로마는 파르티아에 허망하게 패배하고 말았다.

로마군은 파르티아를 얕본 탓에 전쟁 준비에 소홀했으나 파르티아는 로마군의 전법을 철저히 분석하여 아르메니아 출신의 유목민들로 구성된 기병을 영입하여 군대를 보강했다. 유목 세계에서는 이미 기원전 7~3세기부터 파르티안 사법이 널리 사용되고 있었기 때문에 유목민 용병의 영입은 최신 전쟁 기술의 도입을 의미했다. 로마군의 참패는 어찌 보면 예정된 결과였다. 하지만 로마인들은 패배의 원인이 파르티아군의 비겁한 습격에 있다고 포장했다. 그 때문인지 파르티안 사법이라는 표현에는 '친구와 잘 놀고 헤어지면서 하는 뒤통수치는 말'이라는 뜻도 있다. 패배를 인정하지 않았던 로마군의 비겁함 때문에 파르티안 사법이 부정적인 의미를 갖게 된 것이다.

고구려로 전래된 파르티안 사법

기원전 1세기경부터 중국에서도 금속 장식이나 화상전(畵像塼), 벽화 등 다양한 예술품에 파르티안 사법이 등장한다. 이는 유목 문화의 영향이라고 생각되는데, 그 적용 방식에는 다소 차이가 있다. 중국에서는 신화적이고 환상적인 맥락에서 파르티안 사법을 표현한다. 천상 세계의 신선이 길게 늘어지는 중국식 옷을 입고 등 뒤의 호랑이나 기린에게 활을 쏘는 식이다. 고대 중국인들은 파르티안 사법을 통해 기마인의 용맹함 대신 별천지 혹은 이상향을 표현했던 것이다.

파르티안 사법은 고삐에서 손을 떼고 몸을 뒤로 완전히 젖혀 시위를 당겨 표적을 조준하는 활쏘기 방식이다. 이 사법을 구사하려면 달리는 말 위에서도 완벽한 균형을 유지해야 한다. 하지만 파르티아가 발흥할 당시에는 아직 금속 등자가 발명되지 않아 기마 자체가 상당히 어려웠다. 그렇다면 초원 전사들은 달리는 말 위에서 어떻게 파르티안 사법을 구사할 수 있었을까?

등자 없이 파르티안 사법을 구사하려면 허벅지에 힘을 주어 말에 몸을 완전히 밀착해야 한다. 이 기술은 단기간에 습득할 수 없고, 어려서부터 기마를 생활화해야 가능하다. 이와 관련하여 알타이의 스키타이 시대 고분에서 대퇴골이 O자형으로 휘어진 인골이 발견되었는데, 이는 말 타기에 능숙해지고자 했던 초원인들의 피나는 노력을 방증한다.

다시 고구려 벽화로 돌아가 보자. 날렵하게 차려 입은 무사들이 등자에 발을 걸고 사냥을 한다. 원래 파르티안 사법은 적에게 기습을 가하기 위한 것인데 이 벽화에서는 무사가 적이 아닌 사슴을 향해 시위를 겨눈다. 초식 동물인 사슴이 뒤에서 무사를 공격할 리 만무하고, 일반적인 사냥에서라면 굳이 어려운 파르티안 사법을 구사할 필요가 없다. 이 그림은 당시 고구려 무사들이 사냥을 통해 파르티안 사법을 훈련했음을 보여 주는 증거다. 당시 고구려에서는 이미 등자를 사용하고 있었기 때문에 오랜 기간 기마술을 연마하지 않은 사람도 파르티안 사법을 구사할 수 있었다. 실제로 유목 국가에서는 청년들을 훈련시키기 위한 다양한 무술 학교를 만들었다. 서기 4세기경 고구려에 도입된 태학 역시 학문과 무술을 함께 연마했던 기관이었다.

그렇다면 누가 고구려에 파르티안 사법을 전해 준 것일까? 파르티안 사법은 유라시아 유목민들이 만든 것이니 고구려가 파르티아에서 직접 전수받았을 가능성은 거의 없다. 다만 고구려의 철제 무기나 마구 등에 흉노가 적지 않은 영향을 미쳤음을 고려할 때, 파르티안 사법 역시 흉노에서 전해진 것이 아닐까 추측할 뿐이다.

로마군, 승리 대신 비단을 얻다

카레 전투에서 패배한 로마는 뜻밖의 선물을 얻었다. 바로 비단이다. 당시 로마 기록에 따르면 파르티아 궁병들을 쫓던 로마 군사는 매복해 있던 파르티아 중기병과 조우했다. 파르티아 중기병은 중갑 위에 붉은 비단을 걸치고 있어서 비단을 처음 보는 로마인들에게는 불의 전사처럼 보였다고 한다. 어쨌든 이 전쟁을 통해서 로마에 비단이 알려졌고, 귀족들 사이에서 비단 수요가 급증했다. 그에 따라 실크로드 대상들의 목숨을 건 여정이 시작되었다. 그들이 로마에 비단을 전함으로써 동서 교류의 문이 열린 것이다. 로마는 카레 전투를 거울삼아 초원의 기마 전술을 들여오는 대신 비단을 구하기에 급급했다. 당시 로마 여인들은 수많은 로마의 병사가 희생당한 것은 잊어버리고 비단에 마음이 녹아 엄청난 돈을 지불했다니 로마가 멸망한 데는 다 이유가 있다.

고구려, 상무 정신으로 무장하다

2006년 개봉한 영화 「300」은 고대 그리스 역사를 배경으로 펼쳐지는 강렬한 마초이즘 서사로 큰 인기를 끌었다. 영화의 줄거리는 스파르타 전사 300명이 잔인하고 무지한 페르시아 군대에 맞서 싸우다 장렬하게 전사한다는 내용이다. 여기서 페르시아로 대표되는 아시아인들은 지략 대신 규모와 힘만 가지고 싸우려 드는 야만적인 존재로 묘사되는데, 이는 오리엔탈리즘의 또 다른 발로이다.

어찌 됐건 현실은 영화와 완전히 달랐다. 파르티아가 로마를 물리칠 수 있었던 것은 초원 민족의 기마술을 비롯한 아시아의 선진 기술을 적극적으로 도입했기 때문이다. 중국에서도 비슷한 경우가 있었으니, 앞서 이야기한 조나라 무령왕의 호복기사가 바로 그것이다. 무령왕은 주변의 반대를 무릅쓰고 오랑캐의 옷을 입고 그들의 기마술을 받아들였다. 덕분에 조나라는 중산국을 무너뜨리고 중원을 제패할 수 있었다.

고구려 역시 마찬가지다. 고구려는 흉노에서 기원해 선비로 이어진 철제 무기와 기마술을 받아들여 거대 제국을 건설했다. 명분보다 실리를 우선하는 나라는 대개 넓은 시야에서 자국의 위치를 냉철하게 파악한다. 파르티아와 고구려는 유라시아 양극단에 위치한 제국으로, 이웃한 초원 유목 민족의 장점을 취해 당시 거대 제국이었던 로마와 중국에 대응했다. 초원의 기술과 정착민의 문명을 한데 조화시켰기 때문에 가능한 일이었다. 그런 맥락에서 무용총 수렵도는 한가로운 사냥 장면이 아니라 고구려 귀족들이 기마술을 연마하기 위해 기울인 부단한 노력의 증거였다. 벽화 한 점에서 상무 정신으로 무장한 고구려의 지혜를 배운다.

고구려의 꼬치구이와 불고기

음식의 한류는 고대에도 있었다. 그 주인공은 바로 고구려의 꼬치구이, 맥적이다. 꼬치구이가 처음 생겨난 곳은 초원이지만 고구려인들은 거기에 양념을 더해 초원 유목민과 정착 농경민 모두에게 사랑받는 새로운 음식을 탄생시켰다. 초원과 농경이 한데 어우러진 고구려의 새로운 음식 문화였다.

석쇠에서 빠지짓 빠지짓 구워지는 너비아니 구이며, 제육이며, 간이며, 콩팥이며 너저분하게 늘어놓은 안주에 김첨지는 견딜 수 없었다.

현진건의 단편소설 「운수 좋은 날」에 묘사된 선술집 풍경이다. 병으로 누운 아내 생각이 간절했지만 결국 선술집에 주저앉은 김첨지의 마음은 퇴근길 삼겹살에 소주 한 잔 기울이는 요즘 샐러리맨들의 마음과 같다. 1960년대까지만 해도 서울의 서민들은 전차의 종착역인 마포에서 내려 영등포로 떠나는 배를 기다리며 불고기 한 점에 대포 한 잔 들이키는 것을 낙으로 삼았다. 한국인들의 불고기 사랑은 현대 문학 작품이나 영화에도 자주 등장하며, 외국인들이 최고로 꼽는 한국 음식 역시 불고기다. 숯불에 고기를 구워 먹는 것은 초원 민족의 것이 분명한데, 어떻게 불고기가 농경 국가인 한국의 대표 음식이 되었을까? 불고기를 통해 우리 음식 문화 속 초원 문화를 들여다보자.

초원의 패스트푸드

고기를 바로 불에 구워 먹는 불고기는 중앙아시아와 초원 지역에서 널리 사랑받는 음식이다. 별도의 준비 없이 그날 잡은 고기를 장작불 위에 걸어 놓고 칼로 쓱 베어 먹으면 그만이다. 불고기가 사랑받게 된 데에는 조리가 간편하다는 점이 꽤 중요하게 작용했다.

중앙아시아와 러시아에서는 지금도 나들이 갈 때 샤슬릭이라는 꼬치구이를 꼭 챙긴다. 우리나라 사람들이 소풍 갈 때 김밥을 싸듯이 말이다. 샤슬릭은 고기를 두툼하게 썰어 식초에 절였다가 쇠꼬챙이에 끼워 양파를 곁들여 먹는 음식이다. 이동 중에 간단히 먹을 수 있다는 장점 때문에 고속도로 휴게소나 기차역 근처에는 언제나 샤슬릭 노점상이 즐비하다. 샤슬릭은 청동 솥에 양고기를 넣고 푹 삶아 먹는 허르헉과 함께 대표적인 초원 지역 고기 요리법이다.

중국에서도 꼬치구이는 인기가 많다. 어느 도시를 가도 시장에는 매캐한 연기를 풍기며 사람을 유혹하는 꼬치구이 가게가 늘어서 있다. 중국 음식 특유의 향신료 냄새가 조금 거슬리지만 꼬치구이는 필자도 자주 찾는 음식이다. 고고학 조사차 방문한 허름한 시골 동네 시장 통에서 꼬치구이에 맥주 한 잔 곁들이는 것은 별미 중의 별미다. 거기다 놀라운 정도로 싼 가격 덕에 술자리가 파할 때에는 서로 자기가 내겠다고 흐뭇한 실랑이가 벌어지니 꼬치구이는 참 고마운 음식이다.

중국을 사로잡은 고구려의 꼬치구이

꼬치구이로 유명해진 나라는 초원 국가가 아니라 고구려였다. 고구려 불고기에 대한 최초의 기록은 서기 3세기경에 쓰인 중국의 역사서 『진서(晉書)』에 등장한다. 이 책에는 귀족들까지 고구려의 맥반과 꼬치

러시아의 고기 요리 샤슬릭

구이(맥적)에 빠져 있으니 중국이 곧 망할 것이라는 구절이 나온다. '맥(貊)'은 고구려를 뜻하고 '적(炙)'은 불(火) 위의 고기(夕 = 肉)를 의미하니, 맥적은 곧 꼬치구이다. 『진서』의 경고 때문인지 실제로 서진은 머지 않아 남흉노에 의해 멸망당하고 만다. 경국지색이 아니라 경국지육이 된 셈이다.

안타깝게도 맥적의 자세한 요리법은 제대로 기록된 것이 없다. 하지만 고구려의 음식 문화를 생각해 보면 답은 의외로 쉽다. 기록에 따르면 고구려 사람들은 만주에서 난 콩을 이용해 된장을 만들었다고 한다. 반농반목을 했던 고구려이니 장류와 여러 가지 채소가 발달했을 것이다. 따라서 맥적은 여러 가지 채소와 장에 절인 고기 요리라고 생각해도 좋을 듯하다.

맥적의 실물 자료는 없지만 고구려 안악 3호분 벽화의 부엌 그림을 통해 그 형태를 대략 추측해 볼 수 있다. 벽화는 부뚜막에 솥을 건 주방과 갈고리에 꿴 고기를 주렁주렁 걸어 놓은 창고의 모습을 묘사하고 있다. 이 그림은 고구려 귀족의 집을 표현한 것이지만, 불 위에 고기를 매단 모습은 초원에서 야영을 할 때 흔히 보이는 풍경이다.

꼬치구이와 관련된 유물이라고 생각되는 것이 고구려 고분에서 나온 철제 부뚜막이다. 일제강점기에 활동한 일본 학자 세키노 다다시는 평안북도 운산군에서 고구려 고분을 조사하던 중 독특한 유물을 발견했다. 궁녀의 묘로 추정되는 무덤에서 67.2센티미터 길이의 철제 부뚜막이 나온 것이다. 이 유물은 흙으로 구운 보통의 부뚜막보다 작지만 철로 단단하게 만들어져 사용하기에 부족함이 없다. 고구려 사람들은 대체 어떤 용도로 무덤에 철제 부뚜막을 넣은 것일까? 혹시 야외에서 맥적을 요리했던 이동식 불판은 아니었을까? 옆으로 빠진 굴뚝은 고기를 구울

고구려 안악 3호분 벽화에 표현된 부엌

중국 간쑤성 자위관(嘉峪關) 벽화의 꼬치구이(2세기)

때 나는 연기를 빼내기 용이했을 것이다. 상상력을 더 보태서 이 무덤이 궁녀의 것이 맞다면 그녀는 왕이나 귀족들이 여행 갈 때 야외에서 고기를 굽는 일을 전담했던 것이 아닐까? 궁녀의 묘는 100여 년 전 일본인들에 의해 졸속하게 발굴된 유적이라 더 이상의 추정은 불가능하다. 다만 분명한 것은 맥적 전통이 고려의 강력한 숭불 정책에도 사라지지 않고 조선의 설하멱으로 이어졌으며, 지금의 산적과 너비아니로 계승되었다는 사실이다.

불고기는 어떻게 한국을 대표하는 요리가 되었나

외국인들 중에는 불고기가 한국의 대표 요리라는 사실을 의아하게 생각하는 사람들이 많다. 한국은 쌀을 주식으로 하는 전형적인 농경 국가이기 때문이다. 일례로 《조선일보》에 연재된 이규태 씨의 칼럼에는 서양의 경우 소고기 부위를 서른다섯 가지 정도로 분류하는 데 반해 한국에는 120여 개로 분류한다는 구절이 있다. 한국은 소를 이용한 논농사가 발달한 탓에 소와 비교적 가까웠지만 소고기는 결코 흔한 식재료가 아니었다. 그런데도 한국이 소고기를 세부적으로 이용했다는 사실은 매우 인상적이다. 역설적이게도 예부터 한국은 고기 다루는 일을 꺼렸다. 조선시대에 고기를 잡고 요리하는 사람들은 백정이라는 이름으로 천민 중에서도 가장 천대받았다. 요식업계의 뜨거운 원조 전쟁 가운데 유독 대를 이은 고깃집이 없는 것도 바로 그 때문이리라.

한국은 초원에서 받아들인 고기 문화에 농경민족의 조리법을 접목시켜 완전히 새로운 요리를 만들었다. 고기에 갖은 채소와 양념을 더하여 동서고금 전 세계인들에게 사랑받는 불고기를 만든 것이다. 불고기의 선조 격인 고구려의 맥적은 중원 사람들의 입맛을 사로잡아 고대의 음식 한류를 이끌었고, 일제 강점기에는 일본으로 전파되어 야키니쿠를 탄생시켰다. 이처럼 불고기가 세계적으로 호평받을 수 있었던 것은 초원과 농경의 요리를 한데 조화시켰기 때문이다. 여기에는 또 2000여 년 전 광활한 만주 벌판에서 초원과 중원의 문화를 적극적으로 받아들여 재창조한 고구려의 힘이 숨어 있다.

세계사를 바꾼 고구려의 등자

1945년 경주에서 발굴된 신라 호우총에서 광개토대왕의 이름이 새겨진 청동 그릇을 비롯하여 수많은 유물들이 출토되었다. 그 유물들 가운데 서양 고고학자들의 눈길을 사로잡은 것은 볼품없는 등자 한 벌이었다. 서양에서는 7세기 이후에나 등장하는 금속제 등자가 5세기 초엽에 만들어진 신라 무덤에서 나왔기 때문이다. 고구려 벽화에서는 4세기 대에 이미 중갑병과 등자의 존재가 확인되므로 이웃한 신라에서 5세기 초에 등자가 나온 것이 크게 이상한 일은 아니었다. 그렇다면 등자는 동아시아에서 기원한 것일까?

대개 말과 기마병의 발달을 크게 3단계로 설정한다. 첫 번째는 재갈의 등장이다. 말 아가리에 가로 막대를 물려 말을 부리는 도구인 재갈은 기원전 3000년경 중앙아시아에서 만들어졌다. 두 번째는 안장의 발달이다. 말의 등은 평평하지 않아서 사람이 직접 올라타기 쉽지 않다. 그 때문에 스키타이 시대에 부드러운 펠트 안장이 등장했고, 기원후 1세기 즈음에는 딱딱한 나무 안장이 개발되었다. 안장 덕분에 사람들은 본격적으로 말을 타고 전쟁을 할 수 있게 되었다. 세 번째 발달이 바로 서기 3~4세기경 등장한 등자이다. 발걸이인 등자를 사용하면 말을 탈 때 균형을 잡기가 수월해진다. 등자의 발명으로 온몸에 철갑을 두른 중갑 기병이 등장했고, 기마병들이 두 손을 자유롭게 쓸 수 있게 되었다.

초원 사람들은 어릴 때부터 훈련을 받기 때문에 등자 없이 말을 타는 것이 그리 어렵지 않다. 다만 어린아이나 노약자가 말을 탈 때에는 낙

등자를 사용한 고구려의 전사(무용총 벽화)

알타이에서 출토된 고구려식 등자

마를 방지하기 위해서 종종 발걸이를 만들어 주기도 했다. 그런 발걸이는 대개 나무나 가죽으로 만들었다. 금속 발걸이인 등자가 생겨난 것은 서기 1~2세기경 중갑 기병의 출현과 관련이 있다. 온몸에 철갑을 두르고 긴 창으로 적의 대오를 깨뜨리는 기마 부대는 전장에서 무서운 위력을 발휘했다. 하지만 중갑 기병에게는 치명적인 약점이 있으니, 철갑과 장검 등의 무게 때문에 말 위에서 중심을 잡기가 어렵다는 것이다. 또 중갑 기병이 낙마할 경우 묵직한 갑옷에 갇혀 몸을 움직이기가 쉽지 않기 때문에 제대로 싸우지도 못하고 적에게 목이 떨어지기를 기다릴 수밖에 없었다. 때문에 말에서 중심을 잡는 데 도움을 주는 등자는 중갑 기병의 위력을 보증하는 필수품이었다.

등자의 기원, 고구려인가 중국인가

등자가 발명된 또 다른 원인으로 기마 풍습의 확산을 들 수 있다. 흉노의 발흥 이후 널리 기마 풍습이 퍼지면서 정착민들이 말을 타는 경우가 빈번해졌다. 정착민들은 말타기에 익숙하지 않기 때문에 등자와 같은 보조 기구의 사용이 필수적이다. 이처럼 정착민들이 말을 타면서 발걸이를 사용한 예가 중국에서 발견되었다. 1950년대에 후난(湖南)성 진펀링(金盆嶺) 유적에서 악사를 태운 말에 발걸이가 그려진 토용이 발견된 것이다. 이 무덤은 서기 302년께의 것으로 여기에 표현된 발걸이를 등자로 본다면 연대가 확실한 최초의 등자가 되는 셈이다. 중국에서는 이를 근거로 등자가 중원에서 기원했다 주장하고 있으며 한국에도 이를 무비판적으로 수용한 사람들이 있다. 하지만 발걸이와 등자는 다르다. 발걸이는 등자와 달리 양쪽이 아니라 한쪽에만 다는 것이고, 페르시아, 스키타이, 인도 등 세계 곳곳에서 이보다 더 빠른 시기에 금속 발걸이가 등장한 예를 찾아 볼 수 있다. 세계사를 움직인 발명품은 중갑병이 썼던 철제 등자이기 때문에 발걸이만 가지고 등자가 중국에서 기원했다고 주장할 수는 없다.

최근에 랴오닝성의 모용 선비 유적에서 다량의 철갑과 등자가 출토되어 이곳이 등자의 기원지로 주목받고 있다. 모용 선비는 서기 3~5세기 북중국을 장악한 세력으로 흉노의 발달된 철기 문화를 받아들여 동아시아의 새로운 강국으로 급부상할 수 있었다. 고구려가 철제 등자를 개량하고 발달시킨 배경에도 모용 선비와의 전쟁이 있다. 『삼국사기』 「고구려 본기」에는 북쪽 모용 선비가 내려와 고구려가 곤경에 처한 상황이 기록되어 있다. 서기 293년과 296년, 모용 선비의 우두머리 모용외는 두 차례에 걸쳐 고구려 서쪽 변경을 침략하고 서천왕의 무덤을 파헤치는 등 고구려를 수세로 몰아갔다. 이에 고구려의 봉상왕은 당시 고구려 서쪽 경계였던 신성 성주로 고노자라는 장수를 파견했다. 고노자의 방어는 매우 효과적이어서 이후 모용 선비는 더 이상 고구려를 괴롭히지 않았다. 반대로 고구려는 4세기 초반 주변의 낙랑군, 대방군 등을 멸망시키며 강력한 군사 국가로 거듭났다. 고고학적으로 보아도 최초의 금속 등자와 개마(갑옷을 입혀 무장시킨 말 또는 그러한 용도의 갑옷)가 발굴되는 시기가 대체로 3세기 후반이어서 봉상왕의 치세와 부합한다. 아마도 모용 선비에 맞서기 위해 고구려가 금속 등자와 중갑병을 적극적으로 받아들였던 것 같다. 게다가 고구려는 산이 많은 지형이라 말을 타는 데 등자가 특히 유용했을 것이다. 이후 고구려가 발달시킨 등자는 남쪽으로 신라와 가야, 서쪽으로 시베리아 초원까지 빠르게 퍼져 나갔다.

알타이에서 발견된 고구려 등자

1924년 소비에트 고고학자들은 알타이 쿠디르게에서 중세 무덤을 발굴했다. 발굴 결과를 확인한 헝가리 고고학자들은 쿠디르게 유물이 헝가리 중세 아바르족의 마구와 상당히 비슷하다고 주장했다. 이후 여러 연구를 통해 쿠디르게가 시베리아에서 동유럽으로 이동한 아바르족 유적임이 밝혀졌다. 흥미로운 사실은 여기에서 고구려의 등자와 비슷한 형태를 지닌 등자가 발견되었다는 것이다. 시베리아에서 주로 발견되는 등자는 철사를 8자형으로 꼬아 만든 투르크식 등자인데, 쿠디르게 유적에서 발견된 등자는 손잡이가 달린 것처럼 완전히 새로운 형태를 띤다. 이후 알타이와 투바 등 남부 시베리아 일대에서도 이런 등자가 나오기 시작했고, 특히 1968년 투바 울룩-코룸 유적에서 5세기 후반의 것으로 추정되는 고구려식 등자가 마구와 함께 발굴되었다. 이후 이 등자는 '고구려식 등자' 또는 '극동식 등자'라고 불리게 되었다. 현재까지 시베리아 초원 지역에서 발견된 고구려식 등자는 20점 정도로 주로 알타이 지역에서 출토되었다.

그렇다면 시베리아에 고구려식 등자를 남긴 사람은 누구일까? 이 질문에 대한 답은 당시 동북아시아 국제 정세에서 찾을 수 있다. 서기 5세기 말 중원은 탁발 선비 계통의 북위가 차지하고 있었고, 유연과 고구려가 각각 그 동쪽과 북쪽에서 북위를 견제했다. 고구려는 북위에 대항하기 위해 유연에 발달된 철기 기술을 전해 주었고, 유연은 알타이 지역에 거주하던 투르크인들에게 철기의 제작을 맡겼다. 아마 그 과정에서 고구려의 철기 제작 기술이 투르크에 유입되었던 것 같다. 이는 훗날 투르크가 유연에서 독립하여 투르크 제국을 세우는 계기가 되었다.

유럽을 공포로 몰아넣은 아바르족의 등자

중세 유럽의 무사 하면 은빛 갑옷을 입고 긴 창으로 결투를 벌이는 기사가 떠오른다. 중세를 누빈 철갑 기사는 8세기부터 출현하기 시작했는데, 그들의 필수품이 바로 등자였다. 6세기 후반 등자와 개마 등 철제 무기를 유럽에 처음으로 들여온 집단이 아바르족이다. 그렇다면 아바르족은 어디에서 왔을까? 아바르족은 유럽의 동쪽 끝 초원에서 왔다고 하니 시베리아 초원에 그 실마리가 있다.

고구려의 우수한 철제 무기 덕분에 유연에서 독립한 투르크는 552년에 결국 유연을 무너뜨렸다. 패망한 유연 세력 가운데 일부는 초원 서쪽으로 도망하여 동아시아 역사에서 사라졌지만, 또 다른 일부는 서쪽으로 계속 이동하여 서기 6세기경 현재의 불가리아와 도나우 평원 지대에 정착했다. 서양인들에게 그들은 강력한 철제 무기와 마구를 갖춘 무시무시한 집단으로 비쳤고, 곧 아바르라는 이름이 붙었다.

역사학계와 고고학계를 막론하고 대부분의 학자들은 아바르가 투르크에 쫓겨 서쪽으로 이동한 유연의 후예라고 본다. 실제로 루마니아에서 발견된 아바르족의 초기 무덤 자료를 보면 처음에는 대부분 몽골로이드였던 아바르 전사들이 후대로 올수록 백인종(유로포이드)의 성격을 띠기 시작한다. 또 아바르족의 허리띠, 등자, 안장, 무덤 등은 알타이의 중세 문화와 아주 유사하다. 또 볼가 강 유역의 졸로타료프카 유적에서는 고구려식 등자와 함께 시베리아 계통의 장검, 창, 허리띠 등이 대량 출토된 바 있다. 서양의 등자와 개마 문화는 고구려의 영향을 받은 시베리아 초원에서 온 것이다. 결국 고구려 개마 문화가 유라시아 초원이라는 광대한 고속도로를 타고 서양으로 전파됐고, 서양 중세를 여는 데 큰 공헌을 한 셈이다. 초원을 따라 유입된 동아시아 문화가 서양사를 바꾼 예는 흉노와 훈족, 칭기즈칸의 몽골, 마자르족 등의 이야기가 유명하지만 이제 그 관심을 유연과 아바르까지 확대해 보는 것이 어떨까? 그 경우 고구려와 유연의 역사가 세계사의 한 축으로 등장하게 될 것이다.

고구려, 초원을 탐하다

고구려, 최초의 한몽 동맹을 맺다

칭기즈칸과 몽골제국은 침략자의 이미지가 강하지만 현재의 몽골은 동아시아 국가 가운데 한국과 가장 가까운 우방으로 꼽힌다. 닮은 외모에서 느껴지는 친근함뿐 아니라 대국적인 기질이며 성정이 우리와 비슷하다. 우리와 완전히 다른 생활 방식을 지닌 유목국가 몽골에서 느껴지는 친근함은 언제부터 시작된 것일까?

역사에서 최초로 확인되는 한몽 동맹의 증거는 서기 5~6세기에 이어졌던 고구려와 유연의 우호 관계에 있다. 당시 두 나라는 긴밀한 동맹 관계를 유지하며 중원의 북위를 견제했다. 두 나라의 동맹 관계는 서기 475년, 몽골과 고구려 사이에 거주했던 부족인 지두우(地豆于)를 공격해 분할하는 작전으로 구체화됐다.

고구려는 광활한 영토를 장악한 제국답게 서북쪽으로 고막해, 지두우, 거란 등 다양한 초원 민족과 이웃했다. 그들은 대부분 헤이룽장성 서북쪽의 후룬베이얼 평원에서 시작해 자바이칼, 동몽골에 이르는 춥고 황량한 초원 지대에서 살았다. 이 지역은 좋은 말이 나기로 유명했지만, 농사가 불가능했던 탓에 주변 국가와 지속적으로 교역하여 곡물을 수입할 수밖에 없었다. 당시 지두우와 거란이 고른 교역 파트너는 고구려와 첨예하게 대립하고 있었던 북위였다. 북위는 흉노에서 갈라져 나온 선비족 일파인 탁발 선비가 세운 나라였지만 빠르게 중국화하여 중원으로 진출했다. 서기 4~5세기 북위는 중국 북방에 거대한 제국을 이루었고, 지두우는 북위 변경에 국경 시장을 열어 이익을 취했다.

고구려와 유연제국

유연은 흉노의 뒤를 이어 5~6세기에 몽골에서 크게 발흥한 유목 제국이었다. 유연과 고구려는 공동의 적인 북위에 대항하며 공생했다. 고구려는 유연에 철제 개마를, 유연은 고구려에 말을 제공했다. 광활한 초원 지역을 점했던 유연은 고구려가 중앙아시아 여러 지역과 교류하는 통로이기도 했다. 따라서 두 나라 사이 위치한 지두우가 북위와 손잡는다는 것은 고구려에서 초원으로 가는 길이 단절됨을 의미했다. 당시 고구려는 대내외적인 여건상 단독으로 지두우를 정벌하기 어려웠기 때문에 오랜 기간 동맹 관계에 있던 유연과 합동 작전을 모색했다.

초원 지역 고고학을 연구하는 학자들에게 유연 제국은 풀리지 않는 미스터리다. 기록에 따르면 유연은 330년부터 555년까지 200년 이상 유라시아 초원을 지배한 대제국이다. 그럼에도 유연의 유적은 아직 발견된 바가 없다. 중국에서 '유연 공주'라는 명문이 새겨진 무덤이 발견되었으나 그것은 유연 제국의 유적이라기보다 중국 유적에 가깝다. 이런 사정 때문에 서양의 유라시아 연구자인 토머스 바필드는 유연을 '실패한 유목국가'라고 정의했다. 출토된 유물이 없으니 실제적인 영향력 또한 미미했을 것이라는 생각이다. 그렇다면 유연을 가공할 만한 대제국으로 묘사한 역사 기록들은 어떻게 이해해야 할까? 필자는 유연의 수도나 성터 유적이 아직도 몽골 사막 어딘가에 숨어 있거나, 유연의 뒤를 이은 투르크 제국 유적과 섞여 있을 가능성이 크다고 본다. 고구려의 오랜 동맹국이었던 유연의 유적이 발견된다면 고구려 역사의 수수께끼를 더 밝힐 수 있을 것이다.

고구려와 유연의 합동 작전

지두우 분할 작전은 장수왕이 수도를 평양으로 옮기고 남쪽으로 세력을 확장하던 시기에 시작됐다. 기름진 남쪽 땅을 차지하느라 바빴을 고구려가 어째서 춥고 황량하여 사막에 가까웠던 지두우를 탐했을까 싶지만 강한 기마 부대로 맹위를 떨치던 고구려로서는 양질의 말과 건초를 제공해 줄 초원이 꼭 필요했다. 제2차 세계대전 때 유전 쟁탈전이 벌어진 것처럼 이 시기 동아시아 제국(諸國)들 역시 안정적인 기마 자원을 공급하는 초원을 탐했다. 지두우는 그런 점에서 매우 중요한 곳이었다. 또 지두우는 고구려가 몽골 초원으로 나아가는 전략적 요충지이기도 했다.

당시 고구려는 중국을 장악한 북위와 대립하고 있었다. 그러던 중 두 나라 사이에 위치한 북연이 멸망하면서 일촉즉발의 긴장감이 감돌았다. 북방 초원에서 제국을 이루고 있던 유연도 북위와 군사적 갈등이 심각했다. 지두우 분할 작전은 이처럼 긴박한 상황에서 개시되었다. 안타깝게도 그에 대한 기록은 아주 소략해서 『위서』「거란전」에 나온 한 줄이 전부다.

"고구려는 유연과 몰래 공모하여 지두우를 나누려고 했다. 거란은 그 침략을 두려워하여 1만여 명을 이끌고 백랑수(白狼水)로 갔다."

이 기록만으로는 지두우 분할 계획의 결과가 어떠했는지 확인하기 어렵다. 사실 『위서』「거란전」 자체가 거란에 대한 서술이기 때문에 고구려와 유연에 대한 기록은 단편적일 수밖에 없다. 다만 거란이 몽골 동부에서 수백 킬로미터를 남하하여 먼 백랑수(지금의 랴오닝성 다링 강)

지역까지 도망간 것을 보면 이 작전이 거란을 비롯한 모든 북위 우호 세력들을 위협할 만한 것이었음을 알 수 있다. 실제로 『남제서』에는 서기 480년 고구려가 유연과 연합해서 다시 거란을 공격했다고 기록되어 있다. 즉 고구려가 지두우를 실제로 점령했는지 여부는 알 수 없지만 지두우 일대의 주민에게 실질적인 위협이 된 것은 분명하다는 것이다. 이는 고구려가 간접적이든 직접적이든 지두우 일대의 여러 초원 민족들을 통제하고 있었음을 의미한다.

지두우 분할 작전은 결국 북위가 고구려와 화친을 맺는 것으로 일단락되었다. 당시 북위는 고구려 사신들이 머무는 숙소의 순위를 제나라 다음인 두 번째로 했다. 의전상 북위가 두 번째로 중시하는 국가로 승격했다는 뜻이다. 또 북위의 효문제는 장수왕이 죽었을 때 직접 상복을 입고 추모식을 거행했다. 이렇듯 역사상 최초의 한몽 합동 작전은 북위의 기세를 꺾고 성공적으로 마무리되었다.

그렇다면 고구려는 실제로 지두우 땅을 차지했을까? 이에 대해서는 역사 기록이 거의 없기 때문에 고고학 자료에 의존할 수밖에 없다. 지두우가 있었던 후룬베이얼 평원과 동몽골은 중국 및 몽골 지역 중에서 고고학 조사가 가장 덜 진행된 지역이다. 따라서 이 지역의 발굴 조사가 이뤄진다면 고구려의 지두우 점령 여부를 어렵지 않게 확인할 수 있다. 설령 고구려가 영토 확장 대신 지두우의 세력 약화만을 노렸다고 해도 마구나 무기 등 고구려 유물이 출토될 가능성이 높다. 게다가 고구려가 군사 작전 중 성을 쌓았다면 역사가 보여 주지 못한 새로운 사실들을 밝힐 수 있을 것이다. 더욱이 이를 통해 유연 제국의 실체가 어느 정도 드러날 테니 지두우 지역 발굴은 분명 세기의 발견이 될 것이다.

중앙아시아로 건너간 고구려 사신들

　　최근 중앙아시아 고대 문화에 대한 국내의 관심이 갈수록 높아지고 있다. 2009~2010년 국립중앙박물관에서 「동서 문명의 십자로: 우즈베키스탄의 고대 문화」라는 특별 전시회를 개최했고, 국립문화재연구소에서도 우즈베키스탄의 불교 유적인 카라 테페를 공동 조사하고 있다. 그리고 2015년에는 조사 범위를 카자흐스탄까지 확대해서 신라 고분과 유사한 적석목곽분을 조사할 예정이다. 그 밖에도 아제르바이잔, 키르기스 등 다양한 지역의 유적을 조사하려는 움직임이 많다. 사실 중앙아시아 고고학 자료들은 대부분 소비에트 시절에 연구되어 이미 러시아어로 출판되어 있다. 하지만 정작 지금의 중앙아시아는 러시아에서 가깝고도 먼 곳이다. 소비에트가 무너지면서 그 나라들이 대부분 독립을 했기 때문이다. 러시아 유학 중이었으나 매번 새로 비자를 발급받을 만한 여유가 없었던 필자에게 중앙아시아의 유물들은 그야말로 그림의 떡이었다.

　　지금은 한국이 중앙아시아와 다양한 교류 사업을 진행하고 있는 덕분에 이 지역 유물을 볼 수 있는 기회가 많아졌다. 중앙아시아의 여러 유물 중에서도 우즈베키스탄의 아프라시아브 궁전 벽화는 한국 고대사와 관련하여 특히 중요하다. 1965년 처음 발견된 이 벽화에는 고구려 사신이 묘사되어 있기 때문이다. 그 사실은 발굴에 참여한 학자들에 의해 알려져 일본을 거쳐 한국에까지 소개되었다. 아프라사이브 궁전 벽화는 냉전의 서슬이 퍼렇던 1970년대 이념 장벽을 뛰어넘어 한국의 고대

사학계를 뒤흔들 정도로 의미가 큰 것이었다.

사막 속의 고구려인

벽화는 1965년 사마르칸트 아프라시아브 지역에서 건설 공사를 하던 중 우연히 발견되었다. 아프라시아브란 사마르칸트 북쪽을 관통하는 시아브 강에서 이름을 따온 것이다. 이곳은 특히 서기 7세기에서 9세기까지 실크로드 교역으로 유명했던 소그드국의 수도로 200여 년 전부터 다양한 유적과 유물이 발견되었다. 벽화가 발견된 곳도 바로 소그드국 왕인 와흐르만의 궁전이었다.

아프라시아브 궁전 벽화는 수르한다리야와 차가니안을 비롯하여 각지에서 파견된 사신들의 모습을 생생하게 묘사하고 있다. 8세기 초엽에 침입한 아라비아인들에 의해 왕의 모습은 파괴되었지만 이 연회를 기록한 명문과 사신들의 모습을 담은 그림이 남았다. 때문에 이 벽화는 서기 7~8세기 중앙아시아의 역사를 연구하는 데 획기적인 자료로 평가된다.

당시 발굴을 주도한 라자르 알바움은 동쪽 벽화의 가장 오른쪽 모서리에 있는 두 명의 인물에 주목했다. 꽤 젊어 보이는 두 명의 사신이 머리에 깃을 꽂은 관을 쓰고, 윗도리는 왼쪽으로 여민 채 고리로 된 긴 칼을 차고 있다. 알바움이 아는 중앙아시아 민족 가운데 이런 옷을 입는 민족은 없었다. 자료를 뒤지던 그는 1958년 평양에서 출판된 『고구려 벽화 고분 연구』에서 관에 깃을 꽂은 사람들을 발견했다. 1960년대에는 소련과 북한 사이에 학문 교류가 활발했고, 로자 자릴가시노바를 비롯한 고구려 벽화 전공자들도 활동 중이었다. 알바움은 이런 자료들을 바탕으로 10여 년 후 관에 깃을 단 사신이 고구려인이라는 주장을 담은 정식 보고서 『아프라시아브의 벽화』를 출간했다.

깃을 꽂은 사신은 신라인?

아프라시아브 벽화의 내용이 알려지면서 크게 흥분했던 한국 고대 사학계는 머지않아 격렬한 논쟁에 휩싸였다. 아프라시아브 궁전 벽화가 7세기 중후반에 제작된 것이라고 추정되기 때문이다. 만약 이 벽화가 고구려가 멸망한 668년 이후에 만들어졌다면 깃을 꽂은 사신은 고구려 사람이 아니라 통일신라 사람이 된다. 아프라시아브 벽화 그림이 신라에서도 나타난다는 것과 사신의 복식이 전형적인 고구려인의 복식과는 차이가 있다는 점 등이 이 주장에 힘을 보탰다.

정확한 명문 자료가 없는 상황이라 논쟁에 분명한 결론을 내리기는 어려우나 당시의 국제 정세를 살펴보면 대강의 사정을 짐작할 수 있다. 7세기 중후반 신라는 삼국을 통일한 후 당나라와 전쟁을 치르고 있었다. 이 같은 혼란기에 신라가 굳이 이역만리까지 사신을 보냈을까? 게다가 이즈음 신라 적석목곽분에서는 북방계 유물이 확인되지 않는다. 즉 당시 신라가 중앙아시아와 교류했던 증거는 거의 없다고 볼 수 있다.

깃을 꽂은 사신이 고구려인라면 그의 방문 목적은 아마 원군 요청이었을 것이다. 당시 고구려는 나당 연합군의 공격으로 멸망을 앞두었거나 멸망 후 당에 맞서 고구려 부흥 운동을 전개하는 상황이었을 테니 둘 중 언제라도 군사는 필요했을 것이다. 그래서인지 화려한 잔치에 참여한 두 사신의 모습이 약간은 슬퍼 보이는 듯하다.

하지만 소그드 왕 와흐르만은 고구려를 도울 수 없었다. 당시 소그드는 당과도 우호적인 관계를 맺고 있었기 때문이다. 실크로드 상권을

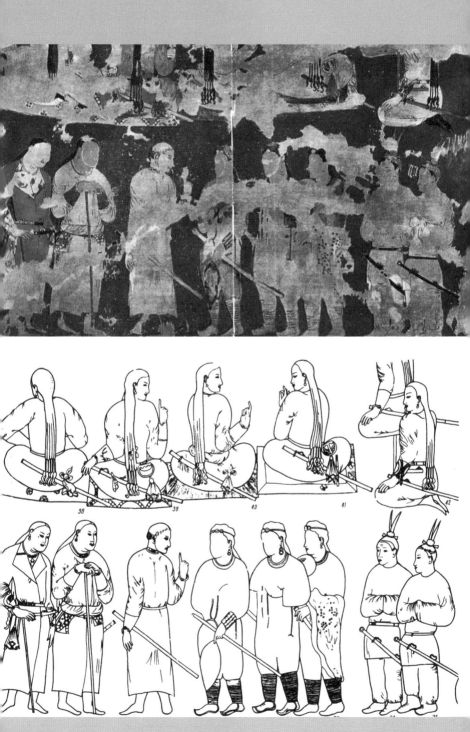

아프라시아브 궁전 벽화에 표현된 고구려 사신

아프라시아브 궁전 벽화에 표현된 중국 여인들

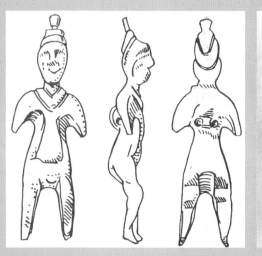 

소그드(왼쪽)와 발해(오른쪽)의 인물상 비교

장악한 타고난 장사꾼답게 와흐르만 왕은 강거도독(康居都督)을 자처하며 당에서 벼슬까지 받았다. 게다가 아프라시아브 벽화의 다른 부분에는 한족의 옷을 입은 여인들이 배를 타고 노니는 장면이 있는데 그녀들은 아마 당에서 온 와흐르만 왕의 후궁들이었을 것이다. 풍전등화의 위기에 빠진 나라를 구하기 위해 수천 리 길을 마다 않고 도착한 곳에서 적국의 여인들을 마주한 고구려 사신의 심정은 어땠을까?

어찌 됐건 고구려의 중앙아시아 루트는 고구려가 멸망한 뒤에도 살아남았다. 발해가 소그드와 교류한 증거가 있기 때문이다. 연해주 노브고르데예프카 성지에서 소그드 은화가 발견되었고, 현재 몽골 지역을 중심으로 번성했던 위구르 제국의 토기도 출토되었다. 고구려에서 아프라시아브까지의 거리를 생각하면 사신들이 소그드에 도착했을 무렵 고구려는 이미 멸망했을지도 모른다. 만약 그랬다면 갑자기 고국을 잃은 사신들은 어떻게 되었을까? 물론 추정일 뿐이지만 고구려에서 익힌 개마 기술로 소그드 장군이 되었거나 소그드가 발해와 교역하는 데 일조하지 않았을까 싶다. 다행히도 우즈베키스탄이 한국과의 공동 조사에 매우 적극적으로 나서고 있으니 고구려 사신들의 이후 행보를 밝혀 줄 자료가 나오기를 기대해 본다.

5부

한국과 초원,
이어지는 이야기

고려 왕조가 무너지고 성리학을 근간으로 한 조선이 세워지면서 한반도는 초원과 다소 멀어지는 듯했다. 조선은 소중화(小中華)를 자처하며 초원 민족들을 '오랑캐'라고 멸시했지만 그럼에도 초원과의 교류가 완전히 끊어진 것은 아니었다. 한반도와 초원의 교류는 이후로도 면면히 이어져 일제 식민 통치기에도 그 흔적을 찾아볼 수 있다.

한국의 전통 의상인 철릭의 어원은 중앙아시아에 거주하던 유럽 계통 종족을 뜻하는 '정령'이다. 중국 기록에 따르면 '붉은 머리 오랑캐(赤狄)'라고도 불렸던 정령이 몽골에 복속된 이후에는 철록이라는 이름을 갖게 되었다고 한다. 이후 철릭은 고려에서 초원 지역 외투를 지칭하는 명칭이 되었다. 남녀노소 누구나 즐겨 먹는 만두 역시 북방 초원에서 들어온 음식이다. 가축의 고기와 젖 등을 주식으로 삼았던 초원 사람들이 탄수화물과 단백질을 골고루 섭취하기 위해 만두를 빚어 먹었던 것이다.

한국인의 자랑인 한글 역시 초원 제국의 문자 전통과 연결되어 있다. 간략한 획을 조합하여 실용성을 높인 표음문자 전통은 돌궐을 비롯한 여러 초원 지역에서 널리 유행하던 것이다. 서하문자, 여진문자, 거란문자 등 대부분의 초원 문자들은 이미 사어(死語)가 되었거나 거의 사용되지 않고 있지만, 한글은 21세기에도 여전히 큰 위력을 발휘하고 있다. 초원 국가들의 지혜를 모아 가장 우수한 문자를 만든 세종대왕의 위대함이 또 한 번 돋보이는 대목이다.

우리 역사에 남은 초원의 흔적은 일제강점기를 거쳐 한민족 북방 기원설로 이어졌다. 사실 한민족 북방 기원설은 일제 식민 지배를 정당화하려는 일본 학자들에 의해 제기된 것이다. 일제 식민사학자들은 한국 문화의 기원을 한반도 바깥에서 찾음으로써 '한국은 예부터 다른 문명국의 식민지가 되어야만 역사가 발전하는 미개한 나라'라는 타율성론의 논리를 뒷받침했다. 흥미로운 사실은 패전 직후 일본 지식인들 사이에서 '위대한 일본 민족'의 기원이 북방에서 내려온 기마민족에 있다는 주장이 유행했다는 것이다. 자기가 만든 덫에 빠진 셈이다.

최근 한국은 북방 지역과의 경제 교류를 통한 국가 발전을 꾀하고 있다. 시베리아 철도의 연결과 유라시아와의 소통을 강조하는 것도 바로 그 때문이다. 하지만 유라시아를 보는 한국의 시선은 지나치게 극단적이다. 한쪽에서는 북방 초원 지역에서 민족의 기원을 찾으려 하고, 다른 한쪽에서는 초원과의 연관성을 일체 부정하고 무리한 자생설을 주장한다. 모두 바람직한 태도는 아니다. 앞으로는 지금까지 가졌던 모든 선입견을 버리고, 미래를 함께할 동반자로서 유라시아 초원을 연구해야 한다. 유라시아와의 교류가 지나간 과거가 아니라 현재의 일이 된 지금, 한국 문화에 숨은 초원 문화를 다시 살펴보자.

반구대 암각화

반구대 암각화, 초원과 한반도를 잇다

크리스마스의 기적

1970년 12월 25일 울산시 울주군, 언양군 일대의 불교 유적을 조사하던 동국대학교 박물관 조사팀은 울주군 주민들로부터 천전리 마을 근처의 어느 암벽에 그림이 새겨져 있다는 정보를 입수했다. 암벽 그림이 삼국시대 마애불일 수 있다는 생각에 조사팀은 살을 에는 추위에도 조사를 진행했다. 그 결과 한국 최초의 암각화 유적인 천전리 유적이 발견되었다. 그로부터 정확히 1년 후인 1971년 12월 25일, 천전리 암각화를 다시 찾은 조사팀은 뜻밖의 정보를 입수했다. 천전리 암각화에 대해 알려 준 주민들이 근처 강가의 바위 위에도 호랑이 그림이 있는데, 보통은 물에 잠겨 있다고 제보한 것이다.

조사팀은 보트를 타고 강 아래 바위들을 조사하다 물 밖으로 자태를 비춘 암각화의 일부를 발견했다. 한국 선사시대 예술을 대표하는 울주 반구대 암각화가 발견된 순간이다. 두 번에 걸친 크리스마스의 기적으로 한국의 선사시대 연구는 새로운 국면으로 접어들었다.

반구대와 알타이 암각화의 유사성

암각화는 초원을 대표하는 선사시대 예술이다. 알타이, 중앙아시아, 네이멍구 등 대부분의 초원에서는 바위에 사슴, 전사 등을 빽빽이 새긴 암각화를 어렵지 않게 만날 수 있지만 만주와 한반도로 내려오면 암각화는 거짓말같이 사라진다. 물론 한국에서도 고인돌 바위그림이 한

두 점 발견된 적이 있으나 초원 지역과는 비교도 안 될 만큼 적다. 그런 점에서 반구대 암각화는 전 세계 암각화 연구자들에게 참으로 미스터리한 유적이다. 초원에서 수천 킬로미터 떨어진 바닷가에서 이토록 거대한 암각화가 나올 것이라고는 상상조차 할 수 없었기 때문이다. 반구대 암각화는 초원 지역 암각화에는 없는 독특한 요소도 갖고 있다. 생동감 있는 고래 사냥 그림이 그것이다. 들짐승 사냥과 고래잡이 장면이 함께 묘사된, 전 세계에 유례없는 암각화인 반구대는 도대체 어디에서 온 것일까?

반구대의 고래는 수차례 다큐멘터리로 제작되는 등 다양한 방송 매체에서 다루어졌지만 암각화 왼쪽 윗부분에 있는 조각배는 거의 주목받지 못했다. 그저 고래 잡는 배라고 생각할 수도 있지만 자세히 보면 배 주변에 고래가 아닌 육지 동물들이 그려져 있다. 이와 유사한 예는 알타이의 칼박타시나 카자흐스탄, 하카스 등에서도 보이는데 배와 사람이 일자형으로 표현되어 마치 태양의 빛무리를 보는 듯하다. 러시아의 암각화 전문가인 블라디미르 쿠바레프는 이 그림이 태양과 관련된 천문학적 기호이며, 기원전 4000년에서 3000년 사이 고대 이집트의 태양신화가 시베리아로 들어온 증거라고 보았다. 이 그림은 서쪽으로는 스칸디나비아반도에서 동쪽으로는 아무르 강까지, 북쪽으로는 베링 해의 추코트 반도까지 보이는데, 반구대를 포함하면 그 남쪽 경계는 울산이 된다.

반구대 그림에는 무릎을 굽히고 두 손을 얼굴 쪽으로 올린 사람이 있다. 흔히 '춤추는 사람'이라 불리는 이 인물상은 알타이와 남부 시베리아의 스키타이 시대 암각화에서 공통적으로 나타난다. 게다가 몸에 점이 박힌 표범이나 뿔이 달린 사슴, 활로 짐승을 사냥하는 사냥꾼 등 우연의 일치라고 보기 어려울 만큼 초원 지역 암각화와 공통된 요소들이 많다. 그렇다면 반구대 암각화를 남긴 이들은 초원에서 온 사람들일까? 막연히 그렇다고 결론지을 수도 없는 것이 반구대에는 고래나 호랑이, 곰, 족제비, 토끼 등 초원 암각화에는 없는 요소도 상당하다. 게다가 이웃한 천전리 암각화에는 사실적인 묘사가 사라지고 기하학적인 패턴만 표현되어 있다는 점도 미스터리다.

누가 언제 새겼을까?

암각화 연구에서 가장 어려운 점은 정확한 연대를 파악하는 것이다. 보통 암각화는 돌을 파내는 기법이나 도구 등을 통해 대략적인 연대를 가늠한다. 가령 단단한 쇠로 날카롭게 파낸 것은 이후에 만들어진 것이고, 선사시대의 것은 돌로 쪼아낸 것이다. 두 번째 방법으로는 암각화에 표현된 동물이나 사람이 사용하는 무기 등을 근처에서 발굴된 유물과 비교하는 것이다. 알타이의 경우 무사의 암각화에 새겨진 동검이나 도끼를 실제 고분에서 발굴하는 경우가 흔하다. 그런 노력에도 불구하고 암각화의 실제 연대를 아는 것은 쉽지 않은데, 이는 대개의 암각화가 한 번에 만들어지지 않고 오랜 시기에 걸쳐 그림이 더해지는 경우가 많기 때문이다.

반구대의 경우에도 제작 연대에 대한 의견이 분분하다. 혹자는 신석기시대에 만들어졌다고 하고, 또 다른 이는 청동기시대의 것이라고 주장한다. 게다가 반구대 암각화 역시 몇 번에 걸쳐 그림이 추가된 흔적이 있다. 한 가지 참고할 만한 사실은 반구대에 표현된 초원 관련 요소들이 대체로 기원전 10~6세기 정도에 만들어졌다는 것이다. 이 시기 한반도는 청동기시대에 해당하며 논농사를 시작하고, 비파형 동검을 사용하는 고인돌 문화가 확산되고 있었다.

이즈음 울산은 어떤 모습이었을까? 청동기시대 울산에는 다양한 사람들이 복잡하게 얽혀 살았다. 지난 10여 년 사이에 이 지역에서 조사된 청동기시대 집터만 3000여 곳에 육박한다. 지금도 울산 지역은 발굴만 했다 하면 빠짐없이 청동기시대 주거지가 발견되는 상황이어서 남한 유적 중에서는 독보적으로 인구밀도가 높은 편이다. 울산 지역 청동기시대를 대표하는 울산식 주거지의 연대는 기원전 8~5세기 정도로 암각화에 새겨진 초원 요소의 연대와 대체로 부합한다. 그렇다면 반구대 암각화는 살기 좋은 곳을 찾아 남하한 북방 초원 사람들 가운데 일부가 만든 것은 아니었을까? 들짐승을 사냥하던 사람들이 그 지역에 몰려온 고래도 잡으려 했던 게 아닐까? 물론 현재로서는 막연한 상상일 뿐이다.

보통 암각화가 발견되는 지역은 당시 주민들이 의례를 지내던 성소인 경우가 많아 주변에서 다른 유적이나 유물이 또 발견되기도 한다. 다만 반구대는 물속에 잠겨 있어 주변 조사가 아직 요원하다. 향후 반구대 주변의 정밀 조사가 진행된다면 아직 해결되지 않은 여러 의문들이 풀릴지도 모르겠다. 또 초원과 반구대 사이의 공간적 차이를 메우는 또 다른 유적의 발견도 기대해 봄 직하다. 사냥을 주업으로 하는 집단이 북에서 남으로 이동했다면 틀림없이 백두대간을 따라 내려왔을 것이다. 그러니 동해안 지역에서 또 다른 암각화 자료가 나오기를 기대해도 좋지 않을까?

북극해와 한반도의 고래 사냥꾼

반구대의 세밀한 고래 사냥 그림을 보고 반구대 암각화가 세계 최고(最古)의 고래 사냥 암각화라고 주장하는 사람도 있지만 이는 사실과 다르다. 아시아에서만 해도 1965년에 러시아 추코트 반도 끝 페그티멜 강 유역에서 고래 사냥 암각화가 발견된 바 있다. 이 암각화에는 버섯 모양의 모자를 쓴 사람들이 배를 타고 고래를 사냥하는 장면이 묘사되어 있다. 당시 고고학자 니콜라이 디코프는 추코트 근방을 수년간 조사한 끝에 1971년에 종합보고서를 간행했다. 그 결과는 놀라웠다. 이 지역 암각화에 사용된 표현 기법 중 상당수가 알타이 지역의 그것과 매우 유사했기 때문이다. 북극해 끝자락에 난데없이 등장한 고래 사냥꾼, 그리고 그들이 남긴 스키타이 계통의 암각화는 곧 소련 고고학계의 큰 화제가 되었다. 추운 기후 탓에 페그티멜 암각화에는 순록이 많이 묘사되어 있다. 반구대 암각화를 남긴 사람들이 벼농사를 지었던 것처럼 북극해의 고래 사냥꾼은 순록을 키워 생계를 꾸렸던 것이다. 울산과 추코트 반도처럼 지리적으로 동떨어진 두 지역에서 비슷한 시기에 비슷한 내용을 담은 암각화가 등장한다는 것은 매우 흥미로운 사실이 아닐 수 없다.

한편 알타이 파지릭 고분의 DNA를 분석한 타티야나 치키셰바 교수의 연구 결과를 보면 파지릭인과 가장 유사한 DNA를 가진 현생 민족은 추코트 원주민과 에벤크족이라고 한다. 도대체 초원과 고래 사냥은 무슨 관계가 있을까? 수많은 의문이 꼬리를 문다. 분명한 사실은 고래 사냥이 비단 한국에서만 발견되는 소재는 아니라는 것이다. 그런 점에서 추코트 반도의 페그티멜 암각화는 비교 연구의 중요성을 상징적으로 보여 준다.

반구대가 사라지고 있다

필자가 부경대에 근무하던 시절 한국으로 초청받은 러시아 학자들 가운데 많은 분들이 반구대 암각화를 보고자 했다. 유라시아 대륙 끝에 그토록 생동감 있는 암각화가 있다니 꼭 한번 보고 싶다는 것이었다. 하지만 나는 이런 저런 핑계를 대고 그들을 반구대로 안내하지 않았다. 소위 문화 선진국이라는 대한민국에서 그처럼 소중한 유산이 강물에 잠겨 망가지고 있는 꼴을 어떻게 보여 준단 말인가!

물론 이에 대한 문제 제기가 없지 않았으나 지방자치단체에서는 물 부족 때문에 수위를 낮출 수 없으니 다른 곳으로 이전해서 복원하자는 임시 방편만 제시할 뿐이었다. 반구대 암각화는 한국뿐 아니라 전 세계적으로 중요한 유산이며, 초원에서 한반도로 이어지는 선사시대 문화 교류의 증거이다. 1980년에 도로 건설을 위해 독립문을 옆으로 70미터 옮긴 일이 지금까지 비판받고 있는 판에 근대 건축물도 아닌 선사시대 암각화를 떼어서 복원한다는 것이 얼마나 우스운 발상인가. 이처럼 소모적인 논쟁으로 시간만 보내며 수수방관하는 동안 반구대는 물속에서 소리 없이 사라지고 있다. 문화재청장이 바뀌고 반구대 암각화의 보존 방법으로 카이네틱 댐 설치안이 제시되는 등 요란스럽게 말은 많았지만 아직도 별다른 해결책은 나오고 있지 않다. 정녕 또 다른 크리스마스의 기적을 기대할 수밖에 없는 것일까?

붉은 머리 사람들과 철릭

붉은 머리 사람들을 찾아서

중국에서는 동서남북 사방의 이민족을 이만융적(夷蠻戎狄)이라고 불렀다. 이 가운데 융과 적은 주로 초원 지역 사람들을 일컫는다. 융적의 외모는 백인종인 유로포이드와 상당히 유사해서 200여 년 전부터 서양 역사학자들은 중국 북방 민족 가운데 유럽인이 있을 것이라고 생각해 왔다. 실제로 카레 전투 중에 실종된 로마 병사의 일부가 중국의 간쑤성 언저리에 살고 있다는 주장이 100여 년 전 영국에서 제기된 이래 지금까지도 많은 사람들의 흥미를 끌고 있다. 최근에도 서양의 고고학 사이트에는 실크로드에서 유로포이드 계통의 인골이 발견되었다는 주장이 자주 보도된다. 실제로 스스로를 로마인의 후예라고 생각하는 사람들의 DNA를 분석한 적이 있었으나 그들이 로마의 후예라고 증명할 증거는 찾지 못했다. 만에 하나 그들이 실제 로마 병사의 후예라고 하더라도 로마 병사들 자체가 다양한 지역에서 흘러들어 온 용병일 가능성이 크다. 사실 이 이야기는 스스로를 유럽 문명국의 후예로 설정하여 자존심을 높이려는 지역 주민들과 그 설화를 관광 상품으로 만들고자 하는 지역 정부의 합작품이다. 사실 신장웨이우얼자치구의 토착민인 위구르족 가운데는 유로포이드가 많기 때문에 중국 내에 백인종이 산다는 것이 전혀 이상하지 않다. 하지만 서양학계에서는 여전히 중국 내 유럽인들에 대해 관심이 많은 모양이다. 이는 19세기 후반 중국을 차지하려는 제국주의자들이 논리에서 비롯된 것으로 보인다. 오래 전부터 유

럽인들 중 일부가 중국에 살았음을 밝혀 침략의 정통성을 확보하고자
한 것이다.

중국 내 유럽 인종에 대한 서양인들의 관심을 구체화한 사람은 19
세기 말에서 20세기 중엽까지 러시아에서 활동한 유명 역사가 그리고리
그룸-그르지마일로와 레프 구밀료프다. 그들은 중국 북쪽 오랑캐 가운
데 적적(赤狄)이라 불리는 '붉은 머리의 사람'들이 서양 인종이라는 흥미
로운 가설을 제시했다. 실제로 중국 사료 곳곳에서 서양인의 흔적이 확
인되는데, 가령 한나라가 흉노를 토벌하는 과정에서 한나라 장군 진탕
이 노란 머리에 큰 코를 가진 포로를 생포했다는 기록이 있다. 하지만 적
적이 꼭 붉은 머리를 의미한다는 증거는 없다. 허베이성 근처에 중산국
을 세웠던 백적(白狄)이 하얀 머리의 오랑캐라는 증거가 없듯이 말이다.

러시아 학자들이 붉은 머리의 오랑캐에 주목했던 이유는 파지릭 문
화, 안드로노보 문화 등 시베리아 일대의 여러 고고 유적에서 유럽인 계
통의 유목 민족들이 속속 발견되었기 때문이다. 러시아 학계에서는 적
적이라는 이름이 중앙아시아 및 중국 서북 지역에 살던 토착 유로포이
드인들을 대표한다고 보았다. 100여 년이 지난 지금까지도 러시아 학계
에서는 적적의 후손인 '정령'에 대한 논쟁이 계속되고 있다.

중앙아시아의 유럽인계, 그들은 서양인인가

유럽인종이 중앙아시아로 들어온 것은 약 5500년 전 흑해 연안에
서 처음 시작된 목축이 초원을 따라 동쪽으로 확산되면서부터다. 중국
신장웨이우얼자치구의 실크로드 지역에서는 건조한 기후 때문에 보존
상태가 좋은 유럽인종 미라가 자주 발견되는데 가장 이른 시기의 미라
는 5000년 전에 만들어진 것으로 아파나시예보 문화의 유목민들이 이

주한 결과이다. 이후 안드로노보 문화, 스키타이 문화의 유목민들도 양질의 초원을 찾아 이동해 왔다. 신장웨이우얼자치구의 위구르인은 중앙아시아로 유입된 유럽인종의 후예인 셈이다.

한편 알타이 파지릭 문화의 미라를 분석해 본 결과 몽골로이드와 유로포이드, 혼혈이 모두 존재했음이 밝혀졌다. 흉노가 발흥했을 때에는 몽골로이드 계통의 주민이 다소 우세했지만, 유로포이드 계통 주민들이 완전히 사라지지는 않았다. 수천 년 전 초원 지대로 유입된 유럽인종의 명맥이 지금까지 유지되는 이유는 이들이 목축이라는 독특한 경제생활을 했기 때문이었다. 그런 의미에서 '붉은 머리의 사람'들은 중앙아시아에 토착화한 유로포이드를 의미한다.

정령, 그리고 철륵족

기원전 3세기, 현재의 남부 시베리아와 신장웨이우얼자치구 일대에 유럽 계통 인종이 정령(丁零)이라는 이름으로 다시 출현한다. 정령은 딩룩 또는 텔레 등으로도 불렸다. 유목민이었던 그들의 흔적은 서쪽으로 카자흐스탄부터 동쪽으로 바이칼 지역까지 이어진다.

정령은 이후 7세기 중반에 고구려 서북방을 괴롭히던 철륵(鐵勒)이라는 부족으로 다시 등장한다. 유명한 설연타(薛延陀)가 철륵 15부 중하나였다. 철륵은 문화적으로는 투르크 계통이나 자신들의 유목 문화에 고구려의 선진 무기를 결합하여 세력을 키웠다. 이후 몽골제국에 편입된 철륵은 현재 알타이 근처의 텔레우트족과 케트족 등으로 명맥을 유지하고 있다. 한편 발해의 북쪽 변방에 위치했던 행정 구역 가운데 철리부(鐵利府)는 바로 철륵이 살던 곳을 뜻한다. 역사적으로도 철륵이 우리와 무관하지 않았던 것이다.

'붉은 머리의 사람들'의 후손인 정령과 철륵은 우리나라 전통 의복인 '철릭'의 기원에 영향을 미쳤다. 우리 역사에서 철릭이 처음 등장하는 기록은 고려가요 「정석가」로 여기에는 '무쇠로 철릭을 만들어 옷이 다 닳으면 님과 헤어지겠나이다'라는 구절이 있다. 철릭이란 고려부터 조선 초기까지 유행했던 일종의 도포를 말하는데 허리띠를 여미는 것이 특징이다. 철릭은 다른 말로 융복(戎服)이라고도 했는데, 이는 북쪽 이민족으로부터 수입된 옷이라는 뜻이다. 결국 철릭은 원 간섭기 고려에 들어온 원나라풍 옷이었던 것이다.

한국의 전통 옷 철릭

철릭은 몽골인들이 편하게 말을 타기 위해 입었던 벽력포에서 유래했다고 한다. 철릭은 천익, 천닉, 털릭 등 다양하게 불렸는데, 몽골어 '테를릭(terlig)'를 음차한 것이다. 테를릭은 곧 정령(텔레)을 의미하는 것으로 철륵 계통 민족이 입었던 옷을 뜻한다. 중국의 치파오를 영어로는 만다린 드레스라고 하는 것처럼 특정 민족명이 옷 이름이 되는 경우는 흔히 있다. 실제로 알타이와 몽골 초원 지대에 남아 있는 돌궐의 석인상은 가운처럼 길게 늘어뜨린 상의에 허리띠를 매었으니, 이것이 바로 철릭의 기원이다.

원나라의 영향력이 강해지면서 고려 왕족들 사이에서도 철릭이 유행했다. 철릭은 말타기에 편하고, 몸 움직임이 자유롭다는 장점 때문에 평민층에게까지 널리 확대되었고, 조선시대에는 군복으로도 쓰였다. 임진왜란 발발 후 급히 이동해야 했던 왕과 신하들이 철릭을 입은 것도 바로 그 때문이다. 전란이 끝나자 철릭의 기능성은 퇴화되어 옷자락이 땅바닥에 늘어질 정도로 장식화되었다. 때문에 철릭을 금하는 어명도 여러 차례 내려졌다.

초원 기마인의 옷인 철릭이 지난 700여 년간 우리 문화 속에서 면면히 이어져 왔다는 사실은 참 신기하다. 조선이 세워진 후 원나라의 풍속이 엄격하게 금지됐음에도 철릭이 존속할 수 있었던 것은 아마도 그 편리함 때문이었을 것이다. 이는 소중화를 자처했던 조선 사회에 실용적이며 편리한 북방의 문화가 남아 있었음을 보여 주는 증거이기도 하다.

다문화사회, 초원에서 가르침을 얻다

한국은 예로부터 단일민족에 대한 집착이 강했기 때문에 역사에서 서양인의 흔적을 찾아보기 쉽지 않다. 신라의 처용 설화나 서역인 계통의 석인상 등에서 그 흔적을 어렴풋이 확인할 뿐이다. 물론 고려에도 원나라의 영향으로 다양한 중앙아시아계 유럽인, 즉 색목인이 유입되었을 것이며, 발해인들도 중앙아시아의 소그드인들과 교류했다. 또 철릭이라는 옷에서 중앙아시아 지역 유럽계 인종들과 다양한 교류가 있었음을 확인할 수 있다. 이처럼 서양인들은 여러 시대에 걸쳐서 한반도 사람들과 교류했지만 조선의 강력한 쇄국정책으로 그 흔적조차 완전히 사라지고 말았다.

최근 세계 경제가 어려워지면서 사회·경제적으로 소외된 젊은이들을 중심으로 인종차별이 확산되고 있다. 심지어는 나치 독일의 침공을 받은 러시아에서 신나치주의를 표방하는 스킨헤드가 발흥하여 동양인들을 테러하는 지경까지 이르렀다. 한국에서도 인터넷상에서 다문화 정책에 원색적인 댓글을 달며 반발하는 사람들이 적지 않다. 하지만 고대 알타이를 비롯한 초원 각 지역에서는 인종차별이라는 개념이 아예 존재하지 않았다. 시베리아에는 몽골로이드가 주류를 이뤘지만 소수의

철릭(국립대구박물관 소장)

유럽인종에게 어떠한 차별도 가하지 않았다. 오히려 그들을 문명의 전달자이자 동아시아 역사의 활력소로 받아들였다. 이처럼 다양한 문화를 받아들이고 서로 조화를 이룰 때 비로소 문화가 발전할 수 있다.

동아시아를 제패한 초원의 음식 '만두'

중국식 만두 전문점에 가면 만두가 제갈량의 발명품이라는 설명을 볼 수 있다. 원나라 때 나관중이 쓴『삼국지연의』의 기록에 근거한 것이다. 여기에 따르면 제갈량이 지금의 중국 윈난성과 미얀마 지역을 정벌하고 돌아오다가 억울하게 죽은 현지인들을 위로하기 위해 사람 머리 모양으로 밀가루 반죽을 하고 그 안에 고기를 채워 넣어서 제사를 지냈다고 한다. 이것이 사실이라면 만두는 중국에서 기원한 셈이다. 하지만 만두는 우리나라와 중국뿐 아니라 유라시아 초원 지대에 널리 퍼져 있던 음식이었다. 삼국 중 가장 힘이 약했던 촉나라를 이끌고 전략을 짜기도 바빴던 제갈량이 만두를 발명했다는 말을 믿을 수 있을까?

쌍화점에 간 여인과 회회아비

만두를 언급한 대표적인 고전문학 작품 하면 누구나 고려가요「쌍화점(雙花店)」을 떠올릴 것이다. "쌍화점에 쌍화(만두)를 사러 갔더니 회회(回回)아비가 내 손목을 쥐더이다"라는 구절로 시작되는 이 노래는 한 고려 여인이 회족 만두집 주인과 있었던 음사를 다른 여인에게 자랑하는 내용이다. 이를 통해 몽골 침략 이후 국제화됐던 고려 사회의 일면을 알 수 있을 뿐 아니라 당시 고려에서 만두가 꽤 인기 있는 음식이었음을 확인할 수 있다.

여기서 회회아비는 중국화한 무슬림인 회족(回族)이다. 회족은 당나라 때부터 지금까지 현재 중국 서북 지방과 중앙아시아 일대에 거주해 온 투르크 계통의 위구르족을 말한다. 회족의 회(回) 자는 이슬람 특유의 아라베스크 문양을 본 딴 것이다. 중국의 회족은 형질적으로는 많이 한화(漢化)되었지만, 이슬람교와 모스크를 중심으로 고유문화를 지켜나가고 있다.

회족이 중국사에 끼친 영향은 대단하다. 세계 제국 당나라를 9년간 뒤흔든 반란의 주인공 안녹산(알렉산더의 중국식 표기)도 회족계였다. 회족 중에는 특히 마(馬)씨 성이 많은데 마호메드(또는 무하마드)의 첫 자를 땄기 때문이다. 회족의 독특한 음식 문화는 중국에 많은 영향을 미쳐 지금도 중국 곳곳에서 '청진식(淸眞式)' 양고기나 국수, 만두 따위를 파는 식당들을 어렵지 않게 찾아 볼 수 있다. 이렇듯 고려가요에 등장한 회족은 단순한 외국 이주민이 아니라 동서 문명 발전을 주도하던 사람들이었다.

충혜왕, 만두 도둑을 참하다

고려시대에 만두는 단순한 음식이 아니었다. 『고려사』의 기록에는 충혜왕 4년(1343), 도둑이 궁정 부엌에서 만두를 훔친 것이 발각되어 크게 노한 왕이 그를 죽이라 명령했다는 구절이 있다. 충혜왕은 왜 만두 몇 개 때문에 사람을 죽이고자 했을까? 그가 그렇게 명한 것은 단순히 도둑이 음식을 훔쳤기 때문은 아닐 것이다. 도둑이 훔친 물건을 음식이라 하지 않고 '만두'라고 명시한 부분도 그런 추정에 무게를 더한다. 궁궐 담을 넘을 만큼 배포가 큰 도둑이 단순히 배가 고파서 만두를 훔쳐 먹었을까? 어쩌면 만두는 궁중 의례에서 사용했던 특별한 음식이 아니었을까?

실제로 『고려사』 충렬왕 5년(1279)의 기록에는 충렬왕이 새 궁전을 짓자 회회 사람들이 새 궁전에서 왕을 위한 연회를 열었다는 내용이 있다. 또 요나라 벽화를 통해 만두가 잔치나 의식에 꼭 등장하는 음식이었음을 확인할 수 있다. 요나라 황실에서 송나라 사신을 맞이한 연회나 원나라의 제사 등에도 만두가 사용되었다. 즉 만두는 초원에서 발원한 유목 국가의 궁정에서 즐겨 먹던 음식이었다. 고려시대 잔치에도 회족이 들여온 만두가 올라왔을 테니, 만두 도난 사건은 단순 절도 사건이 아니라 왕의 권위에 대한 도전으로 받아들여진 게 아닐까?

만두 이야기에 담긴 유목과 정주의 만남

『삼국지연의』 기록처럼 최초로 만두를 만든 사람이 정말 제갈량일까? 여러 정황을 고려할 때 제갈량의 만두 이야기는 만들어진 이야기라고 보는 편이 옳을 것 같다. 정사에서는 그와 관련한 기록을 찾을 수 없기 때문이다. 나관중이 『삼국지연의』를 쓴 원 통치기에는 이미 중국 전역에 만두가 퍼져 있었다. 죽은 병사들을 위로하기 위해 사람의 머리 모양을 본 따 만두를 만들었다는 이야기는 만두의 발음이 '남쪽 오랑캐의 머리'를 뜻하는 만두(蠻頭)와 비슷하기 때문에 생긴 것으로 보인다. 만두가 언제 처음 만들어졌는지는 정확하지 않지만, 분명한 것은 거란이 요나라를 세운 이후 초원 민족이 아시아를 제패하기 시작하면서 만두가 초원에서 동아시아 곳곳으로 퍼졌다는 사실이다.

만두는 고기를 주식으로 하는 유목민이 부족한 탄수화물을 섭취하기 위해 먹었던 음식이다. 이 요리는 중세 초원 제국의 성장과 함께 시베리아와 중앙아시아의 초원, 나아가 이탈리아에까지 전해지면서 유라시아를 제패했다. 이탈리아에 전해진 만두는 라비올리라는 이름을 얻었고, 투르크어로는 만띠라고 불린다. 현대 중국에서는 한국의 만두와

요나라 벽화에 묘사된 연회 모습(탁자 위에 만두가 놓여 있다.)

비슷한 음식을 바오쯔(包子) 또는 자오쯔(餃子)라고 하고, 소가 없는 밀가루 빵을 만터우(饅頭)라고 부른다. 바이칼 호수 근처의 몽골계 민족인 부랴트족은 중국의 영향으로 포즈라는 만두를 만들어 먹는다. 러시아식 고기만두 펠메니도 유명하다.

초원 지역의 만두는 대체로 고기의 비율이 높고 양고기를 선호하는 반면, 다른 지역의 만두는 채소의 비율이 높은 편이다. 한편 러시아 극동 지역 일대에서는 고려인이 개발한 만두인 빤새가 유행이다. 빤새는 고기 대신 매운 양념과 채소를 많이 넣어 추운 기후 탓에 채소 섭취가 부족한 이 지역 사람들의 입맛을 사로잡았다. 빤새라는 이름은 아마 빵을 뜻하는 '빤'과 야채를 뜻하는 '새'가 합쳐져서 만들어진 듯하다. 이렇듯 만두는 국경을 넘어 꾸준히 진화를 거듭한 결과 전 세계인의 사랑을 받는 음식이 되었다.

가족 사랑이 담긴 음식

시대와 지역을 초월하여 유라시아를 제패한 만두의 성공 비결은 어디에 있을까? 우선 만두는 인간 활동의 주요 에너지원인 탄수화물과 단백질을 골고루 제공한다. 대개 밀가루로 만들어지는 만두피는 탄수화물을 공급하고, 고기로 채운 만두소는 단백질과 지방의 공급원이 된다. 초원은 고기가 풍부하고 곡물이 부족했던 반면 정착 농경 생활을 하는 중국이나 한국에서는 고기가 부족했으니 만두는 양쪽 모두에게 적합한 음식이다. 또 봄이 되면 새로 나온 채소나 과일 등을 만두소로 활용해 부족한 비타민을 보충하기도 했으니 각 지역의 풍토와 입맛에 맞춘 다양한 만두가 나올 수밖에 없다.

만두는 만들기는 어려워도 먹기는 간편하다. 만두는 만두피를 만들고 속을 다져야 하기 때문에 비교적 손이 많이 간다. 하지만 끓는 물에 넣거나 기름에 튀기면 곧바로 요리가 되는 반조리 식품이기 때문에 멀리 여행을 떠나는 사람에게도 적합한 음식이다. 러시아에도 추운 겨울 가족이 먼 길을 떠나면 어머니가 밤새 펠메니를 빚어 주는 전통이 있다. 만두는 사방을 떠돌아다녀야 하는 초원 민족의 가족 사랑이 담긴 음식이다.

한국의 경우 남부 지방에서는 집에서 만두를 빚는 경우가 적고, 거리에도 만두집이 흔치 않다. 상대적으로 따뜻한 겨울 탓에 만두를 빚어도 장기간 보관할 수 없기 때문이다. 하지만 서울만 해도 명절에 만두를 빚는 집이 꽤 많다. 만두가 명절 음식의 일부로 굳어진 탓이다.

초원에서 사시사철 이동해야 하는 유목민들은 가족 및 친지들과 만나는 날이 1년에 두어 번 정도다. 동계 초원에서 하계 초원으로 이동하는 과정에서 다 같이 모여 해후하고 축제도 한다. 요즘 한국도 전통적인 대가족이 붕괴하면서 유목민 못지않게 서로 떨어져 산다. 가족이라고 해도 직장 때문에 서로 다른 도시에 흩어져 사는 것은 물론이요, 해외에서 사는 경우도 부지기수다. 그러니 친척들은 설날과 추석에 두 번 정도밖에 만나지 못한다. 21세기 유목민이라 해도 과언이 아니다. 새해에 어렵게 모인 가족들과 만둣국 한 그릇 하고는 다시 뿔뿔이 흩어져서 살아가는 요즘 우리들을 보노라면 여름과 겨울에 잠깐 모여서 만두를 먹고 흩어지는 유목민들의 모습과 크게 다르지 않은 것 같다.

한글에 숨은 초원의 지혜

글자가 필요 없었던 초원 민족

페르시아의 다리우스 왕이 초원 민족인 스키타이와 전쟁을 벌이기 위해 그리스의 여러 도시 국가를 소집했을 때의 일이다. 다리우스 왕은 보스포루스 해협을 건넌 후 그곳을 지키는 이오니아 군대에게 60마디로 엮인 매듭을 주며 하루에 하나씩 자르고 다 자를 때까지 부대가 돌아오지 않으면 배로 만든 다리를 끊어버리라고 했다. 배수의 진을 쳐 결연한 의지를 표명한 것이다. 흥미로운 것은 여기서 사용한 매듭인데, 매듭은 글자를 모르는 사람들이 주로 사용하던 도구였다. 당시 페르시아와 이오니아에는 고도로 발달된 문자가 있었는데, 왜 이처럼 중요한 일에 매듭을 사용한 것일까?

그 이유는 이 지역에 미친 초원의 영향에서 찾을 수 있다. 초원에서는 중요한 약속을 할 때 매듭을 사용했기 때문이다. 다리우스 왕의 고사에서 알 수 있듯 초원 민족은 대개 글자를 사용하지 않았다. 거대 제국을 이루었던 흉노 역시 글자를 사용하지 않고 매듭을 엮는 것으로 의사를 전달했다. 물론 흉노의 외교 문서는 높은 수준의 한문으로 기록되었지만, 그 문서의 실제 작성자는 대부분 망명한 한인들이었다.

지금의 몽골 지역과 중국 북방, 러시아 바이칼에 이르는 광대한 지역을 지배했던 흉노가 어떻게 글자 없이 그 큰 나라를 다스릴 수 있었을까? 이는 초원 제국들의 독특한 지배 체계와 연관돼 있다. 『사기』의 「흉노 열전」을 보면 흉노 왕 아래에는 스물 네 명의 장(長)이 있는데, 이들은 각기 만 명의 병사를 거느린다고 한다. 각 장의 밑에는 다시 천장, 백장, 십장 등의 직책이 이어진다. 즉 왕 이하의 모든 조직이 열 명 단위로 편제되어 있는 것이다. 군인 열 명은 한 명의 장수가 통제하고, 열 명의 장수는 다시 한 명의 장군이 통치하는 십부장제가 지켜지면 나라가 아무리 커져도 체제를 유지하는 것이 어렵지 않다. 누구든지 자기 윗사람의 명령만 들으면 되고, 대장들은 자기 아래 열 명만 통제하면 된다. 물론 집단마다 세부적인 지배 체계는 달랐겠지만 십부장제에 근거한 조직 세분화 덕에 정보의 전달 경로가 단순해져 문자 없이도 체제가 유지될 수 있었던 것이다.

초원 민족들은 글자 대신 '탐가(tamga)'라는 기호를 썼다. 원래 탐가는 자신이 기르는 가축이나 말에 찍는 낙인을 말하는데, 무기나 토기에 자기 집단의 상징으로 그려 넣기도 했다. 때문에 탐가가 흉노의 문자라고 생각하는 경우도 있으나 탐가에는 일정한 문법 체계가 없고, 몇몇 기호가 단편적으로 남아 있을 뿐이기 때문에 이를 글자로 보기는 어렵다.

돌궐의 글자를 발견하다

19세기 말 러시아 지식층 중에는 시베리아의 분리 독립을 주장하며 시베리아 향토사 연구에 힘쓴 사람들이 있었다. 니콜라이 야드린체프 역시 그들 중 하나로 본업인 대중계몽보다 시베리아 고대사 연구로 세계적인 명성을 얻었다. 몽골 오르콘 강 답사 중에 돌궐 제국의 비문을 발견한 것이 그 계기가 됐다. 그가 발견한 제2 돌궐 왕조의 2대 왕 퀼 테킨의 기념비에는 독특한 문자들이 새겨져 있었고, 이를 통해 돌궐 제국이 독자적인 문자를 사용했음이 밝혀졌다. 퀼 테킨 비는 거의 비슷한

퀼 유크 비석(룬 글문자가 새겨져 있다.)

시기에 발견된 광개토왕릉비와 함께 19세기 말 동양 고대사의 최대 성과로 꼽힌다.

돌궐문자는 한글처럼 간단한 기호로 만들어진 표음문자로 6~8세기에 가장 활발하게 사용되었다. 이 시기 중국의 둔황에서 돌궐문자로 작성된 점술서가 발견된 바 있다. 돌궐문자는 발견 직후 전 세계 언어학자들의 관심을 끌었고, 1893년에 덴마크 언어학자 빌헬름 톰센에 의해 처음 해독되었다. 다행히 비문에 한문이 함께 쓰여 있어 해독은 그리 어렵지 않았다. 톰센은 돌궐문자를 룬문자 계통이라고 보고 근동 아람어에서 기원을 찾았다. 룬문자는 스칸디나비아반도와 아일랜드 지역에서 널리 유행했던 글자를 말하는데, 돌궐문자의 외형이 기호처럼 생긴 룬문자와 유사하기 때문에 그렇게 이름 붙인 것이다. 사실 톰센이 돌궐문자의 기원을 아람어에서 찾은 것도 초원에서 독자적인 글자를 만들었다는 사실을 믿기 어려워서였다. 하지만 돌궐문자가 룬문자나 근동 아람어와 관련된다는 증거는 없다. 오히려 스키타이 문화의 토기나 암각화에 새겨진 탐가와 유사하다. 어쨌든 돌궐이 단기간에 독자적인 문자 체계를 만들어 각지의 비석에 새겼다는 사실은 언어학에 능통한 전문 연구 집단의 존재를 암시한다.

흉노 이래로 초원 지배층들은 줄곧 한문을 사용했고, 유목 생활을 하는 하층민에게는 굳이 글을 가르칠 필요가 없었다. 그런데 왜 돌궐은 독자적인 문자를 만들었을까? 새로운 문자를 만들어 보급하는 것보다 기존의 한자를 도입하는 것이 더 효율적인 일이었을 텐데 말이다. 물론 한자 사용에는 여러 가지 제약이 있다. 기본적인 언어 체계가 달라서 생기는 번잡함은 말할 것도 없고, 중원 문화에 동화되어 초원의 정체성을 잃어버릴지도 모른다는 위험 역시 무시할 수 없었을 것이다. 어찌 됐건 돌궐은 독자적인 문자를 사용함으로써 제국의 권위와 자주성을 높일 수 있었다. 또 대부분의 비문에 한문을 병기하여 국제적 감각을 잃지 않도록 했다. 퀼 테킨의 비문은 다양한 수사로 왕의 업적을 찬양하고 있지만 어쩌면 돌궐문자로 쓰인 비문 그 자체가 왕의 가장 큰 치적이 아닐까?

한글과 초원문자는 어떤 연관이 있을까?

대개 문자는 말소리를 기호로 나타낸 표음문자와 각각의 글자가 소리와 관계없이 일정한 뜻을 지니는 표의문자로 나뉜다. 세계 4대 문명의 글자는 모두 상형문자에서 기원한 표의문자다. 중국의 한자, 고대 이집트문자, 인더스문자, 메소포타미아의 쐐기문자가 모두 상형문자에서 출발했기 때문이다.

반면 돌궐과 거란, 서하, 몽골 등 초원제국은 대부분 표음문자를 만들었다. 초원 제국의 문자는 서하문자나 일본의 가나처럼 한자의 획을 조합하거나 간략화해서 만든 것과 부호 형태로 만든 것으로 나뉜다. 두 경우 모두 배우기 쉽고 실용적인 문자로 초원의 문자가 이런 형태를 띠는 것은 초원의 지배층들이 문자 정보가 널리 확산되기를 바랐기 때문이다. 이는 훈민정음의 창제 목적과도 상통한다.

한글의 기원에 대해서는 지금도 많은 논란이 있다. 산스크리트어나 단군 시대 문자인 가림토를 참고해 만들었다는 설, 몽골의 파스파문자를 차용했다는 설, 발성기관을 본떠 만들었다는 설 등이 분분하다. 현재로서는 어떤 주장이 맞는지 확인할 만한 근거가 없다. 다만 분명한 것은 조선이나 초원 유목 제국들 모두 나라의 기틀이 잡힌 직후 가장 먼저 독자적인 문자를 고안했으며, 곧 자국 문자로 쓰인 역사를 편찬했다는 점이다. 아마 몽골을 비롯한 여러 초원 지역 국가들과 교류했던 고려의 지배층은 분명 초원의 표음문자를 익숙하게 접했을 것이다.

실제로 몽골의 파스파문자, 인도의 구자라트어, 산스크리트어 등에는 한글과 유사한 자모가 제법 있다. 다만 기호의 형태가 비슷할 뿐 실제 음가나 언어 체계는 완전히 다르다. 따라서 한글은 초원 문자의 장점을 최대한 활용하여 우리말에 맞게 재창조한 것이라고 보는 편이 옳다. 즉 한글은 특정 문자에서 기원한 것이 아니라 다양한 문자 전통의 장점을 취합한 독립적인 문자 체계라고 할 수 있다.

돋보이는 한글의 가치

돌궐에서 시작된 초원의 표음문자 전통은 한글에서 절정을 이루었다. 한글은 초원의 제자(題字) 전통을 따른 문자 가운데 가장 발달한 문자이자 지금까지 사용되는 유일한 문자이다. 한글 창제 전에 만들어진 서하문자, 돌궐문자, 여진문자, 몽골문자, 거란문자 등은 이미 사어(死語)가 되었거나 거의 사용되지 않는다. 물론 지금도 중국의 네이멍구나 닝샤후이(寧夏回) 등의 자치구에 가면 한자와 병기된 회어(回語) 또는 몽골어 간판을 볼 수 있지만, 그 글자들을 제대로 쓰는 사람은 거의 없고 학교에서 가르치지도 않는다. 조만간 사라지고 한자로 교체될 운명이다.

한편 한글은 전자 기기 입력에 적합한 표기 체계 덕에 인터넷 세계에서 큰 위력을 발휘하고 있다. 작지만 강한 언어라고 해도 과언이 아니다. 초원 문자 대부분이 사라지는 통에 비슷한 전통을 지닌 한글만 유독 강하게 살아남은 이유는 무엇일까? 삼국시대 이래로 써 오던 향찰을 변형하는 대신 자음과 모음이 결합하는 새로운 기호를 창조했기 때문은 아닐까? 한글은 초원 표음문자의 장점에다 다양한 음가 표현의 호환성까지 갖추었으니 말이다. 어쨌거나 15세기 조선에서 한글이라는 뛰어난 문자가 발명된 데에는 초원과 농경의 장점을 적절히 조합했던 우리 조상들의 지혜가 중요한 역할을 했다.

차마고도에 숨은 초원
유목 문화와 고인돌

최근 텔레비전 다큐멘터리로 유명세를 얻은 차마고도(茶馬古道)는 중국 서남부의 윈난성과 쓰촨성에서 티베트를 넘어 네팔, 인도까지 이어지는 최고(最古)의 육상 무역로이다. 본래 차마고도라는 이름은 윈난성, 쓰촨성의 차와 티베트의 말을 교환했다고 붙여진 것이지만 이 길을 따라 오간 것은 그 두 가지뿐이 아니었다. 험난한 산길을 잇는 차마고도는 다양한 민족들이 지나가는 통로이자 그들의 문화가 섞이고 퍼져 나가는 교류의 중심지였던 것이다.

북방 초원 고고학을 전공하는 필자가 중국 서남부 지역에 관심을 갖게 된 것은 굉장히 우연한 기회를 통해서였다. 러시아에 유학 중이던 1997년, 도서관에서 중국 윈난성의 스자이산(石寨山) 문화에 대한 도록을 접하게 된 것이다. 중국의 서남쪽 변방에서 이토록 화려한 초원계 청동기가 나온다니 놀라운 일이었다. 차마고도에서 발견된 초원계 유물을 어떻게 설명할 수 있을까?

윈난성은 민족의 용광로, 민족학의 고향

중국의 윈난성은 동쪽과 서쪽이 확연히 다른 양상을 보인다. 주도 쿤밍이 위치한 동쪽은 평야 지대로 대부분의 인구가 몰려 있는 반면, 서쪽은 인구도 적고 땅의 대부분이 가파른 산악 지대다. 이곳에서는 산 하나를 경계로 언어며 풍속이 완전히 달라진다. 험난한 지리적 특성으로 인해 외부와의 접촉 없이 수천 년간 자신들만의 문화를 지켜 온 것이다. 다양한 소수민족이 고유의 문화를 지키며 사는 덕에 윈난성은 민족학의 고향이라는 별명을 얻었다. 이와 관련해 소설『삼국지연의』에는 제갈량이 남만을 원정할 때 맹획을 일곱 번이나 잡았다가 다시 놓아 준 대목이 있다. 이 원정에서 제갈량의 부대는 다양한 풍습을 지닌 남만의 여러 민족들을 만난다. 이 이야기가 각색된 소설임을 감안해도 매우 흥미로운 부분이다. 실제로 이곳의 나시족(納西族)은 아직도 상나라의 것과 유사한 복골(卜骨)과 독창적인 상형문자를 쓰고, 그들 일파인 모수오족(摩梭族)은 현존 유일의 완벽한 모계사회로 유명하다.

1957년, 이곳 윈난성에서 약 2000년 전 번성했던 뎬국(滇國)의 고분인 스자이산 유적이 발견됐다. 이 유적에서 출토된 청동기 중에는 당시 화폐인 자안패(子安貝)를 담던 저패기(貯貝器)와 제사나 의식에 사용된 것으로 보이는 청동 북 등이 있다. 특히 이 청동 북에 새겨진 그림에는 제사를 지내고 죄인을 참하는 모습과 뎬국에 복속된 여러 민족의 모습이 다양하게 묘사되어 있다.

스자이산 유적의 발굴 보고서를 본 연구자들은 탄성을 금치 못했다. 스자이산 청동기에 표현된 사냥 장면이나 역동적인 동물장식 등에 시베리아와 오르도스 지역 초원계 청동기 문화가 섞여 있었기 때문이다. 뎬국의 여러 민족 가운데 초원에서 내려온 사람들이 있었던 것이다. 이후 계속된 발굴을 통해 초원 문화가 뎬국 문화의 한 축을 이루고 있었음이 밝혀졌다.

다양한 북쪽 문명의 혼재

윈난성 지역으로 내려온 초원인들의 흔적은 중국의 역사 기록에서 어렵지 않게 찾아 볼 수 있다. 그 가운데 초원계 청동기를 가지고 온 것으로 예상되는 집단은 복인(濮人), 강인(羌人), 수인(嶲人), 백랑족(白狼族), 교인(巧人) 등이다. 이들은 모두 흉노의 발흥 이후 전란을 피해 남하했다. 흉노의 침략을 받은 오손(烏孫)이 다시 주변 산악 민족을 침입하자 그를 피해 산맥을 따라 남쪽으로 내려온 것이다. 이유야 어떻든 이들이 가지고 온 초원계 문화는 뎬국 문화로 재탄생했고, 나아가 태국의 동손문화에도 영향을 주었다. 동쪽 한반도부터 서쪽 유럽까지 영향을 미친 초원 문화가 남쪽의 윈난성까지 전파된 것을 보면 가히 지구촌이라는 말이 실감 날 정도다.

이 지역에 전파된 북방 문화는 초원 문화만이 아니었다. 티베트와 맞닿은 윈난성과 쓰촨성 서쪽 산악 지역에서 고인돌과 무문토기가 출토된 것이다. 날이 휘어져 얼핏 비파형 동검처럼 보이는 동검까지 나왔다. 주지하다시피 고인돌과 비파형 동검은 대표적인 한반도 문화 유물이다. 우연의 일치라고 보기에는 유물 간의 유사성이 너무 크고, 또 북쪽에서 유입된 사람들에 대한 기록이 많기 때문에 이 지역과 북방 문화의 연관성에 대한 학자들의 관심은 오래 전부터 뜨거웠다.

일례로 쓰촨대학 고고학과의 퉁언정 교수는 1986년에 반월형문화 전파대라는 가설을 제기했다. 중원을 둥글게 감싸는 반월형의 문화권(한반도를 포함한 만주와 초원 지역, 쓰촨·윈난 지역을 아우른다) 내에는 오래 전부터 빈번한 문화 교류가 있었으며, 그 원인은 지리 환경적 요건에서 찾을 수 있다는 주장이다. 울릉도에 멀리 제주도에서 시집온 사람이 많은 것은 고기잡이로 인한 잦은 교류 때문인 것처럼 초원과 산악으로 맞닿은 지역 간 교류가 활발했을 거라는 추측이다. 실제로 티베트와 맞닿은 윈난성과 쓰촨성 서북쪽은 해발 수천 미터가 넘는 고원지대다. 이

뎬국 청동기 세부

지역에 한반도와 유사한 청동기 문화가 있었을까 궁금하지만 이 지역은 윈난성 중에서도 접근이 어렵기로 유명한 곳이라 직접 확인할 길은 요원하기만 하다.

윈난성의 초원 문화가 우리에게 남겨 준 것

몇 년 전 윈난성과 태국 일대에 사는 라후족이 고구려의 후손이라는 주장이 소개된 적이 있다. 실제로 라후족의 언어와 풍습은 한국의 그것과 놀랍도록 유사하며, 조상이 머나먼 북쪽 눈 내리는 곳에서 왔다는 라후족의 전설 역시 그냥 지나치기 힘들다. 그러나 이 주장은 체계적인 조사로 이어지지 못하고 한때의 이야깃거리로 잊히고 말았다.

만약 윈난성에 고대 한민족의 일부가 일부 유입되었다면 그들이 지금까지 문화를 지키고 있을 가능성은 충분하다. 이곳의 험준한 산악 지형은 한 번 유입된 문화를 수천 년간 고스란히 보존하기 때문이다. 이는 고고학적으로도 이미 증명된 바 있는데, 스자이산 유적의 청동 북에 새겨진 그림이 대표적인 예다. 그림 속 인물들의 의복이나 머리 모양 등이 현재 이 지역 소수민족의 그것과 거의 같아서 세세하게 종족을 구분할 수 있을 정도이기 때문이다.

윈난성의 초원 문화가 보여 주는 '수천 킬로미터를 뛰어 넘는 문화 교류'는 우리에게 많은 시사점을 준다. 한국 문화에도 북방 초원 문화 요소가 적지 않음은 익히 알려진 사실이다. 하지만 두 지역이 지나치게 멀리 떨어진 탓에 전파 경로에 대한 구체적 연구는 거의 진행되지 않고 있다. 그런 점에서 윈난성의 초원 문화 연구가 한국과 초원 지역의 관련성에 대해 많은 힌트를 줄 것으로 기대한다.

일제강점기에 등장한 한민족
북방 기원론

　한국인에게 한민족 북방 기원설은 결코 낯설지 않다. 역사에 관심이 없는 사람이라도 한민족의 기원 하면 막연히 알타이와 바이칼 호수를 떠올린다. 어릴 때부터 한국어가 우랄-알타이어 계통이라고 배웠기 때문이리라. 심지어 예전 고등학교 국사 교과서에는 아연의 포함 유무를 근거로 한국의 청동기가 스키타이-시베리아 유형이라고 설명한 구절도 있었다. 지금은 물론 삭제되었지만 말이다. 게다가 알타이 파지릭 고분과 신라 적석목곽분의 유사성을 다룬 역사 다큐멘터리들 또한 한민족 북방 기원설에 힘을 실었다. 하지만 북방 초원이 과연 한민족의 기원이 맞는지에 대해서는 아직도 많은 논란이 있다. 필자 역시 한국과 유라시아 초원 사이에 꾸준한 문화 교류가 있었음은 분명하지만 이를 곧 대규모 인구 이동으로 연결 짓기는 어렵다는 입장이다. 우리가 조금 더 눈여겨봐야 할 것은 한민족 북방 기원설이 일제강점기 일본의 식민사학자들에 의해 처음 제기되었다는 사실이다. 그들은 어떤 과정을 통해 왜 이런 주장을 하게 됐을까?

하얼빈의 러시아 학자가 찾아낸 동북아시아의 초원 문화

　1920년대 중국 하얼빈은 러시아 땅이었다. 러시아는 시베리아 횡단 철도를 블라디보스토크까지 연장하는 동청철도(東淸鐵道)를 건설하는 등 하얼빈 개발에 앞장섰고, 당시 하얼빈에서 활동하던 러시아 역사학자와 고고학자 들은 만주연구회를 구성하여 이 지역 조사에 나섰다. 그러던 중 하얼빈박물관에서 근무하던 한 학자가 만주 지방으로 파급된 초원 청동기의 흔적을 발견했다. 그의 이름은 블라디미르 톨마쵸프였다.

톨마쵸프는 러시아혁명 당시 사방으로 흩어진 러시아 지식인의 전형이었다. 그는 우랄산맥 근처에서 살다가 10월 혁명을 계기로 이르쿠츠크로 이주했고, 머지않아 다시 하얼빈으로 옮겨 가야 했다. 훗날 하얼빈이 중국 땅이 되면서 그는 다시 캐나다로 떠났다. 부평초같이 떠나는 인생이었지만 그런 경력은 오히려 동아시아 고고학에 새로운 장을 여는 계기가 되었다. 우랄산맥 근처에서 스키타이 시대 유적을 조사했던 톨마쵸프는 헤이룽장성 유림푸 유적에서 나온 청동기를 보고 놀라움을 감출 수 없었다. 그가 조사했던 스키타이 시대 동물 장식과 너무도 흡사했던 것이다. 스키타이-시베리아 유형의 청동기가 만주 지역으로 전파된 최초의 증거를 발견한 것이다. 그는 곧바로 학계에 정식으로 보고하는 논문을 썼다. 훗날 유림푸 청동기가 흉노의 일파인 선비족이 헤이룽장성 지역으로 이동하며 남긴 것임이 밝혀졌다. 흉노 유물 자체가 스키타이 계통임을 고려하면 톨마쵸프의 통찰력은 놀랍도록 정확했던 것이다.

스키타이 계통의 유물이 동쪽으로 파급되었음을 주장한 사람은 톨마쵸프뿐이 아니었다. 1910~1920년대에 이미 독일의 민스나 러시아 출신 미국 망명 교수 미하일 로스톱체프 등이 초원의 청동기가 중국에 유입되었음을 밝혔다. 톨마쵸프는 여기서 더 나아가 초원 지역 청동기가 만주 지역까지 확산되었다고 주장한 것이다. 톨마쵸프의 연구는 혁명의 여파로 러시아 학계에서는 곧 잊히고 말았지만, 이후 일본의 학자들에게 알려져 한민족 북방 기원설에 결정적인 영향을 미쳤다.

일본 고고학자들의 운명을 바꾼 러시아 유학

중학교 졸업장만 가지고 일류 국립대 교수가 될 수 있을까? 일본의 고고학자 우메하라 스에지가 그랬다. 1914년 중졸 학력으로 교토대 박물관의 자원봉사자가 된 그는 그로부터 25년 후, 마흔다섯의 나이로 같은 대학 고고학과의 최고 교수 자리에 올랐다. 유례없는 성공이었다. 우메하라가 그 같은 성공을 거둘 수 있었던 것은 식민지 조선의 고고학 자료에 바탕을 둔 그의 북방 문화론이 서구 학자들의 관심을 끌었기 때문이었다.

1890년부터 1930년까지는 일본이 섬나라라는 지리적 한계를 극복하고 전 세계로 나아가는 벅찬 감동의 시기였다. 메이지유신 이후 서양 문물을 배워 오는 데 혈안이 돼 있던 일본 지식인들에게 해외 견학은 필수 코스나 다름없었다. 이 시기 유럽과 미국 등지에서 견문을 쌓았던 지식인 가운데는 한반도를 자신들의 고고학 실습장으로 만든 하마다 고사쿠, 도리이 류조, 후지타 료사쿠 등도 포함됐다. 실제로 빗살무늬토기 시베리아 기원설 역시 당시 경성제대 사학과 교수였던 후지타 료사쿠가 유럽에서 한반도의 빗살무늬토기와 비슷한 토기를 본 것이 계기가 되었다.

이처럼 지식인의 서구 견학이 당연시되던 그때, 비슷한 연배의 두 학자 모리모토 로쿠지와 우메하라 스에지도 서구 유학길에 올랐다. 우메하라와 마찬가지로 대단치 못한 학력의 소유자였던 모리모토는 도쿄를 중심으로 활동한 아마추어 고고학자였다. 식민지 시기의 화려한 발굴 보고서들만 보면 당시 일본 고고학이 상당한 수준이었다고 오해하기 쉽지만 사실은 그렇지 않았다. 때문에 모리모토가 속한 고고학 단체도 초라하기 그지없는 동아리 모임에 불과했다. 모리모토는 변변한 직업도 없이 순수한 열정으로 동경고고학회라는 조직을 만들었다. 여기서 출판한 잡지《고고학》은 체계적인 자료 집성과 연구로 일본 고고학의 기초를 다졌다. 모리모토와 함께 활동했던 야마노우치 스가오나 고바야시 유키오는 지금도 일본 고고학계에 미치는 영향력이 적지 않다. 모리모토의 가장 큰 업적은 야요이 문화가 벼농사를 배경으로 한 사회였음을 밝힌 것이다. 그 덕에 모리모토에게도 프랑스 유학 기회가 주어졌지만 그의 유학은 참담한 실패로 끝났다. 당시 일본은 이미 선진국 반열에 올라 있었음에도 동아시아 고고학에 대한 서양학자들의 관심은 일본 고고학에까지 미치지 못했다. 그들의 관심은 온통 중국이나 실크로드에 쏠려 있었기 때문이다.

우메하라 스에지는 모리모토와 비슷한 듯 다른 길을 걸었다. 교토대 고고학 연구실의 행정 요원으로 들어간 우메하라는 실측에 뛰어난 재능을 보였다. 한 번 본 사물을 그대로 그려내는 놀라운 능력을 지녔던 것이다. 여기에 일에 대한 엄청난 집중력과 성실함까지 갖췄던 우메하라는 당시 고고학과 교수였던 하마다 고사쿠의 눈에 들었다. 덕분에 그는 조교와 조교수를 거쳐 교수로까지 발탁되는 어마어마한 성공의 주인공이 되었다. 젊은 우메하라는 식민지 조선과 중국 등을 다니며 닥치는 대로 자료를 모았다. 당시는 일본이 동아시아 고고학 조사에 손댄 지 거의 30여 년이 되어가던 시점이었기에 자료가 제법 쌓여 있었다. 우메하라가 모은 자료는 그간 베일에 싸여 있던 동아시아 고대 문화가 서구에 알려지는 계기가 되었고, 이를 통해 우메하라는 일약 국제적인 스타로 발돋움했다. 서양 고고학자들은 우메하라의 유물 실측 능력과 일본인 특유의 한문 해독력에 또 한 번 반했다. 러시아 유학 시절 그가 막 발굴된 노인울라 고분의 명문 자료들을 분석한 것이 좋은 예다. 우메하라가 러시아에 다녀온 직후, 러시아 측에서 고고학 자료의 공개를 막는 바람에 그가 가진 자료가 서구권에 알려진 유일한 자료가 됐다. 동아시아 자료에 시베리아 자료까지 갖춘 그가 유럽 고고학계에서 권위자로 인정받는 것은 당연한 일이었다. 우메하라는 유럽에 체제하는 동안 수많은 강연과 유물 감정 의뢰를 받았고 심지어는 논문까지 출판했다. 이후 우메하라는 전 세계가 인정하는 고고학자가 되었고 교토대 내에서도 입지를 굳혔다.

일본 학자들이 주장한 한민족 북방 기원론

러시아 유학 시절 우메하라는 1920년대에 발굴된 스키타이-시베리아 고분 유물을 볼 수 있었고, 하얼빈의 백군파 고고학자 톨마쵸프를 만나 만주 지역에도 스키타이 계통의 유물이 있음을 알았다. 그는 한반도 청동기에 나타나는 북방계 요소가 만주를 거쳐 한반도로 유입된 스키타이 계통의 문화라고 보았다. 전국시대 말기에 중국이 혼란해지면서 사방으로 퍼진 유이민 중 일부가 한반도로 들어왔고 그들이 한반도의 청동기시대를 열었다는 것이다.

그가 제시한 한국 문화 북방 기원설은 당시로서는 최신인 구소련 자료를 이용한 것이어서 학계의 주목을 끌었다. 또 한반도의 고대 문화를 스키타이 문화와 관련지으면서 러시아와 유럽 학자들의 이목까지 사로잡을 수 있었다. 즉 우리가 알고 있는 한민족 북방 기원론은 일제강점기 일본 학자들에 의해 처음 제기된 것이다.

우메하라가 한국 문화의 기원지로 시베리아를 꼽은 것은 강한 식민

사관의 영향 때문이었다. 일본은 타율성론과 정체성론을 들어 한반도 식민 지배를 정당화했다. 식민사학자들은 한반도 북쪽은 한나라가 낙랑군을 설치하기 전까지 석기시대가 지속되었고 남쪽은 임나일본부의 지배를 받았다고 주장했다. 한국은 예부터 다른 문명국의 식민지가 되어야만 역사가 발전하는 미개한 나라이기 때문에 일본이 한국을 식민지로 삼아 문명화해야 한다는 논리였다.

하지만 본격적인 고고학 조사를 통해 낙랑군 설치 전에 한반도에 독자적인 청동기 문화가 있었음이 확인됐다. 식민사학자들의 논리에 반하는 결과였다. 이에 일본 학자들은 세형 동검의 동물 장식을 예로 들어 한국의 청동기는 중국 북방 및 시베리아 등지의 유목민들이 전란을 피해 한반도로 오면서 들어 온 것이라고 주장했다. 이렇듯 한민족 북방 기원론은 한반도와 초원 문화의 관련성을 밝혀냈다는 점에서 긍정적이었으나, 식민사학의 타율성론을 뒷받침하는 근거로 제시된 것이기에 태생적 한계를 피할 수 없다.

자생설에만 기대는 것도 경계해야

최근 한국 고고학계에는 한반도에 미친 북방 문화의 영향을 부정하는 학자들이 늘고 있다. 신라 적석목곽분에서 분명한 초원 유물이 나왔음에도 이를 무시하고 자생설을 주장한다. 이는 일제 강점기에 북방 기원설이 제기된 후 누구도 유라시아 초원을 체계적으로 조사하려 하지 않았기 때문이다. 신라 적석목곽분이나 황금 보검 등이 한반도에서 자생했다고 설명하는 것도 모순이다. 당시 유라시아는 거대한 민족 이동의 시기였으며, 자생설이라는 것 자체가 이후에 나온 유라시아 자료에 대해 무지한 상태에서 내린 결론이기 때문이다. 북방 문화 기원설 또

한 그것이 일제 식민 통치의 산물이기 때문에 엄정하고 비판적인 태도로 보지 않을 수 없다.

더러워진 목욕물을 버리겠다고 욕조 안의 아기까지 버려서는 안 된다. 일제 잔재를 극복하려면 진실을 왜곡한 자생론에 기댈 것이 아니라 한반도와 유라시아의 문화 교류를 구체적으로 밝혀야 한다. 지금 우리는 북방 여러 나라들을 자유롭게 방문할 수 있다. 이념의 장벽이나 물리적인 한계에 가로막혀 연구 자체가 불가능했던 과거와는 분명히 다른 연구 환경이다. 이런 때에 수십 년 전에 만들어진 북방 기원론을 신봉하거나 그에 대해 무분별한 반론만 펼치는 것이 과연 옳을까? 지금은 우리 학자들이 직접 시베리아와 중앙아시아 등을 체계적으로 연구해 한민족의 형성 과정을 차근히 풀어 나가야 할 때다.

기마민족설, 패전국 일본을 달래다

최근 급격히 우경화되고 있는 일본의 행태는 그 끝을 모를 정도다. 위안부 문제를 비롯한 역사 왜곡, 야스쿠니신사 참배, 자위대의 재무장 등 일본의 우경화는 급속히 가라앉는 일본의 사회적 분위기를 일신하기 위한 것이다. 버블 경제 붕괴와 고령화로 잃어버린 20년을 보낸 일본의 내부적 불만이 후쿠시마 원전 사태를 계기로 폭발했기 때문이다.

사실 일본의 우경화 경향은 오래 전부터 존재했다. 일례로 한국에서도 많은 사랑을 받은 지브리 스튜디오의 애니메이션들을 들 수 있다. 2013년 개봉한 미야자키 하야오 감독의 「바람이 분다」는 일본 제국주의 공군의 상징인 가미카제 폭격기로 쓰였던 제로센 전투기의 개발 과정을 미화하여 논란에 휩싸였다. 하지만 지브리 스튜디오는 1988년에 이미 『반딧불이의 묘』를 통해 제2차 세계 대전에서 일본이 입은 피해, 즉 히로시마와 나가사키 원폭 등을 강조하면서 일본을 전쟁의 피해자로 묘사한 바 있다.

어쨌든 지금 일본은 내부의 불만을 무마하기 위해 노골적인 우경화 정책을 펴고 있다. 침략 전쟁을 일으켜 주변 국가들을 정복했던 '강한 일본'을 선전하는 것 또한 그 정책의 일환이다. 비슷한 상황은 2차 대전 패망 직후에도 있었으니 바로 기마민족설의 유행이었다. 전쟁의 패배로 무너진 자존심을 고대의 영광스러운 역사로 다시 세우고 싶어 했던 일본의 지식인들은 1948년 새롭게 등장한 기마민족설에 주목했다. 에가미 나미오에 의해 제기된 이 학설은 일본의 고분 시대 중기에 대륙을 제패한 기마민족이 일본열도에 들어와 강력한 나라를 세웠다는 주장이다.

1942년 와세다대학 교수 쓰다 소키치가 천황의 역사가 신화로 윤색되었다고 주장했다가 교수직을 박탈당하고 실형까지 선고받은 일이 있었다. 쓰다 소키치는 조선사편수회의 핵심 멤버로 식민사관 형성에 중요한 영향을 미친 민족주의 사학자였는데 말이다. 당시 일본은 태평양전쟁 개전 직후 군국주의의 광풍에 휩싸여 있던 터라 천황에 대한 의심을 조금도 용납할 수 없었다. 그로부터 6년 후 에가미 나미오가 쓰다 소키치의 주장과는 비교도 안 될 만큼 파격적인 주장을 들고 나왔다. 대륙에서 기마민족이 내려와 평화롭게 살고 있던 일본열도를 지배하고 야마토 정권을 세웠다는 것이다. 이는 천황이 125대 동안 끊이지 않고 계승되어 왔다는 일본의 만세일계설을 전면 부정하는 것이 된다. 그럼에도 에가미 나미오는 처벌받기는커녕 일본 사회 전반에서 폭넓은 지지를 받았다. '쓰다 사건'부터 에가미 나미오의 출현까지, 그 6년 사이에 일본에서는 무슨 일이 있었던 걸까?

일본에 '기마민족설'이 등장한 배경

1945년 8월 천황의 항복 선언 이후부터 1952년까지 일본은 연합군 총사령부의 지배를 받았다. 일본의 지식인들은 아시아를 제패하고 태평양에서 미국과 겨루던 '대일본'이 순식간에 식민지가 된 충격에서 벗어나기 위해 역사를 이용하기로 했다. 패전의 상처가 깊게 남아있던 1948년, 도쿄의 한 찻집에서 일본의 고고학, 역사학, 민속학 연구자들이 일본 민족의 기원에 관한 대담회를 연 것이다. '위대한 일본 민족'은 북방에서 내려온 기마민족에서 기원했다는 주장이 바로 여기에서 등장했다.

기마민족설의 주역 에가미 나미오는 도쿄대를 졸업하고 1920년대 일본 제국주의의 팽창에 발맞추어 몽골과 중국 일대를 조사했던 고고학자였다. 그는 한국의 삼국시대에 해당하는 일본의 고분 시대(서기 4~5세기)에 만주 쑹화 강 유역에 살던 부여계 기마민족이 한반도를 거쳐 일본으로 건너와 야마토 시대를 열었다는 주장을 펼쳤다.

천황가 만세일계설을 부정한 것으로 충격을 주었던 에가미의 기마민족설은 여러 면에서 일본 제국주의 이데올로기와 모순된다. 그의 주장에 따르면 4~5세기께 북방 초원 민족이 내려와 기존의 천황을 몰아냈기 때문에 지금의 천황과 귀족들은 모두 만주 기마민의 후손이 된다. 이는 일본이 한반도와 만주 지역을 식민지화하면서 세운 논리, 즉 이곳은 본래 미개하기 때문에 외부의 문명국이 개화하지 않으면 안 된다는 주장과 완전히 배치된다. 기마민족설에 따르면 현재 일본 민족은 '미개한' 만주 사람들에게서 기원했기 때문이다. 쓰다 소키치의 사례를 떠올리면 에가미의 주장은 엄청난 비난을 받았으리라 예상되지만 현실은 정반대였다. 에가미 나오미의 기마민족설은 어떻게 그토록 빠른 시간 안에 일본인들의 마음을 사로잡을 수 있었을까?

연합군 총사령부와 기마민족설

에가미의 기마민족설이 받아들여진 데에는 패전 이후 일본의 정치 사회적 분위기가 적지 않은 영향을 미쳤다. 사실상의 미 군정인 연합군 총사령부가 설치되면서 절대자로 군림했던 천황은 힘을 잃었다. 천황은 신의 자리에서 내려와 인간임을 선언했고, 그의 자리는 점령군 사령부 맥아더 장군이 대신하게 되었다. 일본 사회 전반을 강력히 통제하던 군부도 사라진 상태였다. 천황의 단일 혈통을 부정해도 이를 제재할 세력이 없었던 것이다.

사실 일본인들이 기마민족설에 환호한 이유는 그것이 군국주의 일본에 대한 향수를 불러일으켰기 때문이다. 강한 기마민족이 아시아를 제패하고 일본으로 내려왔다는 주장은 사실상 패망 직전 식민지를 넓혀 가던 강한 일본에 대한 향수이자 데자뷔였다. 게다가 만주 등지는 패망 전 일본이 정복했던, 강한 일본이 잃어버린 영토이기도 했다. 즉 당시 일본인들은 북방을 호령하던 초원 민족을 일본과 연결 지음으로써 상처받은 자존심을 위로하려 한 것이다.

실제로 기마민족설은 임나일본부설을 뒷받침하는 증거로 사용되기도 했다. 그들의 주장처럼 기마민족이 한반도를 거쳐 일본으로 갔다면 한반도 남부의 가야나 신라 역시 강한 기마민족의 후손이 되어야 옳다. 하지만 에가미는 한반도는 기마민족이 지나치는 정거장이었을 뿐 그들이 정착해 국가를 세운 곳은 일본이라고 설명하면서, 임나일본부는 일본에 터를 잡은 기마민족이 다시금 한반도 남쪽을 점령한 증거라는 억지 주장을 펼쳤다.

문제는 해방 이후 한국 학계에서 변형된 형태의 기마민족설을 받아들였다는 데 있다. 1990년대에 나온 '가야 부여계 기마민족설'이 그 대표적인 예다. 이런 주장이 나온 것은 김해 대성동 고분에서 강력한 철제 무기와 북방계 유물이 출토되었기 때문이다. 같은 맥락에서 신라 적석목곽분과 황금 유물들을 근거로 신라 건국의 주역이 북방 초원 민족이라고 주장하는 이들도 꽤 많다. 하지만 해당 유물들은 두 지역의 활발한 교류를 보여 줄 뿐 대대적인 인구 이동을 증명하지는 않는다. 문화적 교류와 전쟁에 의한 정복은 완전히 다른 것이며, 외부 세력이 무력으로 한반도 남부를 차지했다는 고고학적 증거는 발견된 바 없다.

초원과 교류로 역량 커진 점에 주목해야

실제로 외부 세력이 내려와 문명이 바뀐 사례가 있다. 인더스문명이 바로 그 경우다. 인더스 하라파 문명은 기원전 15세기 북방 시베리아 지역에서 내려 온 아리아인들의 침략을 받아 정복당했다. 아리안족은 시베리아에서 전차를 발달시킨 안드로노보 문화인의 일부다. 이 인도-아리아인 정복론이 받아들여진 이유는 그만한 역사, 언어, 고고학적 증거가 있기 때문이다. 인더스 최고(最古) 문헌 『리그베다』에 기록된 베다어가 유라시아 초원 지대의 말과 비슷하다는 것과 『리그베다』에 이주민들이 토착민을 정복한 기사가 있다는 점 등이 바로 그것이다. 모티머 휠러가 발굴한 모헨조다로 유적의 거리에 시신들이 널려 있고, 우물 안에 수십 구의 인골이 생매장당한 흔적이 보인다는 점 역시 정복론에 힘을 보탠다. 더욱이 메소포타미아나 이집트만큼 발달된 문명을 건설했던 인더스 하라파 문명의 개척자들이 아리아인의 등장과 동시에 소리 소문 없이 사라져버렸다는 것 역시 의아한 점이다. 최근 연구에서는 아리안족의 침략 이전에 하라파 문명이 멸망했다거나 베다어에 토착 언어의 비중이 높다는 등의 반론이 제기되기도 했으나 정복론은 아직 무너지지 않았다.

비교적 최근의 예인 청나라 만주족에 대해 살펴보자. 만주족은 두 번이나 중국을 정복했지만 청나라가 망한 지 100년도 되지 않아 소수민족으로 보호받는 형편이 되었고, 그들의 언어(만주어)는 완전히 사멸하고 말았다. 역사상 소수 집단이 한 나라를 정복한 예는 적지 않지만 그들이 해당 국가를 전유하거나 문화를 완전히 바꾼 적은 거의 없었다. 그보다는 바깥 집단이 가지고 온 문화 요소나 무기 등이 토착 문화와 결합해서 더 강력한 국가를 만든다고 보는 것이 합당하지 않을까 싶다.

대개 역사에서는 정복자의 역할을 강조하지만 고고학은 새로운 문화를 받아들이고 재창조하는 토착민들의 역량이 더 중요함을 증명한다.

신라와 가야의 경우를 보자. 이미 조사된 유적의 비율만 따지면 이 지역은 전 세계적으로 유적 밀도가 가장 높은 곳이다. 하지만 어느 곳에서도 인더스문명에서처럼 드라마틱한 정복의 증거가 나오지 않았다. 신라와 가야는 초원의 발달된 기술을 적극적으로 받아들여서 국력을 키웠을 뿐이다. 또 두 나라의 성장 동력은 외부 문화 그 자체에 있다기보다 새로운 문화 요소를 적극적으로 도입할 수 있었던 사회 자체의 역량이 있었다고 보는 것이 옳다.

감사의 말

　모든 원고는 그 글을 쓴 작가의 역정에 따라 각각의 운명을 지닌다. 유라시아 전역의 역사를 다룬 이 책을 준비한 지난 5년 동안 필자 역시 책의 내용처럼 사방을 돌아다니며 정신없이 지냈다. 매년 가는 해외 조사 지역을 연해주에서 몽골과 시베리아 쪽으로 옮긴 탓에 방학의 대부분은 거의 해외에서 보냈다. 중간에 연구년도 다녀왔고 직장도 서울로 옮기게 되었다. 그러는 중에 출간 시기를 놓쳐 자칫하면 원고를 사장시킬 뻔 했지만, 주변의 도움으로 이제야 빛을 보게 되었다.

　이 책이 구체화된 데에는 장기간 넓은 지면을 할애하여 연재를 권유한《국제신문》조봉권 기자님의 공이 컸다. 연재 직후 원고를 책으로 엮으려 했으나 2010～2012년에 흉노 연구 프로젝트의 책임을 맡아 여러 가지 일들을 돌보느라 도저히 틈을 낼 수 없었다. 다행히 2012년 9월부터 북경대와 스탠퍼드대에서 연구년을 보내게 되어 원고를 차분하게 마무리할 수 있을 듯했으나 급작스럽게 경희대 사학과로 이직하는 바람에 일이 다시 어그러졌다. 그러는 동안 새로운 자료도 더러 나왔고, 더 소개하고 싶은 이야기들도 생겼다. 처음 원고를 쓸 때에는 일반인들을 대상으로 이야기를 쉽게 풀어내는 데에 역점을 두었기 때문에 책으로 엮으면서는 학술적인 깊이를 더하기 위해 노력했다. 그 결과 전체 내용의 절반 이상은 새롭게 쓰였다.

　글을 마무리하려니 책을 쓰는 데 많은 도움을 주신 분들이 떠오른다. 우선 몇 해 전 세상을 뜨신 장인어른께 감사드리고 싶다. 장인어른께서는 몸이 불편하신데도 부산에서 더부살이하는 사위를 조용히 뒷바라지하셨다. 다음으로 필자에게 아무도 가지 않은 길을 권유한 서울대 최몽룡 교수님, 필자가 시베리아 고고학 전문가로 거듭날 수 있게끔 전폭적인 지지를 보내 주신 시베리아과학원의 뱌체슬라프 몰로딘 교수님께도 감사 인사를 드리고자 한다. 발굴장 동료이자 친구로서 나를 도와준 노비코프 부부에게도 감사한다. 이 책을 펴내는 데에는 함께 어울려 학문을 연구하며 때론 술친구로 때로는 조언자로 큰 도움을 준 부경대 국문과의 곽진석, 김남석 교수님에게 빚진 바가 크다. 또 필자를 따라 다니며 고생스러운 조사와 발굴을 마다하지 않았던 제자 고영민, 조소은, 한진성, 홍종하 군에게도 고맙다는 말을 전한다. 지난 2011년부터 사단법인 문화다움의 故 강준혁 선생님, 추미경 이사님과 인연을 맺게 되어 매년 "Tree of Cultures" 프로젝트에 참여하여 함께 몽골과 러시아를 다니며 교류할 수 있었던 것은 큰 행운이었다. 덕택에 보다 거시적인 관점에서 초원과 한반도의 역사를 바라볼 수 있었다. 신변의 번잡한 일들로 원고를 출판하지 못하고 시간만 보내는 것을 본 서울대 규장각 김시덕 교수의 추천으로 민음사를 소개받아 늦게나마 원고가 빛을 보게 되었다. 민음사 편집부에서 유라시아를 향해 달려가듯 어지러운 원고를 성심성의껏 봐 주신 덕에 과분한 작품이 탄생했다.

이 책의 대부분은 주말부부로 매주 서울을 오가는 KTX 안에서 쓴 것이다. 부경대에 근무하게 되면서 부산에 터를 잡아야 했던 필자와 달리 국립박물관에 근무했던 아내는 서울과 청주에서 근무해야 했기 때문이다. 빠르게 달리는 기차 안에서 말달리는 초원 이야기를 하는 것도 꽤 의미 있는 일이라고 생각한다. 다만 필자가 원고를 쓰느라 사방으로 조사 다니는 동안 가사와 육아를 책임져야 했던 아내와 아빠의 빈자리를 자주 느꼈을 아들 재민에게는 미안하고 고마운 마음뿐이다.

러시아 유학 시절, 뱌체슬라프 몰로딘 교수님은 자기가 공부한 것을 20분 안에 일반인에게 이해시키지 못하면 공부를 잘못한 것이라고 말씀하셨다. 20분 안에 독파하기에는 분량도 길고 주제도 어렵지만 편하게 읽어 주시길 바란다.

2015년 5월 연구실에서
경희대 사학과 강인욱

참고 문헌

논문

강인욱, 「고구려 등자의 발생과 유라시아 초원지대로의 전파에 대하여」,《북방사논총》12호(동북아역사재단, 2006).

_____, 「새롭게 바라보는 실크로드, 그리고 중앙아시아의 역사」,《백산학보》98호(백산학회, 2014).

_____, 「스키토-시베리아문화의 기원과 러시아 투바의 아르잔-1 고분」,《중앙아시아연구》18권 2호(중앙아시아학회, 2013).

_____, 「알타이 산악지역 파지릭문화 고분 연구의 최신 성과」,《러시아연구》24권 1호(서울대학교 러시아연구소, 2014).

_____, 「중국 북방지대와 하가점상층문화의 청동투구에 대하여: 기원전 11~8세기 중국 북방 초원 지역의 지역 간 상호교류에 대한 접근」,《선사와 고대》25집(한국고대학회, 2006).

_____, 「중국 서남부 고원지역 차마고도 일대와 북방초원지역 유목문화의 교류」,《중앙아시아연구》18권 2호(중앙아시아학회, 2013).

_____, 「한반도 출토 동물형 대구(帶鉤)의 계통에 대하여: 주변지역과의 비교를 중심으로」,《호남고고학보》19권(호남고고학회, 2004).

강인욱, 조정민, 「GHQ와 江上波夫의 기마민족설」,《동북아시아문화학회 국제학술대회 발표자료집》2009년 10월호(동북아시아문화학회).

금종숙, 「조선시대 철릭(帖裏)」(단국대학교 박사학위논문, 2011).

김종미, 「중국문헌에 나타나는 치우의 이중형상: 제국의 희생양, 치우의 악마 형상」,《중국어문학지》25호(중국어문학회, 2005).

사비노프, D. G., 「신타시타와 아르잔: 스키타이-사르마트 시대 유라시아의 귀족급 고분」(상트페테르부르크, 1994).

심재훈, 「周公廟 발굴과 의의: 서주 왕릉과 기읍 소재지와 관련하여」,《중국고대사연구》14집(2005년 8월호).

이은주, 「철릭의 명칭에 관한 연구」, 《한국의류학회지》 12권 3호(한국의류학회, 1988).

이정빈, 「고구려 태학 설립의 배경과 성격」, 《한국교육사학》 36권 4호(한국교육사학회, 2014).

조소은, 「알타이 산악지역 파지릭고분 연구」(경희대학교 석사학위논문, 2015).

주영하, 「고구려 벽화로 본 음식문화」, 《고구려연구》 17집(고구려발해학회, 2003).

최혜영, 「고대 로마와 동북아시아의 신화 분석: 늑대와 새 — 건국신화 비교를 통한 고대 지중해 세계와 동북아시아의 문명 교류의 가능성」, 《지중해지역연구》 7권 1호(부산외국어대학교 지중해지역원, 2005).

Bit Wear D. Brown, "Horseback Riding and the Botai Site in Kazakstan", *Journal of Archaeological Science*, Vol. 25, No. 4(1998).

David Christian, "Silk Roads or Steppe Roads? The Silk Roads in World History" *Journal of World History*, Vol. 11, No. 1(2000), pp. 1~26.

Nigel Leask, "Kubla Khan and Orientalism: The Road to Xanadu Revisited", *Romanticism*, Vol. 4, Issue 1(1998), p. 1, p. 21.

Alan K. Outram et al., "The Earliest Horse Harnessing and Milking", *Science*, Vol. 323, No. 5919(2009) pp. 1332~1335.

단행본

국립경주박물관, 『경주 계림로 14호묘』(국립경주박물관학술총서 22집, 2007).

니콜라이 디코프, 『고대 추코트 암각화의 비밀: 페그티멜』(나우카, 1971).

랄프 레이튼, 안동완 옮김, 『투바: 리처드 파인만의 마지막 여행』(해나무, 2002).

줄리아 로벨, 김병화 옮김, 『장성, 중국사를 말하다』(웅진지식하우스, 2007).

뱌체슬라프 몰로딘, 강인욱·이헌종 옮김, 『고대 알타이의 비밀』(학연문화사, 2000).

빅토르 사리아디니, 『아프가니스탄: 어떤 왕의 유물』(나우카, 1983).

K. A. 아키셰프, G. A. 쿠샤예프, 『일리 강의 사카 문화와 오손 문화』(카자흐스탄 과
학아카데미, 1963).

라자르 알바움, 『아프라시아브 벽화』(타슈켄트, 1975).

이규태, 『한국인의 밥상 문화 1, 2』(신원문화사, 2000).

이희수, 『쿠쉬나메: 페르시아 왕자와 신라 공주의 천년 사랑』(청아출판사, 2014).

블라디미르 쿠바레프, 『알타이 카라콜 문화의 유적』(노보시비르스크, 2009).

마르코 폴로, 김호동 옮김, 『마르코 폴로의 동방견문록』(사계절, 2000).

N. V. 폴로스막, 『고대 우코크의 기마인』(노보시비르스크, 2002).

헤로도토스, 천병희 옮김, 『역사』(숲, 2009).

北京市文物研究所 編, 『軍都山墓地 ― 玉皇廟』(文物出版社, 2007).

河北省文物管理處 編, 『河北出土文物 ― 戰國時期中山國靑銅器』(河北人民出版社,
1979).

遼宁文物考古研究所, 『姜女石·秦行宮遺址發掘報告(上, 下)』(文物出版社, 2011).

Anthony David, *The Horse, the Wheel, and Language: How Bronze-Age Riders from
the Eurasian Steppes Shaped the Modern World*(Princeton University Press, 2007).

Fredrik Hiebert and Pierre Cambon (eds.), *Afghanistan: Hidden Treasures from the
National Museum, Kabul*(National Geographic, 2008).

찾아보기

유라시아
역사 기행

한반도에서 시베리아까지, 5천 년 초원 문명을 걷다

1판 1쇄 펴냄 2015년 7월 24일
1판 9쇄 펴냄 2022년 8월 23일

지은이 강인욱
발행인 박근섭·박상준
펴낸곳 (주)민음사

출판등록 1966. 5. 19. 제16-490호
주소   서울시 강남구 도산대로1길 62(신사동)
          강남출판문화센터 5층 (우편번호 06027)
대표전화 02-515-2000 | 팩시밀리 02-515-2007
홈페이지 www.minumsa.com

ISBN 978-89-374-3199-9 03900

* 잘못 만들어진 책은 구입처에서 교환해 드립니다.